Familienforschung

Reihe herausgegeben von
A. Steinbach, Duisburg, Deutschland
M. Hennig, Mainz, Deutschland
O. Arránz Becker, Köln, Deutschland
T. Klein, Heidelberg, Deutschland

In der Familienforschung lassen sich zwei Grundpositionen zu Familie identifizieren, die seit Jahrzehnten das Spektrum bilden, in dem sich die Untersuchungen zu diesem Gegenstand bewegen: Einerseits eine institutionelle Perspektive, die Familie als eine Institution betrachtet, die auch unabhängig von ihren Mitgliedern gedacht werden kann, und andererseits die mikrosoziale Perspektive, innerhalb derer Familie als Zusammenleben miteinander interagierender Familienmitglieder interpretiert wird. Die Reihe „Familienforschung" präsentiert Buchpublikationen in der gesamten Breite der Forschungsthemen zu Partnerschaft und Familie. Die Veröffentlichungen umfassen dabei sowohl sozialwissenschaftliche Grundlagen, als auch angewandte praxisorientierte Forschung. Einer interdisziplinären Sichtweise auf Familie Rechnung tragend werden neben der Soziologie auch Untersuchungen aus anderen Fächern wie z.B. der Psychologie, Pädagogik und den Wirtschaftswissenschaften in die Reihe aufgenommen.

Reihe herausgegeben von

Anja Steinbach
Universität Duisburg-Essen
Deutschland

Oliver Arránz Becker
Universität Köln
Deutschland

Marina Hennig
Universität Mainz
Deutschland

Thomas Klein
Universität Heidelberg
Deutschland

Weitere Bände in der Reihe http://www.springer.com/series/11766

Christiane Lübke

Intergenerationale Transmission subjektiver Arbeitsplatzunsicherheit

Wie sich Arbeitsplatzsorgen
von Eltern auf Kinder übertragen

Christiane Lübke
Duisburg, Deutschland

Dissertation Fakultät für Gesellschaftswissenschaften der Universität Duisburg-Essen, 2016

Familienforschung
ISBN 978-3-658-19897-8   ISBN 978-3-658-19898-5   (eBook)
https://doi.org/10.1007/978-3-658-19898-5

Die Deutsche Nationalbibliothek verzeichnet diese Publikation in der Deutschen National-
bibliografie; detaillierte bibliografische Daten sind im Internet über http://dnb.d-nb.de abrufbar.

Springer VS

Gedruckt auf säurefreiem und chlorfrei gebleichtem Papier

Springer VS ist Teil von Springer Nature
Die eingetragene Gesellschaft ist Springer Fachmedien Wiesbaden GmbH
Die Anschrift der Gesellschaft ist: Abraham-Lincoln-Str. 46, 65189 Wiesbaden, Germany

Danksagung

Danken möchte ich an dieser Stelle eine Reihe von Personen, die mich während der Dissertationsphase begleitet und unterstützt haben. Mein Dank gilt allen voran meinem Promotionsbetreuer Marcel Erlinghagen, der zentrale Impulse für die Entwicklung und Finalisierung dieser Arbeit gegeben hat. Dabei hat er mir aber auch immer den Freiraum gelassen, eigene Ideen und Ansätze zu verfolgen. Mein Dank gilt darüber hinaus Dirk Hofäcker, der diese Dissertation als Zweitgutachter betreut hat. Für ihre fachliche und moralische Unterstützung in den vergangenen Jahren möchte ich mich zudem bei meinen früheren und jetzigen Kollegen am Institut für Soziologie der Universität Duisburg-Essen bedanken und hier ganz besonders bei Belit Şaka, Friedrich Scheller und Anne-Kristin Kuhnt. Dankbarkeit empfinde ich auch gegenüber meiner Familie, insbesondere gegenüber meinen Eltern, meiner Schwester und meinem Partner. Ohne euch würde diese Arbeit nicht in der vorliegenden Form existieren.

Inhaltsverzeichnis

Abbildungsverzeichnis 11

Tabellenverzeichnis 13

1.   Einleitung 15

2.   Subjektive Arbeitsplatzunsicherheit (oder die Sorgen um die
      Sicherheit des Arbeitsplatzes) 23

2.1. Definition und Abgrenzung subjektiver Arbeitsplatzunsicherheit ... 23

2.2. Forschungsstand zu den Determinanten subjektiver
      Arbeitsplatzunsicherheit 26

     2.2.1. Einfluss gesamtgesellschaftlicher Rahmenbedingungen 28

     2.2.2. Einfluss individueller Beschäftigungsbedingungen 32

     2.2.3. Einfluss sozio-demographischer Merkmale 35

     2.2.4. Einfluss verschiedener Wechselwirkungen im Lebensverlauf 40

2.3. Forschungsstand zu den Folgen subjektiver
      Arbeitsplatzunsicherheit 43

     2.3.1. Wirkung auf Gesundheit, Arbeitszufriedenheit
          und Familienleben 43

     2.3.2. Wirkung auf individuelle Handlungen und Entscheidungen
          im Lebensverlauf 45

3.   Intergenerationale Transmission subjektiver
      Arbeitsplatzunsicherheit: Übertragen sich Arbeitsplatzsorgen
      von Eltern auf Kinder? 49

3.1. Definition und Mechanismen der
      intergenerationalen Transmission 49

3.2.   Theoretische Grundlagen der Sozialisation im Lebensverlauf 54

3.2.1.   Persönlichkeit, Anlage und Umwelt 55

3.2.2.   Vergesellschaftung und Persönlichkeitsentwicklung...................58

3.2.3.   Sozialisation im Lebensverlauf mit besonderem Fokus auf die
vorberufliche Sozialisation in der Jugendphase.......................59

3.3.   Sozialisation und soziale Ungleichheit..65

3.3.1.   Soziale Ungleichheit in der Sozialisationsforschung...................65

3.3.2.   Sozialisation in der (soziologischen) Ungleichheitsforschung 67

**3.4.   Forschungsstand zur Sozialisationswirkung der subjektiven
Arbeitsplatzunsicherheit 70**

**3.5.   Forschungshypothesen zur intergenerationalen Transmission
subjektiver Arbeitsplatzunsicherheit 76**

3.5.1.   Mechanismus der intergenerationalen Transmission subjektiver
Arbeitsplatzunsicherheit: Sozialisation oder (nur)
Statustransmission?..77

3.5.2.   Sozialisationswirkung der elterlichen Arbeitsplatzunsicherheit:
Langfristige Verunsicherung
oder Anpassung und Gewöhnung? 79

3.5.3.   Unterscheidet sich der Einfluss von Müttern und Vätern
auf ihre Töchter und Söhne?..82

3.5.4.   Zusammenfassung der Forschungshypothesen 84

4.   Daten, Vorgehensweise und Operationalisierungen 87

4.1.   Datenbasis und Vorgehensweise 87

4.2.   Kindergeneration in der Jugendphase 90

4.2.1.   Aufbereitung des SOEP-Jugenddatensatzes 90

4.2.2.   Operationalisierung der abhängigen Variablen....................92

4.2.3.   Operationalisierung der unabhängigen Variablen..................94

4.3.   Kindergeneration in ihrer frühen Erwerbsphase............................97

4.3.1.   Erweiterung der Analyse um eine
längsschnittliche Perspektive...97

4.3.2.   Operationalisierung der abhängigen Variablen.....................98

4.3.3.   Operationalisierung der unabhängigen Variablen..................99

4.4. Elterngeneration **103**

4.4.1. Zuspielen der Informationen über die Elterngeneration 103

4.4.2. Subjektive Arbeitsplatzunsicherheit der Eltern.....................104

4.4.3. Operationalisierung weiterer Kontrollvariablen 106

4.5. Analysemethoden **109**

4.5.1. Lineare Regression 109

4.5.2. Generalisierte ordinale logistische Regression 110

5. Ergebnisse zur intergenerationalen Transmission subjektiver Arbeitsplatzunsicherheit **113**

5.1. Deskriptive Analysen **113**

5.1.1. Ausmaß und Entwicklung der subjektiven
Arbeitsplatzunsicherheit 113

5.1.2. Arbeitslosigkeitserwartung 17-jähriger Jugendlicher 119

5.1.3. Subjektive Arbeitsplatzunsicherheit junger Erwerbstätiger 126

5.2. Multivariate Analysen **134**

5.2.1. Intergenerationale Transmission subjektiver
Arbeitsplatzunsicherheit in der Jugendphase 134

5.2.2. Einfluss der Mütter und Väter auf ihre Töchter und Söhne
in der Jugendphase..143

5.2.3. Langfristige Sozialisationswirkung der elterlichen
Arbeitsplatzunsicherheit auf die arbeitsmarktbezogene
Verunsicherung der Kinder in der frühen Erwerbsphase 146

5.2.4. Einfluss der Mütter und Väter auf ihre erwachsenen Töchter
und Söhne 156

5.2.5. Zusammenfassung der Ergebnisse..159

6. Schlussfolgerung und Ausblick.......................................**163**

Literaturverzeichnis...173

Abbildungsverzeichnis

Abbildung 1   Formen subjektiver Erwerbsunsicherheit 25

Abbildung 2   Mögliche Mechanismen der intergenerationalen
Transmission subjektiver Arbeitsplatzunsicherheit 54

Abbildung 3   Datengrundlage der vorliegenden Arbeit zur
Untersuchung einer intergenerationalen Transmission
subjektiver Arbeitsplatzunsicherheit 88

Abbildung 4   Arbeitslosigkeitserwartung 17-jähriger Jugendlicher 93

Abbildung 5   Entwicklung der subjektiven „großen"
Arbeitsplatzunsicherheit von Beschäftigten und der
Arbeitslosigkeitserwartungen von Jugendlichen in
Deutschland (2000–2013) 114

Abbildung 6   Entwicklung der subjektiven „schwächeren"
Arbeitsplatzunsicherheit von Beschäftigten und der
Arbeitslosigkeitserwartungen von Jugendlichen in
Deutschland (2000–2013) 116

Abbildung 7   Entwicklung der subjektiven Arbeitsplatzunsicherheit
von Beschäftigten und der Arbeitslosigkeitserwartungen
von Jugendlichen im Ost-West-Vergleich (2000–2013) 118

Abbildung 8   Mittlere Arbeitslosigkeitserwartungen 17-jähriger
Jugendlicher, differenziert nach der subjektiven
Arbeitsplatzunsicherheit ihrer Eltern 123

Abbildung 9   Mittlere Arbeitslosigkeitserwartungen 17-jähriger
Jugendlicher, differenziert nach sozioökonomischen
Merkmalen ihrer Eltern 124

Abbildung 10   Mittlere Arbeitslosigkeitserwartungen 17-jähriger
                 Jugendlicher, differenziert nach den zurückliegenden
                 Arbeitslosigkeitserfahrungen ihrer Eltern 125

Abbildung 11   Arbeitsplatzsorgen junger Erwerbstätiger, differenziert
                 nach der subjektiven Arbeitsplatzunsicherheit ihrer Eltern .. 130

Abbildung 12   Arbeitsplatzsorgen junger Erwerbstätiger, differenziert
                 nach früheren sozioökonomischen Merkmalen ihrer
                 Eltern 132

Abbildung 13   Arbeitsplatzsorgen junger Erwerbstätiger, differenziert
                 nach den früheren Arbeitslosigkeitserfahrungen ihrer
                 Eltern 133

Tabellenverzeichnis

Tabelle 1 Zusammenfassung ausgewählter Studien zur Sozialisationswirkung subjektiver Arbeitsplatzunsicherheit....74

Tabelle 2 Hypothesen für empirische Analysen....85

Tabelle 3 Merkmale der Kindergeneration in der Jugendphase und frühen Erwerbsphase....90

Tabelle 4 Fallzahlen des (eingegrenzten) Jugenddatensatzes (Kindergeneration in ihrer Jugendphase)....91

Tabelle 5 Beschreibung der Kindergeneration in ihrer Jugendphase....95

Tabelle 6 Fallzahlen des gepoolten Erwerbstätigendatensatzes (Kindergeneration in ihrer frühen Erwerbsphase)....98

Tabelle 7 Beschreibung der Kindergeneration in ihrer frühen Erwerbsphase....101

Tabelle 8 Beschreibung der Elternhäuser in der Jugendphase ihrer Kinder....108

Tabelle 9 Arbeitslosigkeitserwartung 17-jähriger Jugendlicher, differenziert nach sozio-demographischen Merkmalen und bisherigen Erfahrungen....120

Tabelle 10 Subjektive Arbeitsplatzunsicherheit von Müttern und Vätern im Sample....121

Tabelle 11 Subjektive Arbeitsplatzunsicherheit im Elternhaus....122

Tabelle 12 Subjektive Arbeitsplatzunsicherheit junger Erwerbstätiger, differenziert nach sozio-demographischen Merkmalen und individuellen Beschäftigungsbedingungen....128

Tabelle 13 Lineare Regression zur Erklärung der Arbeitslosigkeitserwartung 17-jähriger Jugendlicher....135

Tabelle 14   Lineare Regression zur Erklärung der
              Arbeitslosigkeitserwartung 17-jähriger Jugendlicher –
              Intergenerationale Transmission in
              Ost- und Westdeutschland 141

Tabelle 15   Lineare Regression zur Erklärung der
              Arbeitslosigkeitserwartung 17-jähriger Jugendlicher –
              Einfluss der Mutter 144

Tabelle 16   Lineare Regression zur Erklärung der
              Arbeitslosigkeitserwartung 17-jähriger Jugendlicher –
              Einfluss des Vaters..145

Tabelle 17   Generalisierte ordinale logistische Regression zur
              Erklärung der subjektiven Arbeitsplatzunsicherheit in der
              frühen Erwerbsphase...148

Tabelle 18   Generalisierte ordinale logistische Regression zur
              Erklärung der subjektiven Arbeitsplatzunsicherheit in der
              frühen Erwerbsphase – Intergenerationale Transmission in
              Ost- und Westdeutschland Ostdeutschland und
              Westdeutschland..155

Tabelle 19   Generalisierte ordinale logistische Regression zur
              Erklärung der subjektiven Arbeitsplatzunsicherheit in der
              frühen Erwerbsphase – Einfluss der Mutter..........................157

Tabelle 20   Generalisierte ordinale logistische Regression zur
              Erklärung der subjektiven Arbeitsplatzunsicherheit in der
              frühen Erwerbsphase – Einfluss des Vaters...........................158

1. Einleitung

„Actors are always living simultaneously in the past, future and present, […]
They continuously engage patterns and repertoires from the past,
project hypothetically pathways forward in time,
and adjust their actions to the exigencies of emerging situations."
Emirbayer & Mische 1998: 1012

Individuelle Handlungen und Entscheidungen im Lebensverlauf werden nicht nur durch strukturelle Rahmenbedingungen und individuelle Ressourcen und Restriktionen bestimmt, sie hängen auch davon ab, welche Erfahrungen Akteure in der Vergangenheit gemacht haben und welche Schlussfolgerungen sie daraus für mögliche zukünftige Entwicklungen ziehen (Emirbayer & Mische 1998, vgl. auch Elder & Johnson 2003). Auf diesen Zusammenhang verweist das obige Zitat von Emirbayer und Mische (1998: 1012). Demnach würden individuelle Akteure immer gleichzeitig in der Vergangenheit, Zukunft und Gegenwart leben; sie greifen unaufhörlich auf in der Vergangenheit erlernte Muster und Erfahrungen zurück, wägen vorausschauend mögliche Entwicklungen in der Zukunft ab und passen ihre Handlungen je nach Dringlichkeit der aktuellen Situation entsprechend an (Emirbayer & Mische 1998: 1012). Zurückliegende Erfahrungen haben demnach Einfluss auf die individuelle Wahrnehmung und Bewertung der Zukunft und wirken sich damit auf aktuelle Handlungen und Entscheidungen im Lebensverlauf aus.

Die Bedeutung von Zukunftserwartungen für individuelle Lebensverläufe wird spätestens seit den 1980er Jahren mit Blick auf die Folgen der fortschreitenden Globalisierung in der soziologischen Forschung thematisiert (Beck 1986; Blossfeld et al. 2007; Castel 2009). Der Fokus dieser Arbeiten richtet sich vor allem auf das individuelle Sicherheits- bzw. Unsicherheitsempfinden bezüglich der beruflichen Zukunft. Die Globalisierung gilt dabei als Auslöser für eine zunehmende Verunsicherung von Unternehmen und Beschäftigten. Unternehmen stehen in einem verstärkten internationalen Wettbewerb, der einerseits zu starken Produktivitätszuwächsen führt, andersseits aber auch die Marktrisiken erhöht, denen sie ausgesetzt sind (Blossfeld et al. 2007; Breen 1997). Die Unternehmen versuchen einen Teil dieser Marktrisiken in Form von flexiblen Arbeitszeiten und Arbeitsformen an die Beschäftigten weiterzugeben, deren Erwerbsverläufe dadurch instabiler und weniger vorhersagbar werden (Breen

1997). Diese arbeitsmarktbezogene Verunsicherung schränkt die individuelle
Planungsfähigkeit ein und greift dadurch auch in familiale und private Lebensbereiche über, wodurch es zu tiefgreifenden Veränderungen wie einer zeitlichen
Ausweitung der Jugendphase als Übergangsstadium zwischen Kindheit und
Erwachsenenalter (Hurrelmann & Quenzel 2012), einem Bedeutungsverlust
traditioneller Familienformen wie der Ehe und einem zunehmenden Aufschub
von Elternschaftsentscheidungen im Lebensverlauf mit der Konsequenz sinken-
der Geburtenraten kommt (Blossfeld et al. 2007).

Trotz der großen Bedeutung, die dem individuellen Sicherheits- bzw. Unsicherheitsempfinden bezüglich der beruflichen Zukunft in der anhaltenden De-
batte um veränderte Lebensverläufe im Zuge der Globalisierung beigemessen
wird, ist bisher immer noch wenig über die Determinanten der arbeitsmarktbezogenen Verunsicherung bekannt. Insbesondere wird bisher der im obigen Zitat
hervorgehobene Zusammenhang zwischen vergangenen Erfahrungen und Zukunftserwartungen kaum thematisiert, empirische Untersuchungen fehlen ebenso. Die soziologische Forschung hat sich stattdessen lange darauf beschränkt,
die Folgen der Globalisierung anhand objektiv messbarer Veränderungen wie
der Ausbreitung atypischer Beschäftigung festzumachen und dabei die Frage
weitestgehend ausgeblendet, wie Individuen selber ihre Zukunftsperspektive
einschätzen (Blossfeld et al. 2007; Buchholz 2008; Erlinghagen 2004; Giesecke
2006; Mayer et al. 2010). Mittlerweile ist jedoch das Interesse an dem Konzept
der *subjektiven Arbeitsplatzunsicherheit* gestiegen, mit dem eben diese individuelle Wahrnehmung und Bewertung eines möglichen Verlustes des Arbeitsplatzes in der Zukunft und den damit verbundenen Konsequenzen erfasst wird
(vgl. Sverke et al. 2006 für einen Überblick). In empirischen Studien zur subjektiven Arbeitsplatzunsicherheit zeigt sich dabei übereinstimmend, dass diese in
Abhängigkeit von gesellschaftlichen und individuellen Beschäftigungsbedingungen stark schwankt (Anderson & Pontusson 2007; Burchell 1999; Erlinghagen 2008). Im internationalen wie zeitlichen Vergleich ist die Verunsicherung
dann besonders stark, wenn es der Wirtschaft schlecht geht und die soziale Absicherung eher gering ausfällt (Anderson & Pontusson 2007; Erlinghagen 2008;
Green 2009). Auf der Individualebene hängt die Verunsicherung der Beschäftigten eng mit deren aktuellen Beschäftigungsbedingungen zusammen. Insbesondere Beschäftigte mit einem befristeten Arbeitsvertrag und Leiharbeiter machen
sich häufiger und stärker Sorgen um die Sicherheit ihres Arbeitsvertrages (Berglund et al. 2014; Campbell et al. 2007; Erlinghagen & Lübke 2015; Hirschle &
Lengfeld 2011). Das ist angesichts der Risiken dieser Beschäftigungsformen für
die spätere Erwerbskarriere nicht überraschend. Bei einem genauen Blick in die
aktuellen Forschungsergebnisse fällt zudem auf, dass es große individuelle Unterschiede in der Wahrnehmung und Bewertung von Arbeitsplatzunsicherheit

gibt, die nicht alleine anhand der aktuellen Beschäftigungsbedingungen erklärt werden können. Erste Befunde zum Zusammenhang von vergangener Arbeitslosigkeit und subjektiver Arbeitsplatzunsicherheit legen nahe, dass auch vergangene Erfahrungen im Lebensverlauf für die Wahrnehmung und Bewertung der zukünftigen Beschäftigungschancen und -risiken eine Rolle spielen (beispielsweise Campbell et al. 2007; Erlinghagen 2008). Demnach machen sich Personen, die bereits in der Vergangenheit arbeitslos waren, unter vergleichbaren Beschäftigungsbedingungen häufiger Sorgen um die Sicherheit ihres Arbeitsplatzes als Personen ohne vorhergehende Arbeitslosigkeitserfahrung.

Angesichts dieses Befundes stellt sich die Frage, welche weiteren Erfahrungen im Lebensverlauf die individuelle Wahrnehmung und Bewertung von Arbeitsplatzunsicherheit langfristig prägen könnten. Die Grundlagen für den Lebensverlauf werden bekanntlich bereits in der Kindheit und Jugend gelegt (Elder & Johnson 2003: 57–60). Eltern geben ihren Kindern unterschiedlichste Ressourcen, Werte, Einstellungen, Wahrnehmungsmuster und Verhaltensweisen mit und beeinflussen damit langfristig die Entwicklung der Kinder (Bengtson et al. 2009; Elder et al. 2003). Dieser Prozess wird auch als intergenerationale Transmission oder soziale Vererbung bezeichnet. Er führt langfristig dazu, dass sich Eltern und ihre (erwachsenen) Kinder in vielen Bereichen ähnlich sind (vgl. Arránz Becker et al. 2014; Fend 2009 für einen Forschungsüberblick). Nachgewiesen ist die Wirkung der intergenerationalen Transmission bspw. bereits in Bezug auf verschiedene Einstellungen und Persönlichkeitseigenschaften (Anger 2012a; Grob 2005; Kaiser & Diewald 2014). Auch Verhaltensweisen übertragen sich von Eltern auf ihre Kinder, was sich bspw. am ähnlichen Zeitpunkt der Familiengründung (Barber 2001; Booth & Kee 2009; Fasang 2015) und einem ähnlich hohen Scheidungsrisiko von Eltern und ihren erwachsenen Kindern (Amato 1996; Berger 2009; Diekmann & Engelhardt 1995) zeigt. Und nicht zuletzt ähneln sich Familienmitglieder verschiedener Generationen hinsichtlich ihres sozioökonomischen Status (Ermisch et al. 2012).

Bisher ist jedoch nicht bekannt, ob Eltern auch ihr individuelles Unsicherheitsempfinden auf ihre Kinder übertragen. Legen vielleicht bereits die Eltern den Grundstein für die Wahrnehmung und Bewertung von Arbeitsplatzunsicherheit ihrer Kinder? Übertragen sich die Sorgen der Eltern um die Sicherheit ihres Arbeitsplatzes auf die Kinder, so dass sich diese als Erwachsene ebenfalls häufiger und stärker Sorgen um die Sicherheit ihres Arbeitsplatzes machen und damit ebenfalls von den nachteiligen Wirkungen der subjektiven Arbeitsplatzunsicherheit im Lebensverlauf betroffen sind? Gibt es also eine *intergenerationale Transmission subjektiver Arbeitsplatzunsicherheit*, die nicht nur zu einer Kumulation von Unsicherheit im Lebensverlauf, sondern ebenfalls zu einer

Reproduktion von unterschiedlichem Unsicherheitsempfinden über Generationen beiträgt?

Ausgehend von dieser Fragestellung trägt die vorliegende Arbeit dazu bei, die bestehende Forschungslücke bezüglich einer möglichen intergenerationalen Transmission subjektiver Arbeitsplatzunsicherheit zu schließen. Dazu wird untersucht, ob und wie sich die Sorgen der Eltern um die Sicherheit des Arbeitsplatzes auf ihre Kinder übertragen und damit bei ihnen langfristig ein erhöhtes Unsicherheitsempfinden auslösen, das dazu führt, dass sich Kinder aus verunsicherten Elternhäusern als Erwachsene wiederum häufiger und stärker Sorgen um die Sicherheit ihres Arbeitsplatzes machen als Kinder, deren Eltern sich früher keine Arbeitsplatzsorgen gemacht haben.

Eine intergenerationale Transmission subjektiver Arbeitsplatzunsicherheit ließe sich theoretisch auf verschiedene Mechanismen zurückführen. Sie könnte zum einen ein Nebenprodukt der bekannten Bildungs- bzw. Statustransmission sein, durch die Eltern und Kinder über ähnliche Beschäftigungsbedingungen und damit ähnliche subjektive Arbeitsplatzunsicherheit verfügen. Sie könnte zum anderen auch auf den Einfluss der innerfamiliale Sozialisation zurückgehen, durch die sich Erfahrungen der Eltern auf die Kinder übertragen. Sozialisation ist dabei ein Oberbegriff für sämtliche soziale Lern- und Internalisierungsprozesse im Lebensverlauf, durch die eine Person in Auseinandersetzung mit der sozialen Umwelt relativ stabile Handlungs- und Wahrnehmungsmuster als Bestandteil ihrer Persönlichkeit herausbildet. In der Kindheit und Jugend findet dieses soziale Lernen in erster Linie durch Kommunikation und Interaktion mit den Eltern statt (Bandura 1977: 39; vgl. hier auch Hurrelmann & Bauer 2015: 180 ff.). In der vorliegenden Arbeit soll daher konkret untersucht werden, ob Jugendliche von ihren Eltern auch bestimmte Wahrnehmungs- und Bewertungsmuster erlernen, die langfristig ihr Unsicherheitsempfinden bezüglich der beruflichen Zukunft beeinflussen.

Neben der Frage nach dem möglichen Mechanismus einer intergenerationalen Transmission subjektiver Arbeitsplatzunsicherheit ist es für die vorliegende Arbeit von zentraler Bedeutung, die langfristige Wirkung der elterlichen Arbeitsplatzunsicherheit auf die Kinder zu untersuchen. Dafür sind umfangreiche Längsschnittdaten unumgänglich, wie sie das Sozio-oekonomische Panel (SOEP) für Deutschland zur Verfügung stellt (Wagner et al. 2007). Kombiniert und analysiert werden SOEP-Daten zur subjektiven Arbeitsplatzunsicherheit von Eltern und ihren Kindern, wobei der Einfluss der Eltern auf die Kinder sowohl in der Jugendphase der Kinder (im Alter von 17 Jahren) als auch in ihrer frühen Erwerbsphase (zwischen 18 bis 30 Jahren) untersucht wird. Außerdem untersucht die vorliegende Arbeit, inwieweit die Wirkung der intergenerationalen Transmission subjektiver Arbeitsplatzunsicherheit mit der Geschlechterkonstellation der Eltern-Kind-Dyaden zusammenhängt.

Eine intergenerationale Transmission subjektiver Arbeitsplatzunsicherheit wäre vor allem für die soziologische Ungleichheitsforschung bedeutsam, da Transmissionsprozesse immer unter den Bedingungen sozialer Ungleichheit erfolgen. Je nach sozioökonomischem Status können Eltern ihren Kindern unterschiedlich anregende Entwicklungsumwelten bieten. Dazu zählen beispielsweise materielle Lebensbedingungen (wie beispielsweise Wohnumfeld und Freizeitaktivitäten), Bildungsanregungen und -impulse sowie Erziehungsstile und -ziele (Kohn 1973; Lareau 2011). Kinder aus privilegierten Elternhäusern verfügen so über deutlich bessere Entwicklungsmöglichkeiten als Kinder aus sozioökonomisch schlechter gestellten Familien. Auf diese Weise entsteht soziale Ungleichheit bereits früh im Lebensverlauf. Die unterschiedlichen Startbedingungen können im Lebensverlauf kaum ausgeglichen werden, sie werden durch das Bildungssystem und den Arbeitsmarkt eher noch verstärkt und tragen langfristig zur Aufrechterhaltung bzw. Kumulation sozialer Ungleichheit bei (DiPrete & Eirich 2006). Sollte sich tatsächlich zeigen, dass sich die Sorgen der Eltern auf ihre Kinder übertragen und damit langfristig deren Unsicherheitsempfinden beeinflussen, hieße das auch, dass bestimmte Personengruppen von *Anfang an verunsichert* und damit auch benachteiligt sind. Daraus ergäbe sich zusätzlich ein weiterer Mechanismus zur Reproduktion sozialer Ungleichheit, der eigenständig oder in Wechselwirkung mit der intergenerationalen Transmission von Bildungschancen für die berufliche und private Lebensführung der Kinder relevant sein könnte. Eine intergenerationale Transmission subjektiver Arbeitsplatzunsicherheit ist demnach nicht nur von wissenschaftlicher, sondern auch von hoher gesellschaftlicher sowie arbeitsmarkt- und sozialpolitischer Bedeutung. Die Folgen arbeitsmarktbezogener Verunsicherungen in einzelnen Jahren und bei einzelnen sozialen Gruppen könnten sich über Generationen ausweiten, nämlich dann, wenn sich die Kinder aus verunsicherten Elternhäusern tatsächlich auch als Erwachsene häufiger Sorgen machen als andere unter vergleichbaren Bedingungen und dadurch auch eher von den negativen Folgen subjektiver Arbeitsplatzunsicherheit betroffen wären. Eine wirkungsvolle Bekämpfung subjektiver Arbeitsmarktunsicherheit, wie es beispielsweise durch das Flexicurity-Programm in der Europäischen Union angestrebt wird, wäre damit nicht nur für die Beschäftigten, sondern auch für ihre Kinder und deren zukünftige Lebenschancen essenziell und könnte zum Abbau von sozialer Ungleichheit beitragen.

Der Aufbau der Arbeit gliedert sich wie folgt: Im Anschluss an diese Einleitung wird in Kapitel 2 der aktuelle Forschungsstand zur subjektiven Arbeitsplatzunsicherheit zusammengetragen. Zunächst wird der Begriff der subjektiven Arbeitsplatzunsicherheit näher definiert und von anderen Formen der subjektiven Erwerbsunsicherheit abgegrenzt, die ebenfalls in der Forschungsliteratur Verwendung finden, jedoch nicht mit subjektiver Arbeitsplatzunsicherheit gleichgesetzt werden können (Abschnitt 2.1). Daran anschließend wird der Frage nachgegangen, worauf die Sorgen der Menschen um die Sicherheit ihres Arbeitsplatzes genau beruhen (Abschnitt 2.2). Ausgehend vom aktuellen Forschungsstand werden dabei vier Bereiche von Einflussfaktoren unterschieden: gesamtgesellschaftliche Rahmenbedingungen, individuelle Beschäftigungsbedingungen, sozio-demographische Merkmale sowie verschiedene Wechselwirkungen im Lebensverlauf. Während es zu den ersten drei Aspekten bereits eine Fülle von Forschungsarbeiten gibt, ist bisher wenig über die Determinanten subjektiver Arbeitsplatzunsicherheit aus der Lebensverlaufsperspektive bekannt. Aus diesem Grund werden hierzu nicht nur die bestehenden Befunde aus der Forschung rezipiert, es werden darüber hinaus auf Basis des Lebensverlaufsparadigmas mögliche Wechselwirkungen im Lebensverlauf benannt, die die individuelle Wahrnehmung und Bewertung von Arbeitsplatzunsicherheit beeinflussen könnten. Dazu zählen u. a. die Wechselwirkungen mit zurückliegenden Erfahrungen, die im Fokus dieser Arbeit stehen. Konkret geht es um die Erfahrungen der Eltern mit subjektiver Arbeitsplatzunsicherheit, welche ihre Kinder in der Jugendphase aufgrund gemeinsamer Kommunikation und Interaktion miterleben und so verinnerlichen. Um ein möglichst vollständiges Bild von dem aktuellen Forschungsstand zur subjektiven Arbeitsplatzunsicherheit aufzuzeigen, werden zum Abschluss des zweiten Kapitels neben den Determinanten ebenfalls die bisherigen Befunde zu den Folgen subjektiver Arbeitsplatzunsicherheit zusammengefasst (Abschnitt 2.3). Dazu wird die Wirkung subjektiver Arbeitsplatzunsicherheit auf Gesundheit, Arbeitszufriedenheit und Familienleben ebenso beschrieben wie die Wirkung auf individuelle Handlungen und Entscheidungen im Lebensverlauf.

Im Kapitel 3 wird schrittweise ein Modell der intergenerationalen Transmission subjektiver Arbeitsplatzunsicherheit entwickelt. Dazu wird zunächst der Begriff der intergenerationalen Transmission genau definiert und zwischen der Statustransmission und der innerfamilialen Sozialisation als zentrale Mechanismen der intergenerationalen Transmission unterschieden (Abschnitt 3.1). Da der Fokus dieser Arbeit auf der Wirkung der innerfamilialen Sozialisation für die intergenerationale Weitergabe von subjektiver Arbeitsplatzunsicherheit liegt, werden anschließend zunächst die theoretischen Grundlagen der Sozialisation als Prozess der lebenslangen Persönlichkeitsentwicklung im Wechselspiel von

Anlage und Umwelt behandelt (Abschnitt 3.2). Für die Untersuchung der intergenerationalen Transmission von subjektiver Arbeitsplatzunsicherheit ist vor allem die vorberufliche Sozialisation in der Jugendphase relevant, durch die Kinder in Auseinandersetzung mit den Erfahrungen ihrer Eltern am Arbeitsmarkt erstmalig konkrete Vorstellungen von ihren Arbeitschancen und -risiken entwickeln. Hierzu werden entsprechende theoretische Annahmen und empirische Befunde präsentiert. Außerdem wird noch einmal gesondert auf das Wechselspiel von Sozialisation und sozialer Ungleichheit eingegangen (Abschnitt 3.3). Auf der einen Seite wird aufgezeigt, welche Rolle die soziale Ungleichheit in der Sozialisationsforschung spielt. Auf der anderen Seite wird die Bedeutung der Sozialisation in der soziologischen Ungleichheitsforschung beschrieben, um am Ende für eine stärkere Integration beider Perspektiven zu plädieren.

In Anschluss an diesen ersten Teil des dritten Kapitels, in dem vor allem die Grundlagen der intergenerationalen Transmission behandelt werden, liegt der Fokus im zweiten Teil auf der intergenerationalen Transmission subjektiver Arbeitsplatzunsicherheit. Bisher gibt es nur wenige empirische Untersuchungen zu den Auswirkungen der subjektiven Arbeitsplatzunsicherheit der Eltern auf die Kinder (vgl. Abschnitt 3.4). Insbesondere fehlt es an Studien mit repräsentativen Daten, welche die langfristige Bedeutung der elterlichen Sorgen während der Jugendphase der Kinder für die Wahrnehmung und Bewertung von Arbeitsplatzunsicherheit in der späteren Erwerbsphase der Kinder untersuchen. Dieses Forschungsdefizit gilt insbesondere für Deutschland. Die anschließende Herleitung von Forschungshypothesen zur intergenerationalen Transmission subjektiver Arbeitsplatzunsicherheit greift aufgrund fehlender empirischer und theoretischer Ergebnisse an einigen Stellen auf generelle Überlegungen zurück (Abschnitt 3.5). Bei der Herleitung der Hypothesen wird in drei Schritten vorgegangen: Zunächst wird die Frage aufgeworfen, inwieweit die intergenerationale Transmission subjektiver Arbeitsplatzunsicherheit auf den Prozess der Sozialisation oder (doch nur) auf Statustransmission zurückgeht, und vor allem, wie sich der eine oder andere Prozess empirisch nachweisen lässt (Abschnitt 3.5.1). Anschließend werden Hypothesen zur langfristigen Wirkung der elterlichen Arbeitsplatzunsicherheit auf die Kinder aufgestellt (Abschnitt 3.5.2). Denkbar wäre hier neben einer langfristigen Verunsicherung der Kinder auch eine Anpassung oder Gewöhnung, durch welche sich die (erwachsenen) Kinder im Vergleich zu ihren Eltern weniger Sorgen um die Sicherheit des Arbeitsplatzes machen. Zuletzt wird diskutiert, inwieweit sich in der Eltern-Kind-Dyade der Einfluss von Müttern und Vätern auf ihre Töchter und Söhne unterscheiden könnte (Abschnitt 3.5.3). Alle hergeleiteten Hypothesen zur intergenerationalen Transmission subjektiver Arbeitsplatzunsicherheit werden am Ende des dritten Kapitels noch einmal zusammengefasst dargestellt (Abschnitt 3.5.4).

Im Kapitel 4 werden die Daten, die Vorgehensweise sowie die Operationalisierung der Variablen für die anschließenden Analysen beschrieben. Die Darstellung der Ergebnisse in Kapitel 5 beginnt mit deskriptiven Auswertungen, mit denen vor allem die Ähnlichkeit von Eltern und Kindern hinsichtlich ihrer Wahrnehmung und Bewertung von Arbeitsplatzunsicherheit in verschiedenen Lebensphasen der Kinder untersucht werden (Abschnitt 5.1). Eine solche Ähnlichkeit kann – so viel sei vorweggenommen – empirisch bestätigt werden. Der Fokus der anschließenden multivariaten Analysen liegt daher zum einen darauf, den Mechanismus der intergenerationalen Transmission subjektiver Arbeitsplatzunsicherheit und zum anderen die langfristige Wirkung im Lebensverlauf aufzudecken (Abschnitt 5.2). Außerdem werden die Analysen für die Jugend- und frühe Erwerbsphase der Kinder jeweils getrennt für Mütter und Väter sowie Töchter und Söhne durchgeführt. Abschließend werden die zentralen Ergebnisse der Arbeit in Bezug auf die zuvor aufgestellten Hypothesen zusammengefasst (Abschnitt 5.3). Die Einordung und Bewertung der zentralen Ergebnisse der vorliegenden Arbeit in den aktuellen wissenschaftlichen und sozialpolitischen Diskurs erfolgt schließlich in Kapitel 6. Außerdem werden die Grenzen der vorliegenden Arbeit kritisch diskutiert und es wird ein Ausblick auf weitere Forschung gegeben.

2. Subjektive Arbeitsplatzunsicherheit (oder die Sorgen um die Sicherheit des Arbeitsplatzes)

2.1. Definition und Abgrenzung subjektiver Arbeitsplatzunsicherheit

In dieser Arbeit geht es um die arbeitsmarktbezogene Verunsicherung von Beschäftigten, die zusammenfassend auch als subjektive Erwerbsunsicherheit bezeichnet wird (Erlinghagen & Lübke 2015). Subjektive Erwerbsunsicherheit erfasst, wie Individuen einen möglichen unfreiwilligen Verlust des Arbeitsplatzes[1] in der nahen Zukunft und die damit verbundenen Konsequenzen wahrnehmen und bewerten (Greenhalgh & Rosenblatt 1984; Sverke et al. 2006). Diese Wahrnehmung und Bewertung ergibt sich aus der individuellen Interpretation objektiver Situationen (beispielsweise das direkte Arbeitsumfeld oder gesamtgesellschaftliche Rahmenbedingungen) und ist daher, wie der Name bereits erkennen lässt, etwas Subjektives und Individuelles. Somit ist es durchaus denkbar, dass zwei Beschäftigte in der gleichen Situation unterschiedlich stark verunsichert sind, eben weil sie die Situation unterschiedlich wahrnehmen und bewerten (Sverke et al. 2002: 243). Zukunftserwartungen sind immer mit bestimmten Emotionen verbunden (Hitlin & Johnson 2015: 10). Subjektive Erwerbsunsicherheit ist deshalb außerdem „etwas Negatives und Unerwünschtes" (Sverke et al. 2006: 64), etwas, das von dem Einzelnen als Bedrohung empfunden wird und daher Sorgen und Ängste auslösen kann (Greenhalgh & Rosenblatt 1984; Kaufmann 1970). Der mögliche Verlust des Arbeitsplatzes bedeutet nämlich nicht nur einen Verlust von Einkommen und Status, sondern hat u. a. ebenfalls

---

[1] Ferner wird der erwartete Verlust bestimmter als wichtig erachteter Arbeitsplatzmerkmale als eine weitere mögliche Ausprägung subjektiver Erwerbsunsicherheit verstanden (Greenhalgh & Rosenblatt 1984: 441). Beispielsweise können drohende Lohnkürzungen oder Verschlechterungen der Arbeitsbedingungen den Arbeitnehmern ebenfalls Sorgen bereiten. In diesem Zusammenhang wird von qualitativer Erwerbsunsicherheit gesprochen (vgl. hierzu auch Gallie et al. 2016; Hellgren et al. 1999; Sverke & Hellgren 2002). Der Fokus dieser Arbeit liegt jedoch auf der quantitativen Erwerbsunsicherheit, die die wahrgenommenen Möglichkeiten zur Fortsetzung der Beschäftigung an sich umfasst.

weitreichende Folgen für das Selbstwertgefühl, die Struktur des Tagesablaufes und die sozialen Kontakte einer Person (Jahoda et al. 1960). Ausgehend von diesem breiten Verständnis gibt es verschiedene Möglichkeiten, subjektive Erwerbsunsicherheit zu erfassen. Zu unterscheiden ist insbesondere zwischen kognitiven und affektiven Formen (vgl. dazu beispielsweise Sverke et al. 2006; Erlinghagen & Lübke 2015; Borg & Elizur 1992; Jansen 2011). Die kognitive Form stellt sich als individuelle Wahrnehmung von Beschäftigungsrisiken dar. Arbeitnehmer geben dazu beispielsweise an, für wie wahrscheinlich sie den Verlust des aktuellen Arbeitsplatzes halten oder wie sie ihre Wiederbeschäftigungsmöglichkeiten im Falle eines Arbeitsplatzverlustes einschätzen (Anderson & Pontusson 2007). Ersteres wird häufig als kognitive Arbeitsplatzunsicherheit bezeichnet, letzteres als kognitive Beschäftigungsunsicherheit. Zusätzlich wird in einigen Arbeiten die subjektive Einkommensunsicherheit unterschieden, mit der die subjektiv wahrgenommenen finanziellen Folgen bzw. die fehlenden oder unzureichenden Einkommensalternativen im Falle einer eintretenden Arbeitslosigkeit erfasst werden (Anderson & Pontusson 2007; Berglund et al. 2014; Carr & Chung 2014).

Die affektive Erwerbsunsicherheit geht über die kognitive Form hinaus und erfasst die Sorgen und Ängste der Beschäftigten, die mit den wahrgenommenen Erwerbsrisiken verbunden sind (Anderson & Pontusson 2007; Borg & Elizur 1992; Huang et al. 2010; Jansen 2011). Typischerweise wird danach gefragt, ob sich Individuen um die Sicherheit ihres Arbeitsplatzes sorgen oder um ihre Beschäftigung fürchten (Sverke et al. 2006: 64). Im Gegensatz zu den Wahrscheinlichkeitsfragen zur Erfassung der kognitiven Form zielen solche Formulierungen darauf ab herauszufinden, ob die wahrgenommene Unsicherheit des Arbeitsplatzes als eine Belastung bewertet wird, also negative Angstgefühle und Stress hervorruft. Hier lässt sich wiederum zwischen affektiver Arbeitsplatzunsicherheit und Beschäftigungsunsicherheit unterscheiden, denn Sorgen können sich Menschen nicht nur um die Sicherheit ihres aktuellen Arbeitsplatzes machen, sondern auch um ihre allgemeinen Beschäftigungsaussichten, also beispielsweise darüber, längere Zeit arbeitslos zu sein. In Abbildung 1 sind die wichtigsten Formen der subjektiven Erwerbsunsicherheit noch einmal zusammengefasst dargestellt.

Die vorgestellten Formen subjektiver Erwerbsunsicherheit stehen in vielfältigen Wechselwirkungen zueinander. Zunächst sei noch einmal hervorgehoben, dass Arbeitsplatz- und Beschäftigungsunsicherheit nicht identisch sind. Während die subjektive Arbeitsplatzunsicherheit alleine auf die Stabilität des aktuellen Arbeitsplatzes abzielt, werden mit der Beschäftigungsunsicherheit die subjektiv wahrgenommenen Wiederbeschäftigungsmöglichkeiten außerhalb des aktuellen Arbeitsplatzes erfasst (Anderson & Pontusson 2007; Sverke et al.

2006). Subjektive Arbeitsplatz- und Beschäftigungsunsicherheit sind dennoch eng miteinander verbunden. Beschäftigte, die sich sicher sind, ihren Arbeitsplatz dauerhaft halten zu können, werden sich wahrscheinlich keine Gedanken über mögliche Alternativen im Falle eines Arbeitsplatzverlustes machen. Gleichzeitig werden sich Personen kaum Sorgen machen, die ihren Arbeitsplatz zwar als gefährdet wahrnehmen, sich jedoch sicher sind, schnell eine gleichwertige Arbeit finden zu können (Chung & van Oorschot 2011; Ebralidze 2010; Klandermans et al. 2010). Die vorliegende Arbeit beschränkt sich auf die subjektive Arbeitsplatzunsicherheit, denn während der mögliche Verlust des aktuellen Arbeitsplatzes für die Beschäftigten einen konkreten Bezug hat (sie verlieren möglicherweise etwas, was sie haben), ist die Bewertung der alternativen Beschäftigungsmöglichkeiten in den meisten Fällen wahrscheinlich deutlich abstrakter.

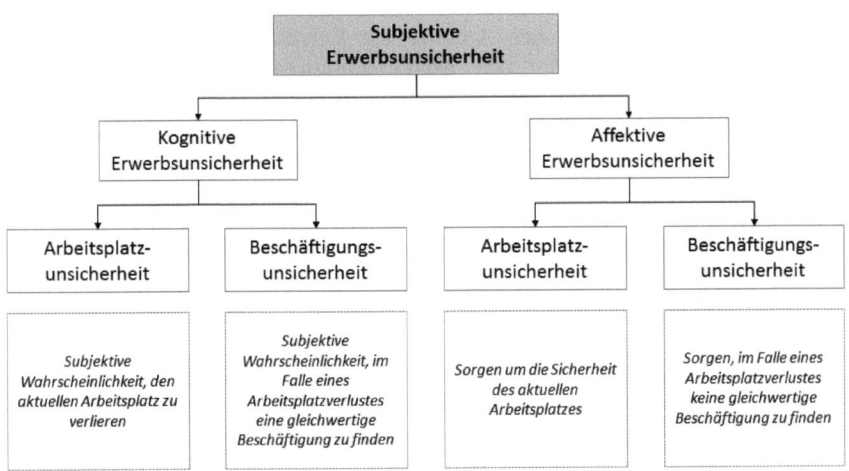

Abbildung 1   **Formen subjektiver Erwerbsunsicherheit**
Quelle: Erlinghagen & Lübke 2015: 408, eigene Darstellung

Des Weiteren stehen kognitive und affektive Formen in Wechselwirkung zueinander. Beide erfassen gleichermaßen zukunftsbezogene Erwartungen der Beschäftigten, die auf eine individuelle Interpretation bestimmter Situationen zurückgehen. Allerdings kann anhand der kognitiven Form der Erfassung subjektiver Arbeitsplatzunsicherheit nicht bestimmt werden, ob der erwartete Verlust des Arbeitsplatzes überdies als etwas Negatives bewertet wird. Es ist durchaus denkbar, dass eine Person zwar davon ausgeht, ihren Arbeitsplatz in absehbarer Zeit zu verlieren, dies jedoch nicht als Bedrohung, sondern vielleicht als Herausforderung begreift. Das könnte beispielsweise dann der Fall sein, wenn sich die Person sicher ist, schnell wieder einen neuen, gleichwertigen Arbeitsplatz finden zu können (Anderson & Pontusson 2007). In diesem Fall wären die Konsequenzen für den Beschäftigten sicher andere. Aus diesem Grund konzentriert sich die vorliegende Arbeit auf die affektive Form der subjektiven Arbeitsplatzunsicherheit, die anhand der Sorgen um die Sicherheit des Arbeitsplatzes erfasst wird (vgl. auch Sverke et al. 2002: 256).

2.2. Forschungsstand zu den Determinanten subjektiver Arbeitsplatzunsicherheit

Eine der ersten systematischen Arbeiten zur Entstehung von subjektiver Arbeitsplatzunsicherheit stammt von den Organisationspsychologen Greenhalgh und Rosenblatt (1984), die die Ursachen für die Verunsicherung im direkten Arbeitsumfeld der Personen vermuten. Sie gehen davon aus, dass Beschäftigte verschiedenste Signale, beispielsweise Gerüchte über drohende Umstrukturierungen in ihrem Unternehmen, wahrnehmen und dahingehend bewerten, welche Folgen diese für ihre zukünftige Beschäftigung haben können. Die subjektive Arbeitsplatzunsicherheit leitet sich demnach aus objektiven Bedingungen ab, die die Individuen durch kognitive Wahrnehmungsprozesse verarbeiten und interpretieren. Greenhalgh und Rosenblatt betonen aber zugleich, dass die Entstehung von subjektiver Arbeitsplatzunsicherheit ebenfalls von Merkmalen des Einzelnen abhängt, insbesondere davon, über welche Möglichkeiten die Person verfügt, mit der subjektiv wahrgenommenen Bedrohung ihres Arbeitsplatzes umzugehen. Sie definieren subjektive Arbeitsplatzunsicherheit deshalb als „perceived powerlessness to maintain desired continuity in threatened job situation" (Greenhalgh & Rosenblatt 1984: 438; vgl. außerdem Klandermans et al. 2010).

Subjektive Arbeitsplatzunsicherheit ist demnach ein „psychologisches Phänomen" (Schaufeli 2016: 33; vgl. auch die Ausführungen von Hitlin & Johnson 2015 zu Zukunftserwartungen als Teil des Agency-Prinzips des Lebensverlaufsansatzes), weshalb sich in vergleichbaren (objektiven) Situationen bedeutsame individuelle und gruppenspezifische Unterschiede zeigen. Ein eindrucksvolles Beispiel dafür liefert die umfangreiche Studie von Hartley et al. (1991). Die Autoren untersuchen die Entstehung von subjektiver Arbeitsplatzunsicherheit in verschiedenen Betrieben in Israel, Großbritannien und den Niederlanden. Die ausgewählten Betriebe sind dabei alle von Betriebsschließungen oder Umstrukturierungen betroffen. Dennoch zeigt sich, dass sich Beschäftigte auch dann stark in ihrem Unsicherheitsempfinden unterscheiden können, wenn sie im selben Betrieb arbeiten und damit der gleichen Gefahr ausgesetzt sind, den Arbeitsplatz zu verlieren.

Um diese individuellen und gruppenspezifischen Unterschiede in der Wahrnehmung und Bewertung von Arbeitsplatzunsicherheit zu erklären, sind in den letzten Jahren viele empirische Studien entstanden (Anderson & Pontusson 2007; Berglund et al. 2014; Böckerman 2004; Chung & van Oorschot 2011; De Witte & Näswall 2003; Erlinghagen 2008; Hirschle & Lengfeld 2011; Klandermans et al. 2010; Lengfeld & Hirschle 2009; Lübke & Erlinghagen 2014). Während die ersten Arbeiten zu diesem Thema einzelne von wirtschaftlichen Problemen betroffene Betriebe in den Blick nehmen (beispielsweise Dekker & Schaufeli 1995; Hartley et al. 1991; Rosenblatt et al. 1999), basieren neuere Untersuchungen zumeist auf repräsentativen Umfragedaten. Ausgangspunkt für diese Studien ist jedoch weiterhin die Annahme von Greenhalgh und Rosenblatt (1984), dass subjektive Arbeitsplatzunsicherheit sowohl auf objektive Bedrohungen als auch auf individuelle Merkmale zurückgeht, die die Interpretation der objektiven Situation beeinflussen. Mögliche Auslöser bzw. objektive Gründe für die Sorgen werden jedoch nicht mehr nur im betrieblichen Umfeld vermutet, sondern beispielsweise auch in gesamtgesellschaftlichen Rahmenbedingungen oder individuellen Beschäftigungsbedingungen (Schaufeli 2016). Außerdem deutet sich in diesen Studien an, dass die individuelle Interpretation von bestimmten Lebensumständen und Erfahrungen im Lebensverlauf abhängt, auch wenn hierzu noch Forschungsbedarf besteht (vgl. hierzu Abschnitt 2.2.4).

Im Folgenden wird ein Überblick über den aktuellen Stand der Forschung zu den Determinanten subjektiver Arbeitsplatzunsicherheit gegeben, wobei sowohl die Bedeutung objektiver als auch individueller Merkmale betrachtet wird. Es werden zuerst Befunde zur Rolle gesamtgesellschaftlicher Rahmenbedingungen (Abschnitt 2.2.1) und individueller Beschäftigungsbedingungen (2.2.2) skizziert. Anschließend wird der Forschungsstand zum Einfluss soziodemographischer Merkmale aufbereitet (2.3.3). Dabei ist zu beachten, dass in den bestehenden (quantitativen) Studien subjektive Arbeitsplatzunsicherheit unterschiedlich operationalisiert wird, wodurch die Ergebnisse nur begrenzt vergleichbar sind. In einem Großteil der Arbeiten werden die kognitiven Formen subjektiver Erwerbsunsicherheit untersucht. Die kognitive Arbeitsplatzunsicherheit wird dabei zumeist anhand der Frage[2] operationalisiert, ob der aktuel-

---

[2]   In der Literatur gehen die Meinungen auseinander, ob subjektive Erwerbsunsicherheit besser mithilfe von globalen oder mehrdimensionalen Indikatoren erfasst werden sollte. Insbesondere in der Psychologie wird versucht, die Verunsicherung der Menschen anhand umfangreicher

le Arbeitsplatz als sicher eingestuft wird (Anderson & Pontusson 2007; Berglund et al. 2014; Dixon et al. 2013; Erlinghagen 2008; Green 2009; Lübke &
Erlinghagen 2014). Die affektive Form subjektiver Arbeitsplatzunsicherheit
wird deutlich seltener untersucht (Anderson & Pontusson 2007; Böckerman
2004; Green 2009; Lengfeld & Hirschle 2009). Die Mehrheit der Arbeiten ist
mittlerweile international vergleichend angelegt. Untersuchungen für einzelne
Länder gibt es beispielsweise für Schweden (Berglund et al. 2014) und Großbritannien (Campbell et al. 2007; Green et al. 2000). Für Deutschland liegen Befunde zu den Determinanten subjektiver Arbeitsplatzunsicherheit aus der Studie
von Lengfeld und Hirschle (2009) vor, die ihren Schwerpunkt jedoch auf die
Verunsicherung der Mittelschicht legen.

Der folgende Forschungsüberblick beschränkt sich auf Studien, die die Determinanten der kognitiven oder affektiven Arbeitsplatzunsicherheit untersuchen. Ergebnisse zu den Einflussfaktoren subjektiver Beschäftigungsunsicherheit werden hingegen nicht ausführlich referiert (vgl. dazu Anderson & Pontusson 2007, Lübke & Erlinghagen 2014).

2.2.1. *Einfluss gesamtgesellschaftlicher Rahmenbedingungen*

Ein Großteil der empirischen Arbeiten zur subjektiven Arbeitsplatzunsicherheit
ist mittlerweile international vergleichend angelegt (vgl. Chung & Mau 2014 für
einen aktuellen Überblick). In diesen Arbeiten ist vor allem die starke Konjunk-
turabhängigkeit der arbeitsmarktbezogenen Verunsicherung auffällig: So zeigt
sich in diesen Studien zumeist ein signifikant positiver Zusammenhang zwischen der aktuellen Arbeitslosenquote und dem Anteil an Personen, die ihren
Arbeitsplatz als unsicher bezeichnen (vgl. u. a. Anderson & Pontusson 2007;
Dixon et al. 2013; Lübke & Erlinghagen 2014). Nimmt man das Wirtschaftswachstum als einen weiteren Indikator für die konjunkturelle Lage, ergibt sich
ein ähnliches Bild: Es besteht ein signifikant positiver Zusammenhang zwischen
der subjektiven Arbeitsplatzunsicherheit und dem Wirtschaftswachstum (Lübke
& Erlinghagen 2014).

Noch deutlicher wird der Zusammenhang zwischen der konjunkturellen
Entwicklung und der subjektiven Arbeitsplatzunsicherheit im zeitlichen Vergleich: Verschiedene Auswertungen der Daten des General Social Surveys zeigen für die USA, dass die Entwicklung der subjektiven Arbeitsplatzunsicherheit
seit den 1970er Jahren größtenteils dem Verlauf der Arbeitslosenquote folgt

---

Skalen abzufragen (vgl. hierzu Ashford et al. 1989; siehe auch Sverke et al. 2006; Näswall &
De Witte 2003). Die vorliegende Arbeit konzentriert sich jedoch auf solche Arbeiten, die die
jeweiligen Formen subjektiver Arbeitsplatzunsicherheit anhand einer Frage erfassen.

(Schmidt 1999; Fullerton & Wallace 2007). Mit leichten Abweichungen zeigt sich dieser Zusammenhang zudem seit den 1980er Jahren für Deutschland (Erlinghagen 2010: 3). Geht es der Wirtschaft gut, also ist beispielsweise die Arbeitslosigkeit gering und das Wirtschaftswachstum hoch, schauen die Beschäftigten optimistisch in die Zukunft; verschlechtern sich hingegen die wirtschaftlichen Bedingungen, nimmt auch die Verunsicherung zu (Erlinghagen 2008; Green 2009).

Die Verunsicherung der Beschäftigten aufgrund konjunktureller Schwankungen darf nicht mit den tatsächlichen Auswirkungen der wirtschaftlichen Entwicklung auf die Arbeitslosigkeit verwechselt werden. Personen, die sich Sorgen um die Sicherheit ihres Arbeitsplatzes machen, sind nicht diejenigen, die ihren Arbeitsplatz verloren haben und damit zum Anstieg der Arbeitslosenquote beitragen (denn die werden nicht mehr zu ihrer subjektiven Arbeitsplatzunsicherheit befragt). Außerdem müssen nicht alle, die ihren Arbeitsplatz als unsicher bezeichnen, diesen auch zwangsläufig verlieren (wobei es durchaus einen Zusammenhang zwischen der Selbsteinschätzung und dem tatsächlichen Arbeitslosigkeitsrisiko gibt, siehe dazu Campbell et al. 2007; Dickerson & Green 2012; Stephens 2004). Es deutet vielmehr einiges darauf hin, dass Menschen die allgemeine Entwicklung am Arbeitsmarkt wahrnehmen und auf ihre zukünftige Beschäftigungssituation beziehen. Da der Zusammenhang zwischen den wirtschaftlichen Rahmenbedingungen und der subjektiven Arbeitsplatzunsicherheit in international vergleichenden Studien unter Kontrolle individueller Beschäftigungsbedingungen bestehen bleibt, kann davon ausgegangen werden, dass die allgemeine wirtschaftliche Lage einen eigenständigen Einfluss auf die Verunsicherung der Beschäftigten hat (vgl. beispielsweise Anderson & Pontusson 2007; Erlinghagen 2008; Green 2009; Lübke & Erlinghagen 2014).

Dafür sprechen zudem neuere Ergebnisse von Lübke und Erlinghagen (2014). Die Autoren untersuchen u. a., ob neben der aktuellen Höhe auch zurückliegende Schwankungen der Arbeitslosenquote einen eigenständigen Effekt auf die subjektive Arbeitsplatzunsicherheit haben. Sie können nachweisen, dass eine kurzfristige Zunahme der Arbeitslosigkeit unabhängig von der eigentlichen Höhe mit einer Zunahme subjektiver Arbeitsplatzunsicherheit verbunden ist (Lübke & Erlinghagen 2014; vgl. auch Anderson & Pontusson 2007). Das deutet darauf hin, dass Beschäftigte sensibel auf Veränderungen reagieren und beispielsweise die Zunahme der Arbeitslosenquote als Zeichen dafür interpretieren, dass zukünftig die Arbeitslosigkeit und damit das Risiko eines Arbeitsplatzverlustes weiter steigen könnten. Eine langfristige Zunahme der Arbeitslosenquote führt jedoch dazu, dass die subjektive Arbeitsplatzunsicherheit wieder abnimmt. Das deutet darauf hin, dass sich die Beschäftigten langfristig an bestimmte Bedingungen wie eine hohe Arbeitslosigkeit gewöhnen können: Obwohl die Arbeitslosenquote weiter steigt bzw. hoch ist und damit die allgemeinen Beschäftigungschancen weiterhin schlecht sind, gehen die Sorgen in der Bevölkerung zurück. Es scheint, als verliere nach 10 Jahren, in denen die Arbeitslosigkeit meist gestiegen ist, diese Entwicklung ihren Schrecken und als werde sie von den Beschäftigten nicht mehr als so starke Bedrohung für ihren Arbeitsplatz bewertet (Lübke & Erlinghagen 2014).

In international vergleichenden Studien werden neben der allgemeinen wirtschaftlichen Situation auch verschiedene wohlfahrtstaatliche Sicherungsmechanismen als mögliche Einflussfaktoren auf die subjektive Arbeitsplatzunsicherheit diskutiert. Dazu zählen zum einen die gesetzlichen Regelungen des Kündigungsschutzes, die Entlassungen durch den Arbeitgeber erschweren und damit Beschäftigte vor den Arbeitsplatzverlust schützen sollen (OECD 2004). Zum anderen versucht der Staat durch eine Reihe von wohlfahrtsstaatlichen Maßnahmen Einfluss auf das Arbeitsmarktgeschehen zu nehmen. Die Maßnahmen der sogenannten passiven Arbeitsmarktpolitik sind darauf ausgerichtet, die (finanziellen) Folgen eines Arbeitsplatzverlustes zu lindern (beispielsweise durch die Zahlung von Arbeitslosengeld). Die Maßnahmen der aktiven Arbeitsmarktpolitik hingegen unterstützen arbeitslose Personen beim (Wieder-)Einstieg in den Arbeitsmarkt, indem ihnen beispielsweise entsprechende Beratungs- und Vermittlungsangebote sowie Weiterbildungsmaßnahmen zur Verfügung gestellt werden. Indirekt sollten diese wohlfahrtstaatlichen Sicherungsmechanismen damit auch dazu beitragen, dass sich die Beschäftigten keine großen Sorgen um ihre berufliche Zukunft machen müssen. Die Wirkung der genannten Regulierungen und Maßnahmen auf die subjektive Arbeitsplatzunsicherheit ist allerdings alles andere als eindeutig.

Betrachtet man den Forschungsstand zum Zusammenhang zwischen dem Kündigungsschutz und den verschiedenen Formen der subjektiven Arbeitsplatzunsicherheit, so wird deutlich: Auch wenn eigentlich davon auszugehen ist, dass ein hoher Kündigungsschutz das Gefühl einer höheren Arbeitsplatzsicherheit zur Folge hat, findet sich häufig kein nachweisbar signifikanter Effekt des Kündigungsschutzes auf die subjektive Arbeitsplatzunsicherheit (Erlinghagen 2008; Lübke & Erlinghagen 2014). Eine Ausnahme stellt hierbei die Studie von Anderson und Pontusson (2007) dar, in der sich ein signifikant negativer (also unsicherheitsreduzierender) Effekt des Kündigungsschutzes auf kognitive Arbeitsplatzunsicherheit zeigt. Eine zweite Ausnahme stellt die Studie von Hirschle und Lengfeld (2011) dar, die allerdings einen signifikant positiven (also unsicherheitsverstärkenden) Effekt des Kündigungsschutzes auf die affektive Form der Arbeitsplatzunsicherheit aufdecken. Demnach machen sich Beschäftigte mehr Sorgen, je strenger die Regelungen für den Kündigungsschutz sind.

Ähnlich widersprüchlich zeigt sich das Bild bezüglich des Einflusses aktiver und passiver Arbeitsmarktpolitik. Eine aktive Arbeitsmarktpolitik zielt darauf ab, Arbeitslose schnell wieder in den Arbeitsmarkt zu intergieren, sie sollte daher weniger die wahrgenommene Sicherheit des aktuellen Arbeitsplatzes (subjektive Arbeitsplatzunsicherheit) als vielmehr die subjektive Beschäftigungsunsicherheit, also die individuell wahrgenommenen Wiederbeschäftigungschancen, beeinflussen. Indirekt könnte die aktive Arbeitsmarktpolitik auch die affektive Arbeitsplatzunsicherheit beeinflussen, denn wer sich sicher sein kann, im Falle eines Arbeitsplatzverlustes schnell wieder eine gleichwertige Stelle zu finden, braucht sich auch keine großen Sorgen um die Sicherheit seines Arbeitsplatzes machen. Die empirischen Belege für den Einfluss einer aktiven Arbeitsmarktpolitik (gemessen an der relativen Höhe der Ausgaben) sind erneut nicht eindeutig. Beispielsweise finden Lübke und Erlinghagen (2014) weder für die Arbeitsplatzunsicherheit noch für die Beschäftigungsunsicherheit einen signifikanten Zusammenhang mit der Höhe der Ausgaben für eine aktive Arbeitsmarktpolitik. Hingegen können Anderson und Pontusson (2007) zeigen, dass die subjektiv wahrgenommen Wiederbeschäftigungsmöglichkeiten wie erwartet mit höheren Ausgaben für beschäftigungsfördernde Maßnahmen zunehmen. Die Autoren finden jedoch keinen Effekt der aktiven Arbeitsmarktpolitik auf die kognitive Arbeitsplatzunsicherheit. Hirschle und Lengfeld (2011) bestätigen, dass die aktive Arbeitsmarktpolitik auch die affektive Arbeitsplatzunsicherheit reduzieren kann.

Ergänzend zur aktiven Arbeitsmarktpolitik zielt die passive Arbeitsmarktpolitik darauf ab, die (finanziellen) Folgen eines möglichen Arbeitsplatzverlustes abzumildern. Damit nimmt sie zwar keinen Einfluss auf die Stabilität von Beschäftigung, mildert aber die Kosten eines Arbeitsplatzverlustes (Klandermans et al. 2010). Effekte lassen sich deshalb vor allem auf die affektive Arbeitsplatzunsicherheit erwarten. Und tatsächlich können Anderson und Pontusson (2007) nachweisen, dass die Sorgen abnehmen, je höher die Ausgaben für das Arbeitslosengeld in einem Land sind. Ebenso können Chung und van Oorschot (2011: 299) einen unsicherheitsreduzierenden Effekt der passiven Arbeitsmarktpolitik auf die subjektive Arbeitsplatzunsicherheit feststellen.

Einen weiteren Hinweis darauf, dass wohlfahrtsstaatliche Sicherungsmechanismen einen Einfluss auf die Wahrnehmung von Arbeitsplatzunsicherheit haben, liefert die Entwicklung der Sorgen um die Sicherheit des Arbeitsplatzes zwischen 2001 bis 2004 in Deutschland. Die Arbeitsplatzunsicherheit war in dieser Zeit höher, als es aufgrund der Arbeitslosenquote zu vermuten gewesen wäre. Erlinghagen (2010) führt den erhöhten Anteil subjektiver Arbeitsplatzunsicherheit zum einen auf die Einführung der Hartz-Gesetze zurück, die ja bekanntlich einen tiefen Einschnitt in die soziale Sicherung in Deutschland markieren. Da die Sorgen hier der tatsächlichen Entwicklung zeitlich vorausgehen (die einzelnen Gesetze traten schrittweise zwischen 2003 und 2005 in Kraft), nimmt Erlinghagen weiter an, dass die Sorgen der Menschen durch die vorausgehende mediale Berichterstattung um die Hartz-Reformen ausgelöst worden sind. Zum anderen sieht Erlinghagen einen Zusammenhang mit der wachsenden Lohnungleichheit in dieser Zeit, weil diese Entwicklung die Sorge davor erhöht hätte, „nach einem Verlust des Arbeitsplatzes das bisherige Einkommensniveau selbst dann nicht wieder erreichen zu können, wenn man rasch einen neuen Arbeitsplatz findet" (Erlinghagen 2010: 9–10). Interessanterweise zeigt sich auch in dieser Studie wieder ein Gewöhnungseffekt. Mit der Zeit scheinen sich die Menschen an die neuen sozialpolitischen Bedingungen gewöhnt oder angepasst zu haben, und die subjektive Arbeitsplatzunsicherheit folgt wieder der Entwicklung der Arbeitslosenquote.

2.2.2. Einfluss individueller Beschäftigungsbedingungen

Neben den gesamtgesellschaftlichen Ursachen haben sich auch individuelle Beschäftigungsbedingungen als wichtige Determinanten subjektiver Arbeitsplatzunsicherheit erwiesen. Sie bilden gewissermaßen die objektive Situation ab, in der sich die Beschäftigten befinden. Als Indikatoren für die individuellen Beschäftigungsbedingungen werden in der Literatur vor allem die Art des Arbeitsvertrages, die Dauer der Betriebszugehörigkeit, die Größe und Branche des Betriebes betrachtet (vgl. Näswall & De Witte 2003 für einen Überblick über individuelle Determinanten subjektiver Arbeitsplatzunsicherheit).

Zu den wohl am häufigsten untersuchten objektiven Bedingungen für die subjektive Arbeitsplatzunsicherheit zählt die Art des Arbeitsvertrages. Es wird erwartet, dass sich Beschäftigte mit einem befristeten Arbeitsvertrag deutlich unsicherer fühlen als Beschäftigte mit einem unbefristeten Vertrag. Erklärt wird das damit, dass Beschäftigte mit einem befristeten Arbeitsvertrag nicht nur ein erhöhtes Arbeitslosigkeitsrisiko haben, sondern diese Form der Beschäftigung zudem mit langfristigen Nachteilen, wie beispielsweise Lohneinbußen, verbunden ist (Giesecke 2006; Lengfeld & Kleiner 2007). Dem wird jedoch von einigen Autoren entgegengehalten, dass Personen mit einem befristeten Arbeitsvertrag sehr genau wissen, dass dieser zu einem bestimmten Zeitpunkt auslaufen wird. Aus diesem Grund dürften sie auch keine (großen) Erwartungen an die Sicherheit des Arbeitsplatzes haben und sollten sich entsprechend keine Sorgen um die Zukunft des Arbeitsplatzes machen (Böckerman 2004; Jacobson & Hartley 1991). Diese letzte Annahme bestätigt sich allerdings meist nicht. Stattdessen erweist sich ein befristeter Arbeitsvertrag in empirischen Analysen als wichtigste Determinante subjektiver Arbeitsplatzunsicherheit (vgl. u. a. Berglund et al. 2014; Campbell et al. 2007; Erlinghagen 2008; Lengfeld & Hirschle 2009). Personen mit einem befristeten Arbeitsvertrag bewerten ihren Arbeitsplatz als deutlich unsicherer als Personen mit unbefristetem Arbeitsvertrag. Dieser Befund gilt für alle Formen der subjektiven Arbeitsplatzunsicherheit, also sowohl für die Einschätzung der zukünftigen Erwerbschancen als auch für die Sorgen um die Sicherheit des Arbeitsplatzes.

Die Argumente zum Zusammenhang von befristeter Beschäftigung und subjektiver Arbeitsplatzunsicherheit lassen sich auch auf Leiharbeit übertragen. Leiharbeiter haben zwar meist einen unbefristeten Arbeitsvertrag, aufgrund ihrer geringen Bindung an das Unternehmen haben sie aber dennoch eine ebenfalls erhöhte Wahrscheinlichkeit, ihren Arbeitsplatz zu verlieren (Dütsch 2011). Es ist deshalb naheliegend, dass Leiharbeiter im Vergleich zu unbefristet Beschäftigten ihren Arbeitsplatz als unsicherer wahrnehmen und sich häufiger Sorgen machen als Personen in „normalen" Beschäftigungsverhältnissen (Klandermans et al. 2010).

Außerdem wird in vielen Studien die wahrgenommene Sicherheit des Arbeitsplatzes mit der Dauer der Betriebszugehörigkeit in Verbindung gebracht. Ausgehend von der Formel „last hired, first fired" wird angenommen, dass mit zunehmender Betriebszugehörigkeit der Schutz vor Entlassungen zu- und damit das Unsicherheitsempfinden abnimmt. Dieser Schutz entsteht einmal dadurch, dass der gesetzliche Kündigungsschutz umso strenger ist, je länger eine Person im Unternehmen beschäftigt ist. Außerdem steigt mit den Jahren die (subjektive) Verbundenheit zwischen Arbeitgeber und Arbeitnehmer an, weshalb langjährig Beschäftigte ein höheres Sicherheitsgefühl entwickeln (Jacobson & Hartley 1991). Empirisch stellt sich der Zusammenhang zwischen subjektiver Arbeitsplatzunsicherheit und individueller Betriebszugehörigkeit häufig jedoch komplexer dar. Zwar nimmt die kognitive Arbeitsplatzunsicherheit mit steigender Beschäftigungsdauer (zunächst) ab; dieser Effekt ist jedoch nicht linear, sondern u-förmig (Dixon et al. 2013; Erlinghagen 2008; Lübke & Erlinghagen 2014). Das heißt, dass sich der Vorteil der steigenden Betriebszugehörigkeit irgendwann umkehrt und Personen ab einer bestimmten Beschäftigungsdauer wieder vermehrt davon ausgehen, ihren Arbeitsplatz verlieren zu können. Das könnte vor allem daran liegen, dass mit zunehmender Beschäftigungsdauer die (subjektiv wahrgenommenen) Chancen abnehmen, im Fall eines Arbeitsplatzverlustes einen neuen gleichwertigen Arbeitsplatz zu erhalten (Lübke & Erlinghagen 2014). Dadurch steigt die Abhängigkeit vom aktuellen Arbeitsplatz und die Beschäftigten machen sich mehr Sorgen um diesen.

Als ein weiterer objektiver Indikator für die Arbeitsplatzunsicherheit wird häufig die Branche des Betriebes angeführt. Dahinter verbirgt sich die Annahme, dass es bestimmte Wirtschaftszweige gibt, die unabhängig von der allgemeinen wirtschaftlichen Lage besonders krisenanfällig sind und damit ihren Beschäftigten eine geringere Erwerbssicherheit bieten können als andere Branchen. Die empirischen Befunde hierzu sind nicht eindeutig und sollen an dieser Stelle nicht ausführlich dargestellt werden. Erwähnenswert ist aber, dass beispielsweise Burchell (1999) mit Daten aus Großbritannien vor allem das Baugewerbe (sowie die Land- und Forstwirtschaft) als Branche identifiziert, in denen die subjektive Arbeitsplatzunsicherheit besonders stark verbreitet ist. Das lässt sich wahrscheinlich am besten anhand der saisonalen und konjunkturellen Schwankungen im Baugewerbe erklären, die für die Beschäftigten besonders schwer einzuschätzen sind. So einleuchtend dieser Befund und die dazugehörige Erklärung auch sind, in seiner international vergleichenden Studie mit Daten aus 17 europäischen Ländern kann Erlinghagen (2008) diesen Befund nicht bestätigen. Ganz im Gegenteil, die Beschäftigten der Baubranche weisen in dieser Arbeit sogar eine geringere subjektive Arbeitsplatzunsicherheit auf als die Beschäftigten im verarbeitenden Gewerbe (vgl. auch Green et al. 2000).

Ähnlich widersprüchlich sind die Annahmen und Befunde bezüglich der subjektiven Arbeitsplatzunsicherheit in Industrie und Dienstleistung. In Deutschland gilt vor allem der Dienstleistungsbereich mit seiner hohen Fluktuation als besonders unsichere Branche, wohingegen die Beschäftigungsverhältnisse im verarbeitenden Gewerbe als vergleichsweise sicher angesehen werden (Dütsch & Struck 2014; Struck 2006). Allerdings zeigt sich, dass die Beschäftigungsaustritte im Dienstleistungsbereich häufig freiwilliger Natur sind (Erlinghagen 2005). Außerdem könnte argumentiert werden, dass im Zeitalter der Globalisierung die Verunsicherung vor allem durch den steigenden internationalen Wettbewerb entsteht (Chung & van Oorschot 2010), von dem jedoch eher die Industrie und weniger die (personenbezogene) Dienstleistung betroffen ist. Empirisch zeigt sich, dass die Beschäftigten im Dienstleistungsbereich seltener von Arbeitsplatzunsicherheit berichten als Beschäftigte im verarbeitenden Gewerbe (Erlinghagen 2008; Green et al. 2000). Ob das jedoch wirklich an den spezifischen Beschäftigungsbedingungen in dieser Branche liegt, lässt sich nicht ohne Weiteres sagen. Festzuhalten ist aber, dass die Ergebnisse keinesfalls generalisierbar sind und sicherlich zu einem hohen Maß von den spezifischen (historischen) Umständen abhängen (Green et al. 2000).

In diesem Zusammenhang eindeutig und nicht weiter überraschend ist der Befund, dass Beschäftigte im öffentlichen Dienst deutlich seltener von Unsicherheit berichten als Beschäftigte in der freien Wirtschaft (Anderson & Pontusson 2007; Erlinghagen & Lübke 2015; Hirschle & Lengfeld 2011; Mauno & Kinnunen 2002). Doch auch Angestellte im öffentlichen Dienst sind nicht völlig frei von Sorgen um die Sicherheit ihres Arbeitsplatzes (Ferrie et al. 2002). In einer aktuellen Studie aus Schweden unterscheidet sich die kognitive Arbeitsplatzunsicherheit von Angestellten im öffentlichen Dienst nicht signifikant von Beschäftigten in der freien Wirtschaft (Berglund et al. 2014).

Neben der Branche wird zudem häufig die Größe des Betriebes als objektiver Indikator für die Arbeitsplatzunsicherheit verwendet. Es wird dabei angenommen, dass größere Betriebe über mehr Möglichkeiten verfügen, mit konjunkturellen und auch strukturellen Veränderungen am Arbeitsmarkt umzugehen, weshalb sie ihren Mitarbeitern mehr Sicherheit bieten können (Struck 2006). Die empirischen Befunde sind jedoch wiederum nicht eindeutig: Zwar können Lengfeld und Hirschle (2009) zeigen, dass sich Beschäftigte in Großbetrieben mit mehr als 2.000 Beschäftigten in Deutschland seltener Sorgen um die Sicherheit ihres Arbeitsplatzes machen. Im internationalen Vergleich kann diese Annahme jedoch nicht bestätigt werden. So findet beispielsweise Erlinghagen (2008) keinen Einfluss der Betriebsgröße auf die subjektive Arbeitsplatzunsicherheit.

Zusammenfassend lässt sich sagen, dass sich Personen in einer scheinbar sicheren (also beispielsweise unbefristeten) Beschäftigung seltener Sorgen machen als Beschäftigte in objektiv unsicheren Beschäftigungsverhältnissen. Allerdings reicht die Erklärungskraft dieser „objektiven" Beschäftigungsbedingungen alleine nicht aus, um die Wahrnehmung von Arbeitsplatzunsicherheit vollständig zu erklären (Mauno & Kinnunen 2002). Es ist beispielsweise keineswegs so, dass eine Person, die einen befristen Arbeitsvertrag hat, automatisch von Sorgen um die Sicherheit des aktuellen Arbeitsplatzes berichtet; gleichzeitig ist eine unbefristete Stelle in einer vermeintlich krisensicheren Branche oder einem etablierten Unternehmen keine Garantie auf eine sorgenfreie Wahrnehmung der eigenen Beschäftigungsaussichten. Damit wird deutlich, dass es nicht ausreicht, die subjektive Verunsicherung der Menschen alleine auf vermeintlich objektiv messbare Faktoren für die Unsicherheit eines Beschäftigungsverhältnisses zurückzuführen. Darüber hinaus steht die Wahrnehmung und Bewertung von Arbeitsplatzunsicherheit ebenfalls im Zusammenhang mit soziodemographischen Merkmalen der Beschäftigten und verschiedenen Wechselwirkungen im Lebensverlauf.

2.2.3. Einfluss sozio-demographischer Merkmale

Die Wahrnehmung und Bewertung von Arbeitsplatzunsicherheit variiert nach sozio-demographischen Merkmalen wie dem Alter, dem Geschlecht, dem sozioökonomischen Status und der Wohnregion der Beschäftigten (vgl. auch hier

Näswall & De Witte 2003 für einen systematischen Forschungsüberblick).[3] Das
Alter ist dabei einerseits ein Faktor, der die objektiven Erwerbschancen einer
Person beeinflusst, kann andererseits aber auch ihre Interpretation der objektiven Situation bedingen. Berufseinsteiger und junge Erwachsene könnten sich
beispielsweise aufgrund ihrer unsicheren Beschäftigungsbedingungen tendenziell mehr Sorgen um ihren Arbeitsplatz machen als ältere Personen, die sich
bereits am Arbeitsmarkt etabliert haben. Andererseits nehmen mit zunehmendem Alter eventuell die Mobilitätsbereitschaft wie auch die (subjektiv wahrgenommen) Wiederbeschäftigungschancen ab, was die Abhängigkeit vom aktuellen Arbeitsplatz erhöht und vermehrt Sorgen auslösen kann. Neben diesen objektiven Bedingungen verändert sich im Lebensverlauf zudem die Interpretation
der Beschäftigten. Es verändern sich beispielsweise die familialen Verpflichtungen, die Beschäftigte haben (vgl. dazu Abschnitt 2.2.4). Mit der Gründung einer
Familie und der Geburt von Kindern könnte einer kontinuierlichen Beschäftigung eine größere Bedeutung beigemessen werden, was dazu führen würde,
dass Personen besonders sensibel auf Anzeichen für einen möglichen Arbeitsplatzverlust reagieren (Näswall & De Witte 2003). Außerdem ändern sich eventuell die Erwartungen bzw. Präferenzen mit zunehmendem Alter, die ebenfalls
die individuelle Einschätzung der Arbeitsplatzunsicherheit beeinflussen. Während vielleicht Berufseinsteiger (noch) keine großen Erwartungen an die Stabilität ihrer Beschäftigung richten, gewöhnen sich ältere Beschäftigte vielleicht an
ihre sichere Beschäftigungssituation und reagieren deshalb sensibler auf etwaige
Anzeichen für einen drohenden Verlust des Arbeitsplatzes (Jacobson & Hartley
1991). Wie die theoretischen Ausführungen schon vermuten lassen, sind die
Befunde bezüglich des Einfluss des Alters auf die subjektive Arbeitsplatzunsicherheit widersprüchlich. Böckerman (2004) kann beispielsweise nachweisen, dass mit zunehmenden Alter die Wahrscheinlichkeit zunimmt, dass sich die
Beschäftigten Sorgen um die Sicherheit ihres Arbeitsplatzes machen. Im Gegensatz dazu finden Lengfeld und Hirschle (2009) in ihrer Analyse mit deutschen
Daten einen signifikant negativen Einfluss des Alters auf die affektive Arbeitsplatzunsicherheit. Die Wahrscheinlichkeit, dass sich Beschäftigte (einige und
große) Sorgen machen, nimmt danach in Deutschland mit zunehmendem Alter
ab. Befunde aus Arbeiten, denen kognitive Formen subjektiver Arbeitsplatzunsicherheit zugrunde liegen, deuten darauf hin, dass subjektive Arbeitsplatzunsicherheit mit dem Alter zunächst zu- und dann wieder abnimmt (Dixon et al.
2013; Erlinghagen & Lübke 2015; Hirschle & Lengfeld 2011). Demnach halten
insbesondere mittlere Altersgruppen (40 bis 54 Jahre) ihren Arbeitsplatz für

---

[3]   Ferner kann die Familiensituation als sozio-demographisches Merkmal gezählt werden. Der
       Forschungsstand zu ihrem Einfluss auf die subjektive Arbeitsplatzunsicherheit wird im nächs-
       ten Abschnitt aufgegriffen.

unsicher (Erlinghagen 2008). Hingegen nehmen die subjektiv wahrgenommenen Wiederbeschäftigungsmöglichkeiten, wie bereits vermutet, mit dem Alter ab (Anderson & Pontusson 2007; Lübke & Erlinghagen 2014).

Ähnlich wie das Alter kann auch das Geschlecht sowohl im Zusammenhang mit objektiven Erwerbschancen und -risiken als auch mit der individuellen Interpretation dieser objektiven Bedingungen in Verbindung gebracht werden. Ausgehend von der noch immer bestehenden Benachteiligung von Frauen auf dem Arbeitsmarkt ist es zunächst naheliegend anzunehmen, dass sich Frauen mehr Sorgen um die Sicherheit ihres Arbeitsplatzes machen als Männer. Frauen sind nämlich nicht nur häufiger in atypischen Beschäftigungen, ihre Erwerbskarrieren zeichnen sich außerdem durch häufigere Unterbrechungen aus (Blossfeld & Hofmeister 2006; Drobnič et al. 1999; Kelle 2011). Es gibt zwar durchaus einige wenige Studien, die auf eine höhere Arbeitsplatzunsicherheit von Frauen hindeuten (Lübke & Erlinghagen 2014; Mauno & Kinnunen 1999). Doch der Großteil der empirischen Studien kann keinen signifikanten Einfluss des Geschlechts auf die kognitive Arbeitsplatzunsicherheit nachweisen (beispielsweise Anderson & Pontusson 2007; Erlinghagen 2008; Fullerton & Wallace 2007; Green 2009; Hirschle & Lengfeld 2011), genauso wenig wie auf die affektive Arbeitsplatzunsicherheit (Böckerman 2004; Green 2009). Frauen scheinen sich also trotz ihrer schlechteren Erwerbschancen nicht unbedingt mehr Sorgen zu machen. Erklärt wird das häufig damit, dass Männer stärker von ihrer Erwerbstätigkeit abhängig sind als Frauen (Charles & James 2003a, 2003b, 2005; Nolan 2009; Nolan et al. 2000; Rosenblatt et al. 1999). Und das in zweierlei Hinsicht: Zum einen stellt die Berufstätigkeit des Mannes häufig die Haupteinnahmequelle für die Familie dar, deren Wegfall deshalb schwerer wiegen würde als der mögliche Arbeitsplatzverlust der Frau. Zum anderen wird vermutet, dass Männer mehr unter einem unsicheren Arbeitsplatz leiden als Frauen, weil sie ihre Identität stärker mit der Erwerbstätigkeit verbinden (Charles & James 2003b). Bisher fehlt es jedoch an umfangreichen (quantitativen) Untersuchungen, um diese Vermutungen empirisch bestätigen zu können.

Die Wahrnehmung und Bewertung der Arbeitsplatzunsicherheit kann weiterhin vom sozioökonomischen Status der Beschäftigten beeinflusst werden. Der sozioökonomische Status spiegelt die Stellung innerhalb der Sozialstruktur wieder, die sich aus der Bildung, der beruflichen Position und dem Einkommen ergibt (Goldthorpe 1996). Dabei kann aus verschiedenen Gründen angenommen werden, dass eine hohe Position in der Sozialstruktur mit geringeren Sorgen um die Sicherheit des Arbeitsplatzes einhergeht, während sich Personen mit geringerem sozioökonomischem Status vermehrt Sorgen machen. Zunächst bedeutet ein hoher sozioökonomischer Status auch eine hohe Bildung, die wiederum mit besseren Erwerbschancen verbunden ist. Je höher die Bildung ist, desto teurer werden zum einen Entlassungen durch den Arbeitgeber, gleichzeitig ist es für höher gebildete Personen leichter, einen neuen Arbeitsplatz zu finden. Darüber hinaus kann angenommen werden, dass Personen mit höherem sozioökonomischen Status weniger von dem aktuellen Arbeitsplatz abhängig sind als Personen mit geringerem Status, weil sie beispielsweise über ausreichend (finanzielle) Ressourcen verfügen, um auch Zeiten von Arbeitslosigkeit überbrücken zu können (Näswall & De Witte 2003).

Der sozioökonomische Status der Beschäftigten wird in den empirischen Untersuchungen zu den Determinanten subjektiver Arbeitsplatzunsicherheit unterschiedlich operationalisiert. In fast allen Studien wird das (allgemeine) Bildungsniveau kontrolliert. Dabei zeigt sich übereinstimmend, dass mit zunehmender Bildung sowohl die kognitive als auch die affektive Arbeitsplatzunsicherheit abnimmt (Anderson & Pontusson 2007; Erlinghagen 2008; Lübke & Erlinghagen 2014; Berglund et al. 2014). Außerdem wird in einigen Studien zwischen Angestellten und Arbeitern unterschieden, wobei sich Arbeiter häufig unsicherer fühlen als Angestellte (Anderson & Pontusson 2007; Hirschle & Lengfeld 2011).

Der sozioökonomische Status kann deutlich differenzierter anhand des Klassenschemas nach Erikson, Goldthorpe und Portocarero (kurz EGP) erfasst werden, welches Berufe anhand der Art der Tätigkeit, der beruflichen Stellung und der notwendigen beruflichen Qualifikation zu sogenannten Klassenlagen zusammenfasst (Goldthorpe 1996; Brauns et al. 2000). Es werden folgende Klassenlagen unterschieden: obere und untere Dienstklasse, gehobene und untere Routineangestellte, gelernte und ungelernte Arbeiter (inklusive Landarbeiter). Außerdem erfasst das Schema Selbstständige mit und ohne Angestellte (inklusive selbstständige Bauern).

Das EGP-Klassenschema findet Anwendung in der Studie von Lengfeld und Hirschle (2009) zur Erklärung subjektiver Arbeitsplatzunsicherheit (hier als Abstiegsangst verstanden) in Deutschland. Es zeigt sich, dass sich ungelernte und gelernte Arbeiter am meisten Sorgen machen, gefolgt von unteren und gehobenen Routineangestellten. Der Anteil an Personen, die sich Sorgen um die Sicherheit machen, ist bei der unteren und oberen Dienstklasse am geringsten. Damit zeigt sich ein klarer linearerer Zusammenhang: Je höher der sozioökonomische Status, desto sicherer fühlen sich die Beschäftigten. Dabei ist jedoch auffällig, dass insbesondere bei den gehobenen Routineangestellten die Sorgen um die Sicherheit des Arbeitsplatzes seit den 1990er Jahren überproportional stark zugenommen haben. Das könnte ein Anzeichen dafür sein, dass die Mittelschicht besonders sensibel auf Anzeichen von Unsicherheit reagiert, d. h., dass Mitglieder der Mittelschicht beispielsweise in Zeiten hoher Arbeitslosigkeit sich besonders vom Arbeitsplatzverlust bedroht fühlen. Das ändert jedoch nichts an dem generellen Befund, dass mit steigendem sozioökonomischen Status die Wahrscheinlichkeit abnimmt, dass sich eine Person große Sorgen um die Sicherheit ihres Arbeitsplatzes macht.

An dieser Stelle sei auf einen weiteren sozio-demographischen Faktor verwiesen, der in Verbindung mit der subjektiven Arbeitsplatzunsicherheit berücksichtigt werden muss: die Wohnregion der Beschäftigten. Es zeigt sich nämlich, dass sich in Ostdeutschland wesentlich mehr Beschäftigte Sorgen um die Sicherheit ihres Arbeitsplatzes machen als in Westdeutschland (Erlinghagen 2010; Krause et al. 2008). Dieser deutliche Unterschied kann sicher zu einem Großteil auf die nach wie vor ungleiche Arbeitsmarktsituation in den alten und neuen Bundesländern zurückgeführt werden: So ist in Ostdeutschland nicht nur die Arbeitslosigkeit höher als in Westdeutschland, der ostdeutsche Arbeitsmarkt zeichnet sich zudem durch mehr (unfreiwillige) Mobilität aus (Brussig & Erlinghagen 2005; vgl. auch Diewald & Sørensen 1996; Sackmann & Wingens 1996; Solga et al. 2000). Denkbar ist zudem, dass beispielsweise aufgrund unterschiedlicher Erfahrungen und Erwartungen ost- und westdeutsche Beschäftigte andere Wahrnehmungs- und Deutungsmuster herausgebildet haben, so dass sich zwischen Ost- und Westdeutschland nicht nur das Niveau, sondern zudem die Bestimmungsfaktoren der subjektiven Arbeitsplatzunsicherheit unterscheiden (erste Hinweise darauf liefert die gentrennt nach Ost- und Westdeutschland durchgeführte Analyse der Determinanten der Arbeitsplatzunsicherheit von Krause et al. 2008). Auch hier wäre es wieder interessant zu wissen, inwiefern vielleicht unterschiedliche Erfahrungen (man denke nur an die turbulenten Jahre nach der Wende) und damit verbundene Erwartungen zur unterschiedlichen Wahrnehmung von Arbeitsplatzunsicherheit von Ost- und Westdeutschen beitragen.

Die Aufbereitung des Forschungsstandes zu den Determinanten subjektiver Arbeitsplatzunsicherheit hat gezeigt, dass die Verunsicherung der Beschäftigten sowohl auf objektive Situationen – etwa eine hohe Arbeitslosigkeit oder ein befristeter Arbeitsvertrag – als auch auf eine individuell unterschiedliche Interpretation dieser Situationen zurückgeht. Während der Fokus der bisherigen Forschung darauf lag, objektive Situationen zu identifizieren, in denen sich Menschen vermehrt Sorgen machen, ist wenig darüber bekannt, wovon die individuelle Interpretation abhängt. Die Ausführungen zum Einfluss des Alters und Geschlechts haben bereits angedeutet, dass auch bestimmte Lebensumstände und Erfahrungen im Lebensverlauf eine Rolle spielen dürften. Um diese besser zu verstehen, bietet es sich an, die Lebensverlaufsperspektive einzunehmen.

2.2.4. Einfluss verschiedener Wechselwirkungen im Lebensverlauf

Der Lebensverlaufsperspektive hat sich in der Soziologie als Forschungsprogramm fest etabliert (Mayer 1990). Umso erstaunlicher ist es, dass diese Perspektive in der Forschung zu den Determinanten subjektiver Arbeitsplatzunsicherheit bisher kaum Aufmerksamkeit erfahren hat. Dabei stellt die Lebensverlaufsperspektive einen theoretischen wie empirischen Forschungsrahmen zur Verfügung, durch den ein besseres Verständnis subjektiver Arbeitsplatzunsicherheit möglich wird. Im Zentrum der Lebensverlaufsforschung steht der individuelle Lebensverlauf, der sich als „Abfolge von Aktivitäten und Ereignissen in verschiedenen Lebensbereichen und verschiedenen institutionalisierten Handlungsfeldern" von der Geburt bis zum Tod kennzeichnet (Mayer 1990: 9). Lebensverläufe sind dabei das Ergebnis individueller Handlungsprozesse, die von vielfältigen Faktoren beeinflusst werden. Dazu zählen neben einerseits strukturelle Rahmenbedingungen, die sich beispielsweise aus historischen und sozialen Bedingungen ergeben, und anderseits individuelle Handlungsorientierungen und -erwartungen (Elder & Johnson 2003; Emirbayer & Mische 1998; Hitlin & Johnson 2015).

Blossfeld und Huninik (2001) formulieren drei konzeptionelle Grundannahmen, mit denen vielfältige Wechselwirkungen im Lebensverlauf beschrieben werden können: Der Lebensverlauf einer Person stellt sich demnach erstens als ein multidimensionaler Prozess dar, der „sich in mehreren, wechselseitig aufeinander bezogenen Lebensbereichen" entwickelt (Blossfeld & Huinink 2001: 7). Solche Lebensbereiche sind beispielsweise der Familienverlauf, der Bildungs- und Ausbildungsweg, Erwerbskarrieren und Wanderungen. Wie stark verschiedene Lebensbereiche zusammenhängen können, wird beispielsweise an dem Effekt der Bildungsbeteiligung auf die Fertilität deutlich. Solange sich Frauen im (Aus-)Bildungssystem befinden, also beispielsweise studieren, besteht eine geringere Wahrscheinlichkeit, ein (erstes) Kind zu bekommen (Kreyenfeld 2010). Das liegt insbesondere an normativen Vorstellungen vom „richtigen" Zeitpunkt für eine Familiengründung im Lebensverlauf (Bernardi et al. 2007).

Der Lebensverlauf einer Person ist zweitens in gesellschaftliche Mehrebenenprozesse eingebettet (Blossfeld & Huinink 2001: 7 f.). Wechselwirkungen ergeben sich dabei zum einen mit gesellschaftlichen und historischen Rahmenbedingungen (Elder 1994). So konnte beispielsweise gezeigt werden, dass sich makrostrukturelle Bedingungen beim Eintritt in den Arbeitsmarkt nachhaltig auf die lebenslangen Erwerbschancen von verschiedenen Kohorten auswirken (Blossfeld 1985). Zum anderen ergeben sich Wechselwirkungen mit den „Lebensverläufen anderer Menschen, mit denen man mehr oder weniger eng in Interaktionsbeziehungen steht" (Blossfeld & Huinink 2001: 7 f.). Elder prägt hierfür den Begriff der „linked lives", der verbundenen Lebensverläufe (Elder

1994). Die Lebensverläufe können dabei u. a. mit denen der Eltern, Partner und Kinder verbunden sein, wobei deren Einfluss im Lebensverlauf unterschiedliche Bedeutung zukommt. Insbesondere in der Kindheit und Jugend sind es die Eltern, die einen starken Einfluss auf die Kinder haben, später wird dieser Einfluss von Freunden und Partnern abgelöst (Elder 1994).

Und drittens ergeben sich Wechselwirkungen zwischen vergangenen Erfahrungen und späteren Entwicklungen. So stellt sich der Lebensverlauf als ein selbstreferentieller, dynamischer Prozess dar, in dem „(Lern)Erfahrungen und Entscheidungen [...] das Optionsspektrum zukünftiger Entscheidungen begrenzen oder erweitern und dadurch den weiteren Lebensverlauf in eine bestimmte Bahn lenken" (Blossfeld & Huinink 2001: 7). Bisher im Lebensverlauf gesammelte Ressourcen wie Erfahrungen bilden demnach die Grundlage für zukünftiges Handeln. Dabei kommt der Kindheit und Jugendphase eine besondere Bedeutung zu, in der der Grundstein für den späteren Lebensverlauf gelegt wird (Elder 1994). In dieser sensiblen Phase werden sowohl wichtige Kompetenzen erworben als auch richtungsweisende Entscheidungen getroffen.

Überträgt man die Überlegungen zu den Wechselwirkungen im Lebensverlauf auf die subjektive Arbeitsplatzunsicherheit und ihre Determinanten, ergeben sich folgende Fragen: In welchem Zusammenhang stehen die Sorgen um die Sicherheit des Arbeitsplatzes mit den Bedingungen in anderen Lebensbereichen wie beispielsweise der Partnerschafts- und Familienentwicklung? Welchen Einfluss haben frühere Erfahrungen auf die subjektive Arbeitsplatzunsicherheit? Und nicht zuletzt, welche Bedeutung kommt anderen Personen und ihren Erfahrungen bei der Wahrnehmung und Bewertung von Arbeitsplatzunsicherheit zu?

Zu den Wechselwirkungen zwischen subjektiver Arbeitsplatzunsicherheit und anderen Lebensbereichen, insbesondere zu familialen Verpflichtungen und Rollenbildern, gibt es bereits erste Forschungsarbeiten (Charles & James 2003a, 2003b, 2005; Mauno & Kinnunen 2002). Ausgangspunkt für diese Forschungen ist der bereits dargestellte Befund, dass sich Frauen trotz ihrer meist schlechteren Erwerbschancen nicht automatisch auch mehr Sorgen um die Sicherheit ihres Arbeitsplatzes machen (beispielsweise Anderson & Pontusson 2007, Erlinghagen 2008; Fullerton & Wallace 2007; Green 2009; Hirschle & Lengfeld 2011). Erklärt wird das häufig damit, dass Männer im Rahmen des immer noch verbreiteten Modells des männlichen Alleinverdieners stärker von ihrer Erwerbstätigkeit abhängig sind als Frauen. Die Beschäftigung des Mannes ist häufig die Haupteinnahmequelle für die ganze Familie, weshalb der mögliche Verlust des Arbeitsplatzes des Mannes stärkere finanzielle Auswirkungen hat als der der Frau. Außerdem wird vermutet, dass Männer sich stärker mit ihrer Erwerbstätigkeit identifizieren und daher auch emotional von ihrem Arbeitsplatz abhängiger sind als Frauen (Charles & James 2003a).

Die unsicherheitsverstärkende Wirkung familialer Verpflichtungen konnte bisher jedoch in (quantitativen) Studien nicht eindeutig belegt werden: Weder zeigt sich ein klarer Zusammenhang mit der Partner- oder Elternschaft (Dixon et al. 2013 findet sogar einen negativen Effekt des Ehestatus auf verschiedenen Formen der kognitiven Unsicherheit), noch ist der oder die Haupternährer(in) einer Familie besonders anfällig für subjektive Arbeitsplatzunsicherheit (Anderson & Pontusson 2007; Erlinghagen 2008; Lübke & Erlinghagen 2014). Anders scheint es jedoch in Bezug auf die Sorgen zu sein. Hier weisen Lengfeld und Hirschle (2009) einen verstärkenden Einfluss von Partnerschaft und Kindern auf die affektive Arbeitsplatzunsicherheit für Deutschland nach. Vor diesem Hintergrund ist weitere Forschungsarbeit notwendig, um gesicherte Aussagen über die Zusammenhänge zwischen subjektiver Arbeitsplatzunsicherheit und den Bedingungen in anderen Lebensbereichen zu machen.

Auch zu den Wechselwirkungen der subjektiven Arbeitsplatzunsicherheit mit früheren Erfahrungen im Lebensverlauf gibt es erste Befunde. Diese beschränken sich jedoch auf Erfahrungen im eigenen Erwerbsverlauf. So erweist sich die frühere Arbeitslosigkeit als eine Determinante subjektiver Arbeitsplatzunsicherheit (Campbell et al. 2007; Erlinghagen 2008; Green et al. 2001; Lengfeld & Hirschle 2009). Personen, die in den zurückliegenden Jahren arbeitslos waren, haben demnach eine deutlich erhöhte Wahrscheinlichkeit, ihren Arbeitsplatz als unsicher wahrzunehmen und sich Sorgen um die Beschäftigung zu machen. Dabei scheint es egal zu sein, wie lange die Arbeitslosigkeitserfahrung zurückliegt. Erlinghagen (2008) findet sowohl einen signifikant positiven Zusammenhang der subjektiven Arbeitsplatzunsicherheit mit der Arbeitslosigkeitserfahrung in den letzten 5 Jahren als auch mit der Arbeitslosigkeitserfahrung, die länger als 5 Jahre zurückliegt (vgl. Lübke & Erlinghagen 2014; Campbell et al. 2007). Des Weiteren spielt die Dauer der Arbeitslosigkeit nur eine geringe Rolle. Längere (>3 Monate) wie kürzere Phasen der Arbeitslosigkeit sind später mit größeren Arbeitsplatzsorgen verbunden (Krause et al. 2008).

Dieser langfristige sogenannte Scarring-Effekt der Arbeitslosigkeit könnte unterschiedliche Ursachen haben. Zum einen könnte er damit zusammenhängen, dass Arbeitslosigkeit langfristig zu schlechteren Erwerbschancen führt, welche wiederum häufiger Sorgen um die Sicherheit des Arbeitsplatzes auslösen (Clark et al. 2001; Gangl 2006). Allerdings bleibt der Einfluss der Arbeitslosigkeitserfahrung auf die Wahrnehmung der Arbeitsplatzunsicherheit in den genannten Studien unter Kontrolle objektiver Beschäftigungsbedingungen bestehen, weshalb davon auszugehen ist, dass Arbeitslosigkeit eine Erfahrung darstellt, die langfristig die Bewertungsmaßstäbe für die Wahrnehmung von Arbeitsplatzunsicherheit verschiebt.

Damit wird deutlich, dass Arbeitsplatzunsicherheit nicht alleine die gegen-
wärtigen Bedingungen widerspiegelt, sondern ebenso von zurückliegenden
Erfahrungen beeinflusst wird. Neben der Frage nach der Wirkung eigener Erfahrungen wie der einer früheren Arbeitslosigkeit ist bisher weitestgehend uner-
forscht, ob auch Erfahrungen anderer Personen einen Einfluss auf die Arbeitsplatzunsicherheit haben. Die vorliegende Arbeit möchte einen Teil dieser Forschungslücke schließen, indem sie den Einfluss der Eltern auf die Wahrnehmung von Arbeitsplatzunsicherheit bei ihren Kindern untersucht. Es geht mit
anderen Worten darum, herauszufinden, ob es eine *intergenerationale Transmission der subjektiven Arbeitsplatzunsicherheit* gibt.

2.3. Forschungsstand zu den Folgen subjektiver Arbeitsplatzunsicherheit

Eine mögliche intergenerationale Transmission subjektiver Arbeitsplatzunsicherheit ist vor allem deshalb besonders relevant für die soziologische Ungleichheitsforschung, weil die Sorgen um die Sicherheit des Arbeitsplatzes mit
einer Reihe von weitreichenden Folgen für den weiteren Lebensverlauf verbunden sind. Subjektive Arbeitsplatzunsicherheit wirkt sich zum einen nachteilig
auf die Gesundheit, die Arbeitszufriedenheit und das Familienleben aus (vgl.
Abschnitt 2.3.1). Zum anderen hängen individuelle Handlungen und Entscheidungen, wie beispielsweise die Gründung einer Familie, entscheidend davon ab,
wie die Personen ihre zukünftigen Chancen am Arbeitsmarkt wahrnehmen und
bewerten (vgl. hierzu Abschnitt 2.3.2).

2.3.1. Wirkung auf Gesundheit, Arbeitszufriedenheit und Familienleben
Subjektive Arbeitsplatzunsicherheit ist eingangs als etwas Negatives und Unerwünschtes definiert worden, das von den Beschäftigten als Bedrohung wahrgenommen wird (siehe Sverke et al. 2006: 64). Gemäß der Stresstheorie stellt eine
solche Bedrohung einen nicht zu unterschätzenden Stressfaktor dar, der bei den
Beschäftigten eine Stressreaktion mit weitreichenden Folgen für die Gesundheit
auslösen kann (Lazarus & Folkman 1984).
    In der Literatur finden sich zahlreiche Hinweise darauf, dass subjektive Ar-
beitsplatzunsicherheit mit verminderter Gesundheit einhergeht (vgl. De Witte et
al. 2016; Wichert et al. 2000 für einen umfassenden Forschungsüberblick). Die
gesundheitsschädigende Wirkung subjektiver Arbeitsplatzunsicherheit ist dabei
anhand verschiedener Indikatoren sowohl für die psychische als auch körperliche Gesundheit nachgewiesen worden. Demnach ist subjektive Arbeitsplatzun-

sicherheit signifikant negativ mit dem subjektiven Gesundheitszustand verbunden (vgl. u. a. Burgard et al. 2009; Ferrie et al. 2002, 2005), steht in Verbindung mit Herz-Kreislauferkrankungen (vgl. u. a. Lee et al. 2004; Levenstein et al. 2001) und Übergewicht (vgl. u. a. Ferrie et al. 2002; Muenster et al. 2011), Depressionen und Burnout (vgl. u. a. Burgard et al. 2009; Westman et al. 2001) sowie gesundheitsschädlichem Verhalten wie Rauchen (vgl. u. a. Ferrie et al. 2002). Unter den zahlreichen Studien finden sich viele Längsschnittuntersuchungen, die den Kausalzusammenhang zwischen subjektiver Arbeitsplatzunsicherheit und den verschiedenen Facetten von Gesundheit belegen (beispielsweise Ferrie et al. 2002; Hellgren et al. 1999; Kinnunen et al. 1999; vgl. De Witte et al. 2016 für einen Überblick). Dabei zeigt sich auch, dass objektive wie subjektive Gesundheit umso stärker beeinträchtigt werden, je länger die subjektive Arbeitsplatzunsicherheit anhält (Burchell 2011; Burgard et al. 2009; Ferrie et al. 2002; Heaney et al. 1994). Außerdem können Barrech et al. (2016) zeigen, dass die negative Wirkung der subjektiven Arbeitsplatzunsicherheit auf das subjektive Wohlbefinden auch dann noch nachweisbar ist, wenn die Personen in den Ruhestand gegangen sind.

Die gesundheitlichen Auswirkungen von subjektiver Arbeitsplatzunsicherheit sind in ihrem Ausmaß durchaus vergleichbar mit den bekannten gesundheitsschädigenden Folgen von Arbeitslosigkeit (Burchell 2011; Lazarus & Folkman 1984). In einer aktuellen Studie zeigt beispielsweise ein Gruppenvergleich, dass Beschäftigte, die ihren Arbeitsplatz als unsicher beschreiben, ihren Gesundheitszustand durchschnittlich schlechter einschätzen als Personen, die erst kurze Zeit arbeitslos sind (Griep et al. 2015). Burchell (1990) kann darüber hinaus zeigen, dass beim Wiedereinstieg in den Arbeitsmarkt nach Arbeitslosigkeit nur diejenigen eine verbesserte Gesundheit aufweisen, die einen subjektiv sicheren Arbeitsplatz gefunden haben. Bei (männlichen) Beschäftigten mit einem subjektiv als unsicher empfundenen Arbeitsplatz bleibt die psychologische Gesundheit jedoch nach Ende der Arbeitslosigkeit unverändert schlecht.

Neben der Gesundheit beeinflusst subjektive Arbeitsplatzunsicherheit beispielsweise ebenfalls die Arbeitszufriedenheit, -leistung und -motivation der Beschäftigten (Wichert et al. 2000). Entgegen der durchaus vorhandenen Ansicht, dass Arbeitsplatzunsicherheit eher ein Motivator als ein Stressor wäre, decken Studien meist einen negativen Zusammenhang mit der Arbeitszufriedenheit sowie mit der Arbeitsleistung und -motivation auf (vgl. dazu den Übersichtsartikel von Sverke et al. 2006). Wer befürchten muss, seinen Arbeitsplatz zu verlieren, ist demnach weniger motiviert und engagiert. Außerdem gibt es Hinweise darauf, dass subjektive Arbeitsplatzunsicherheit die Einstellungen zu sozialen Sicherungssystemen verändert. Beschäftigte, die sich Sorgen um die Sicherheit ihres Arbeitsplatzes machen, wünschen sich beispielsweise eine bessere Absicherung im Falle von Arbeitslosigkeit durch den Sozialstaat (Marx 2014; Paskov & Koster 2014).

Die beschriebene Wirkung der subjektiven Arbeitsplatzunsicherheit als Stressfaktor ist zudem nicht auf die Beschäftigten selber beschränkt, sondern kann sich ebenso innerhalb von Partnerschaften und Familien ausbreiten. So können beispielsweise Rook et al. (1991; vgl. auch Westman et al. 2001) zeigen, dass, wenn sich der Ehemann unsicher ist, ob er seinen Arbeitsplatz zukünftig behalten kann oder nicht, auch die Gesundheit der Ehefrau beeinträchtigt wird. Dieser „Spill-Over"-Effekt kann verschiedene Ursachen haben. Zum einen kann er darauf zurückgehen, dass die Ehefrau die subjektive Arbeitsplatzunsicherheit ihres Mannes wahrnimmt, was bei ihr ebenfalls Stress auslöst. Das ist insofern anzunehmen, da Frauen vor dem Hintergrund des vorherrschenden männlichen Hauptverdiener-Modells häufig vom Einkommen des Mannes abhängig sind und sie somit von den Folgen eines Arbeitsplatzverlustes direkt betroffen sind. Zum anderen kann der Transmissionseffekt indirekt dadurch entstehen, dass die subjektive Arbeitsplatzunsicherheit eines Partners das gemeinsame Ehe- und Familienleben beeinflusst, worunter beide Partner leiden können. Ehepartner, die sich um die Sicherheit ihres Arbeitsplatzes sorgen, sind aufgrund dieser Stresssituation aggressiver und feindseliger ihrem Partner gegenüber, sie kommunizieren weniger und sind häufiger angespannt und schlecht gelaunt (Larson et al. 1994). Sie berichten außerdem häufiger von Schwierigkeiten, Arbeit und Familie miteinander vereinbaren zu können (Hofäcker & König 2013; Voydanoff 2004). Die nachteiligen Folgen von subjektiver Arbeitsplatzunsicherheit für Paare zeigen sich auch daran, dass die Verunsicherung (bereits eines Partners) mit verringerter Partnerschaftsqualität und Partnerschaftszufriedenheit einhergeht (Larson et al. 1994; Mauno & Kinnunen 1999). Außerdem deutet sich an, dass subjektive Arbeitsplatzunsicherheit mit einem erhöhten Trennungs- und Scheidungsrisiko verbunden ist (Lambert 1990).

2.3.2. Wirkung auf individuelle Handlungen und Entscheidungen im Lebensverlauf

Subjektive Arbeitsplatzunsicherheit ist nicht nur ein Stressfaktor, der die Gesundheit und Zufriedenheit von Beschäftigten und ihren Familien beeinflussen kann, sie steht außerdem im Zusammenhang mit individuellen Handlungen und Entscheidungen im Lebensverlauf. Und zwar in zweierlei Hinsicht: Zum einen finden Handlungen zwar per Definition immer unter Unsicherheit statt, da ihre Folgen nicht mit Sicherheit vorhergesehen werden können. Zum anderen setzt menschliches rationales Handeln ein Mindestmaß an Sicherheit voraus (Bonß & Zinn 2005). Bourdieu (2000: 20) fasst zusammen, dass „unterhalb eines gewissen Niveaus ökonomischer Sicherheit, beruhend auf der Sicherheit des Arbeitsplatzes und der Verfügung über ein Minimum an regelmäßigen Einkünften, Akteure nicht imstande sind, die Mehrheit jener Handlungen durchzuführen, die eine Anstrengung hinsichtlich einer Bemächtigung von Zukunft implizieren." Zu diesen Handlungen zählen nicht nur ökonomische Aktivitäten wie Sparen und Investieren, sondern auch langfristige Entscheidungen in anderen Lebensbereiche wie der Familienplanung (G. S. Becker 1981).

In der soziologischen Literatur wird die Bedeutung der ökonomischen Unsicherheit vor allem in Hinblick auf ihre Auswirkungen auf familiale Entscheidungen im Lebensverlauf diskutiert. Dabei wird die Arbeitsplatzunsicherheit mit allgemeinen demographischen Trends wie dem Rückgang der Geburten in Verbindung gebracht. Es wird argumentiert, dass insbesondere die Unsicherheiten junger Menschen im Übergang in den Arbeitsmarkt zu einem Aufschub von langfristig bindenden Entscheidungen im Lebensverlauf wie dem Auszug aus dem Elternhaus oder der Familiengründung (Eingehen von festen Partnerschaften, Eheschließung und Geburt von Kindern) führen (vgl. beispielsweise Blossfeld et al. 2007; Hofäcker & Blossfeld 2011; Mills et al. 2011). Jugendliche und junge Erwachsene gelten dabei als „Verlierer der Globalisierung", die aufgrund ihrer schwachen Verhandlungsposition als Berufseinsteiger besonders stark von atypischer Beschäftigung (wie befristeten Arbeitsverhältnissen) betroffen sind und vergleichsweise geringere Einkommen erzielen (Blossfeld et al. 2007: 672; vgl. auch Hofäcker & Blossfeld 2011; Blossfeld et al. 2008). Insgesamt dauert es immer länger, bis sich junge Erwachsene im Erwerbsleben etabliert haben und einigermaßen sichere Arbeitsplätze erreichen. Eine solche Etablierung am Arbeitsmarkt gilt jedoch als Voraussetzung für eine Familiengründung (Bernardi et al. 2008; Jansen 2011). Ist diese nicht erfüllt, so die Annahme, werden Entscheidungen zur Familiengründung aufgeschoben und die Geburtenzahl geht insgesamt zurück.

So eingängig diese Erklärung auch ist, bisher gibt es nur wenige empirische Untersuchungen zum Zusammenhang von Arbeitsplatzunsicherheit und beispielsweise dem Timing der Geburt des (ersten) Kindes auf der Mikroebene (Kreyenfeld 2015: 63). Vor allem fällt bei der Aufarbeitung des Forschungsstandes auf, dass nur wenige Studien die ökonomische Unsicherheit als erklärende Variable tatsächlich anhand der subjektiven Arbeitsplatzunsicherheit operationalisieren. Stattdessen wird die ökonomische Unsicherheit anhand objektiver Indikatoren wie beispielsweise der Art des Arbeitsvertrages (Bernhard & Kurz 2007; Brose 2008; Gebel & Giesecke 2009) oder der Arbeitslosigkeit erfasst (Kreyenfeld 2010). Wie im Abschnitt 2.2.2 dargestellt, sagen solche objektiven Merkmale nur begrenzt etwas über die wahrgenommene Unsicherheit aus und können keinesfalls mit der subjektiven Arbeitsplatzunsicherheit gleichgesetzt werden.

Für Deutschland gibt es nur eine Handvoll Studien, die den Zusammenhang zwischen der subjektiven Arbeitsplatzunsicherheit und der Geburt eines (ersten) Kindes untersuchen. Die Studien, die es gibt, basieren größtenteils auf den Daten des sozio-oekonomischen Panels und greifen dabei auf die individuellen Sorgen um die Sicherheit des Arbeitsplatzes (oder die Sorgen um die allgemeine wirtschaftliche Situation) als Indikatoren für die Unsicherheit zurück (beispielsweise Düntgen & Diewald 2008; Hofmann & Hohmeyer 2013; Kreyenfeld 2010, 2015). Doch trotz gleicher Datenbasis kommen diese Studien zu unterschiedlichen Ergebnissen. Hinweise auf einen signifikant negativen Zusammenhang zwischen der arbeitsmarktbezogenen Verunsicherung und der Geburt eines Kindes finden sich bei Hofmann und Hohmeyer (2013). Sie können zeigen, dass Frauen, die sich große Sorgen um die Sicherheit ihres Arbeitsplatzes machen, eine signifikant geringere Wahrscheinlichkeit haben, im nächsten Jahr ein Kind zu bekommen. Im Gegensatz dazu kann Kreyenfeld (2010) bei der Analyse der SOEP-Daten zunächst keinen Effekt der subjektiven Arbeitsplatzunsicherheit auf den Übergang zum ersten Kind nachweisen. Auch Düntgen und Diewald (2008) können weder für Frauen noch für Männer im Gesamtmodell einen Aufschub der Geburt durch subjektive Arbeitsplatzsorgen nachweisen.

Ein Grund für die unterschiedlichen Ergebnisse könnte sein, dass gruppenspezifische Unterschiede in der Reaktion auf subjektive Arbeitsplatzunsicherheit nicht ausreichend berücksichtigt werden (Kreyenfeld 2015: 60). Bereits in ihrer Studie aus dem Jahr 2010 stellt Kreyenfeld fest, dass bei Frauen mit Abitur subjektive Arbeitsplatzunsicherheit zum Aufschub der Geburt des ersten Kindes führt, während bei Frauen mit Hauptschulanschluss subjektive Arbeitsplatzunsicherheit den gegenteiligen Effekt hat (Kreyenfeld 2010). In einer Folgestudie differenziert die Autorin ihre Analysen noch weiter nach Alter der Frauen, Bildungsstand, Kinderzahl und Befragungszeitraum. Außerdem berücksichtigt sie zusätzlich Informationen über die Erwerbssituation des Partners (Kreyenfeld 2015). Es zeigt sich, dass neben der Bildung das Alter der Frauen eine entscheidende Rolle spielt. Während bei Frauen im Alter von 17 bis 26 Jahren die Verunsicherung mit einer erhöhten Übergangsrate zum ersten Kind verbunden ist, schieben Frauen im Alter von 27 bis 47 Jahren eine Geburt auf, wenn sie sich Sorgen um ihre allgemeine wirtschaftliche Situation machen. Außerdem bestätigt sich der Befund aus der früheren Studie, dass die ökonomische Unsicherheit bei Frauen mit geringer Bildung zu einer erhöhten Übergangsrate führt, bei Frauen mit höherer Bildung allerdings zu einer geringeren Übergangsrate zum ersten Kind. Die Ergebnisse sind ähnlich für den Übergang zum zweiten und dritten Kind. Außerdem wirkt sich auch die ökonomische Unsicherheit des Partners auf die Entscheidung für oder gegen ein (erstes oder weiteres) Kind aus. Macht sich der Partner große Sorgen um die eigene ökonomische Zukunft, dann schiebt das Paar sehr wahrscheinlich eine Geburt auf.

Die neusten Ergebnisse von Kreyenfeld (2015) zeigen, dass ökonomische Unsicherheit mit einem Aufschub der Familiengründung verbunden ist. Die Etablierung am Arbeitsmarkt mit einer sicheren Zukunftsperspektive ist eine wichtige Voraussetzung dafür, dass sich Frauen bzw. Paare für ein (erstes oder weiteres) Kind entscheiden. Das gilt jedoch nicht für alle Personengruppen (weshalb sich in den Studien, die hier nicht differenzieren, häufig kein signifikanter Effekt finden lässt). Insbesondere junge Frauen und Frauen mit geringer Bildung reagieren anders als erwartet auf ökonomische Unsicherheit. Sie schieben die Geburt nicht auf, als Reaktion auf die Unsicherheit am Arbeitsmarkt beschleunigen sie ihre Familiengründung sogar. Sie suchen damit wahrscheinlich alternativ die Sicherheit in der Familie und in ihrer Rolle als Mutter und Hausfrau (Friedman et al. 1994; vgl. dazu auch Jansen 2011).

Die Skizzierung des Forschungsstandes sowohl zur Wirkung subjektiver Arbeitsplatzunsicherheit auf Gesundheit, Arbeitszufriedenheit und Familienleben und als auch zur Wirkung auf langfristig bindende Entscheidungen im Lebensverlauf macht deutlich, dass die Sorgen um Arbeitsplatzsicherheit für den einzelnen Beschäftigten (und seine Familie) mit weitreichenden Konsequenzen verbunden sind. Arbeitsmarktbezogene Unsicherheit macht krank und unzufrieden und hindert insbesondere junge Menschen darin, ihren Lebensverlauf langfristig zu planen. Diese negativen Konsequenzen können zudem hohe Kosten für die gesamte Gesellschaft hervorrufen (Erlinghagen 2008: 184), wie das am Beispiel der geringen Geburtenrate deutlich wurde.

3. Intergenerationale Transmission subjektiver Arbeitsplatzunsicherheit: Übertragen sich Arbeitsplatzsorgen von Eltern auf Kinder?

Wie im vorhergehenden Abschnitt zur Definition und den Determinanten subjektiver Arbeitsplatzunsicherheit gesehen, gehen die Sorgen um die Sicherheit
des Arbeitsplatzes auf eine individuelle Interpretation objektiver Beschäftigungsbedingungen zurück. Ob und wie stark sich jemand Sorgen um die Sicherheit seines Arbeitsplatzes macht, hängt demnach auch von verschiedenen
Wechselwirkungen im Lebensverlauf ab. Die Mehrheit der bisherigen Studien
zu den Determinanten subjektiver Arbeitsplatzunsicherheit beruht allerdings auf
Querschnittsdaten und kann daher diese Lebensverlaufsperspektive nicht angemessen berücksichtigen. Insbesondere ist bisher unklar, welche Auswirkungen
frühe Erfahrungen in der Jugendphase für die Wahrnehmung und Bewertung der
Arbeitsplatzsicherheit in der späteren Erwerbsphase haben. Hier setzt die vorliegende Arbeit an, in der der Einfluss der elterlichen Erfahrungen mit Unsicherheit am Arbeitsmarkt auf die Wahrnehmung von Arbeitsplatzunsicherheit
ihrer Kinder untersucht wird. Es geht mit anderen Worten darum herauszufinden, ob es eine *intergenerationale Transmission der subjektiven Arbeitsplatzunsicherheit* gibt, die dazu führt, dass sich Kinder aus verunsicherten Elternhäusern später häufiger um die Sicherheit ihres Arbeitsplatzes sorgen als Kinder aus
sorgenfreien Familien.

3.1. Definition und Mechanismen der intergenerationalen Transmission

Eltern und ihre Kinder stehen ihr Leben lang in vielfältigen Austauschbeziehun-
gen miteinander, welche auch als intergenerationale Transmission oder soziale
Vererbung bezeichnet werden können (Cavalli-Sforza et al. 1982; Martin-
Matthews & Kobayashi 2002; Stecher & Zinnecker 2007; Steinbach 2012). Der
Begriff ist dabei weit gefasst. Er schließt den Austausch materieller Güter (bei-
spielsweise durch Schenkungen) und persönlicher Dienstleistungen (beispiels-

weise soziale Unterstützung) genauso ein wie die Weitergabe von sozialen (immateriellen) Merkmalen (wie individuelle Verhaltensweisen und Persönlichkeitsmerkmale) von Eltern auf ihre Kinder[4] (Martin-Matthews & Kobayashi 2002: 923; Stecher & Zinnecker 2007: 389–391). Das Ergebnis der intergenerationalen Transmission ist eine überzufällige Ähnlichkeit zwischen Familienmitgliedern verschiedener Generationen bezüglich der übertragenen Merkmale (Martin-Matthews & Kobayashi 2002: 923). Der Fokus dieser Arbeit liegt auf der intergenerationalen Transmission von Persönlichkeitseigenschaften wie Werten, Einstellungen und Orientierungen, von denen angenommen wird, dass sie die Wahrnehmung und Bewertung von Arbeitsplatzunsicherheit beeinflussen. In Abgrenzung zur biologischen und materiellen Vererbung wird eine solche intergenerationale Transmission von Persönlichkeitsmerkmalen mitunter auch als kulturelle Transmission oder kultureller Transfer bezeichnet (Cavalli-Sforza et al. 1982; Stecher & Zinnecker 2007; Vollebergh et al. 2001).

Als Gegenstück der intergenerationalen Transmission von Werten, Einstellungen und Verhaltensweisen kann der sogenannte Generationenkonflikt gelten, der als Auseinandersetzung zwischen Eltern und Kindern verstanden wird (Acock 1984: 153 f.; vgl. dazu auch Clarke et al. 1999; Fend 2009). Dieser innerfamiliale Konflikt entsteht dadurch, dass die jüngere Generation danach strebt, sich von ihren Eltern abzugrenzen und eine eigene Identität aufzubauen (Fend 2005: 271). Das Ergebnis dieser „Abnabelung" von den Eltern sollte sich in einer (von den Kindern mehr oder weniger bewusst herbeigeführten) Unähnlichkeit zwischen Eltern und ihren Kindern zeigen (Glass et al. 1986: 686).

Entgegen der Annahme eines fortwährenden Generationenkonfliktes gibt es in der Forschungsliteratur zahlreiche Belege für die Ähnlichkeit von Eltern und ihren (erwachsenen) Kindern hinsichtlich verschiedener sozialer Merkmale, die für eine starke, lebenslang prägende Wirkung des Elternhauses auf die junge Generation sprechen. Die Forschung zur intergenerationalen Transmission lässt sich dabei grob in drei Bereiche einteilen (vgl. Arránz Becker et al. 2014; Fend 2009 für einen Forschungsüberblick). In der Soziologie ist vor allem die Vererbung des sozioökonomischen Status von Eltern auf ihre (erwachsenen) Kinder von Interesse. Hier gilt es als unbestritten, dass sich Familienangehörige verschiedener Generationen hinsichtlich Bildungsstand, Berufsprestige und Einkommen (sowie hinsichtlich der damit verbundenen sozialen Vor- und Nachtei-

---

[4]   Dabei ist die intergenerationale Transmission prinzipiell ein reziproker Prozess, durch den
        sich Eltern und Kinder gegenseitig beeinflussen (Martin-Matthews & Kobayashi 2002: 926;
        Vollebergh et al. 2001); doch zumindest in der Kindheit und Jugend ist der Einfluss der Eltern
        auf die Persönlichkeitsentwicklung ihrer Kinder stärker als der umgekehrte Einfluss der Kinder auf ihre Eltern (Vollebergh et al. 2001). Aus diesem Grund beschränkt sich die vorliegende Arbeit auf den Einfluss der Eltern auf ihre Kinder.

le) ähnlich sind (vgl. beispielsweise Breen et al. 2009; Erikson & Goldthorpe 1992; Müller & Pollak 2007; Schnitzlein 2008; Shavit & Blossfeld 1993). Ein zweiter Forschungsbereich untersucht ähnliche Verhaltensweisen von Eltern und Kindern. Diese zeigen sich u. a. an ähnlichen familialen Entscheidungen im Lebensverlauf wie der Familiengründung (Barber 2001; Booth & Kee 2009; Fasang 2015) und einem ähnlich hohen Scheidungsrisiko von Eltern und ihren erwachsenen Kindern (Amato 1996; Berger 2009; Diekmann & Engelhardt 1995; Engelhardt et al. 2002). Darüber hinaus sind sich Familienmitglieder verschiedener Generationen beispielsweise auch in Bezug auf ihr ehrenamtliches Engagementverhalten ähnlich (Şaka 2016; Bekkers 2007).

Ein dritter Forschungsbereich untersucht die Übertragung von Werten, Einstellungen und Orientierungen von Eltern auf ihre (erwachsenen) Kinder. Dabei sind bislang vor allem Ähnlichkeiten hinsichtlich politischer und religiöser Orientierungen (Acock & Bengtson 1978; Arránz Becker et al. 2014; Bengtson et al. 2009; Fend 2009; Grob 2005; Min et al. 2012; Pinquart & Silbereisen 2004; Vollebergh et al. 2001), individueller Vorstellungen von Geschlechterrollen (Bucx et al. 2010; Busch 2013; Cunningham 2001; Grob & Stuhlmann 2009; Hess et al. 2006), Persönlichkeitseigenschaften (Anger 2012b; Baier & Hadjar 2004; Kaiser & Diewald 2014), individueller Präferenzen (Dohmen et al. 2012; Volland 2013; Zumbuehl et al. 2013) sowie ethnischer Identität (Steinbach 2001) dokumentiert worden. Zum letztgenannten Forschungsbereich der intergenerationalen Transmission kann auch die Weitergabe von arbeitsmarktbezogenen Werten, Einstellungen und Orientierungen von Eltern auf ihre Kinder gezählt werden. Darunter fällt beispielsweise die Weitergabe von Berufswerten, beruflichen Aspirationen und arbeitsmarktbezogenen Zukunftserwartungen (Bengtson et al. 2002; M. K. Johnson & Mortimer 2011; Mortimer et al. 2014).

Generell lassen sich zwei[5] zentrale Mechanismen der intergenerationalen Transmission[6] von Verhaltensweisen und Persönlichkeitsmerkmalen unterscheiden (vgl. hierzu Bengtson et al. 2002: 25–30; siehe auch Vollebergh et al. 2001). Die Ähnlichkeit von Eltern und ihren Kindern kann zum einen die direkte Folge der innerfamilialen Sozialisation sein (Bengtson et al. 2002; Bisin & Verdier 2001; Cavalli-Sforza et al. 1982). Mit dem Begriff der familialen Sozialisation werden soziale Lern- und Internalisierungsprozesse zusammengefasst, die die

---

[5]　Neben diesen sozialen Mechanismen trägt auch die biologische (genetische) Vererbung zur intergenerationalen Transmission bei, vgl. hierzu ausführlich Abschnitt 3.2.1.

[6]　Die Ähnlichkeit von Eltern und ihren Kindern muss nicht zwangsläufig auf eine intergenerationale Transmission zurückgehen. Sie kann auch das Ergebnis von äußeren Einflussfaktoren sein, die auf Eltern und Kinder gleichermaßen wirken (Baier & Hadjar 2004: 158). Einen solchen Einflussfaktor stellen beispielsweise bestimmte historische Umstände oder allgemeinhin akzeptierte Vorstellungen dar, die beispielsweise durch Medien sowohl den Eltern als auch den Kindern vermittelt werden.

Persönlichkeitsentwicklung von Kindern und Jugendlichen im Elternhaus prägen. Diese laufen zumeist unbewusst durch Prägung, Konditionierung, Beobachtung und Imitieren ab (Cavalli-Sforza et al. 1982: 19). Im Kern geht es darum, dass Kinder ihre Eltern, deren Wünsche und Sorgen genauso wie deren Verhalten in alltäglichen Situationen beobachten; sie beziehen das Beobachtete auf ihre eigene Situation und können als Folge ähnliche (recht stabile) Einstellungen, Werte und Verhaltensweisen herausbilden.

Die Ähnlichkeit von Eltern und ihren (erwachsenen) Kindern hinsichtlich verschiedener Persönlichkeitseigenschaften und Verhaltensweisen kann zum anderen ein Nebenprodukt der intergenerationalen Statustransmission sein (Bengtson et al. 2002: 26 f.). Intergenerationale Statustransmission meint hierbei die innerfamilialen Weitergabe von (ökonomischen, kulturellen und sozialen) Ressourcen, die dazu führt, dass sich Familienangehörige verschiedener Generationen hinsichtlich ihres sozioökonomischen Status, also hinsichtlich Bildungsstand, Berufsprestige und Einkommen, ähnlich sind (vgl. beispielsweise Breen et al. 2009; Erikson & Goldthorpe 1992; Müller & Pollak 2007; Schnitzlein 2008; Shavit & Blossfeld 1993). Als zentraler Vermittlungsmechanismus zwischen der sozialen Herkunft und dem eigenen soziökomischen Status gilt dabei die Bildungsweitergabe innerhalb von Familien (R. Becker 2009; Breen & Goldthorpe 1997; Müller & Pollak 2007; Solga & Becker 2012). Eltern fördern ihre Kinder und investieren je nach ihren Möglichkeiten in die Bildung ihrer Kinder, die eine entscheidende Determinante des beruflichen Erfolges und aller damit verbundenen sozialen Vor- und Nachteile ist.[7] Da mit dem sozioökonomischen Status unterschiedliche Lebens- und insbesondere Arbeitserfahrungen verbunden sind, welche wiederum systematisch Werte, Einstellungen und Orientierungen der Personen beeinflussen, kann die intergenerationale Transmission des sozioökonomischen Status indirekt auch zur Ähnlichkeit von Persönlichkeitseigenschaften und Verhaltensweisen von Eltern und ihren (erwachsenen) Kindern beitragen.

---

[7] Die (ökonomischen) Investitionen und damit verbundene Bildungsentscheidungen hängen möglicherweise auch mit der subjektiven Arbeitsplatzunsicherheit zusammen. Eltern, die sich nicht sicher sind, ihren Arbeitsplatz in Zukunft halten zu können, sind weniger in der Lage, langfristig in die Ausbildung ihrer Kinder zu investieren, als Eltern mit subjektiv sicheren Arbeitsplätzen (vgl. dazu Abschnitt 2.3.2). Allerdings macht beispielsweise Lareau darauf aufmerksam, dass die subjektive Unsicherheit der Eltern bezüglich der eigenen Arbeitsmarktchancen (und der der Kinder) ihre Investitionen und Anstrengungen verstärken kann (Lareau 2002: 771). Sie möchten das Mögliche tun, um den Kindern angesichts der verbreiteten Unsicherheit am Arbeitsmarkt gute Startbedingungen zu ermöglichen. Die möglichen Auswirkungen der subjektiven Arbeitsplatzunsicherheit auf (rationale) Bildungsentscheidungen sind jedoch nicht Thema der vorliegenden Arbeit und sollen daher nicht weiter ausgeführt werden (vgl. dazu ausführlich Hillmert 2005).

Eine intergenerationale Transmission subjektiver Arbeitsplatzunsicherheit ließe sich theoretisch auf jeden der genannten Mechanismen zurückführen. Sie könnte erstens die direkte Folge der familialen Sozialisation sein (vgl. Abbildung 2). Das wäre dann der Fall, wenn Kinder aufgrund der subjektiven Arbeitsplatzunsicherheit der Eltern bestimmte Wahrnehmungs- und Bewertungsmuster herausbilden, die wiederum langfristig ihre eigene Wahrnehmung und Bewertung der Sicherheit ihres Arbeitsplatzes beeinflussen. Solche Wahrnehmungs- und Bewertungsmuster sollten in der Jugendphase, kurz vor Ende der Schulpflicht, gebildet werden, wenn die Jugendlichen sich erstmalig mit ihren Chancen und Risiken am Arbeitsmarkt auseinandersetzen müssen. Die Eltern bilden in dieser Zeit eine wichtige Orientierungshilfe, weshalb es nur wahrscheinlich ist, dass die subjektive Arbeitsplatzunsicherheit der Eltern, die die Kinder in ihrer Jugendphase „miterleben", auf die Herausbildung dieser Wahrnehmungs- und Bewertungsmuster wirkt. Die Wirkung der innerfamilialen Sozialisation sollte dann besonders stark sein, wenn die Kinder (noch) keine eigenen Erfahrungen mit dem Arbeitsmarkt gesammelt haben, die ihre Interpretation der Arbeitsplatzunsicherheit beeinflussen. Darüber hinaus kann angenommen werden, dass diese Wahrnehmungs- und Bewertungsmuster relativ stabil sind und auch nach dem Übergang in den Arbeitsmarkt auf die subjektive Arbeitsplatzunsicherheit der Kinder wirken.

Die intergenerationale Transmission subjektiver Arbeitsplatzunsicherheit könnte außerdem die indirekte Folge der Statustransmission sein, nämlich dann, wenn Eltern und ihre erwachsenen Kinder aufgrund ihres ähnlichen sozioökonomischen Status auch ähnlich schlechte Erwerbschancen und -bedingungen haben und sich deshalb auch ähnlich stark um die Zukunft ihres Arbeitsplatzes sorgen. Der Einfluss der sozialen Herkunft könnte bereits in der Jugendphase spürbar sein, wenn sich die Kinder ihrer objektiv unterschiedlichen Erwerbschancen bewusst sind. Die Wirkung der Statustransmission auf die Wahrnehmung und Bewertung der Arbeitsplatzunsicherheit kommt aber wahrscheinlich erst richtig zum Tragen, wenn die Kinder als (junge) Erwerbstätige ähnlichen Arbeitsbedingungen wie ihre Eltern ausgesetzt sind.

Im Folgenden geht es darum, den Einfluss der innerfamilialen Sozialisation auf die Wahrnehmung von Arbeitsplatzunsicherheit zu untersuchen. Es geht also um die Frage, ob sich innerhalb von Familien bestimmte Erfahrungen übertragen, die dazu führen, dass Kinder aus verunsicherten Elternhäusern anders auf etwaige Anzeichen für Arbeitsplatzunsicherheit reagieren als Kinder, deren Eltern sich keine Sorgen um den Arbeitsplatz machen. Der Einfluss des (von den Eltern geerbten) sozioökonomischen Status auf die Wahrnehmung von Arbeitsplatzunsicherheit steht hingegen nicht im Fokus dieser Arbeit (vgl. dazu Lengfeld & Hirschle 2009).

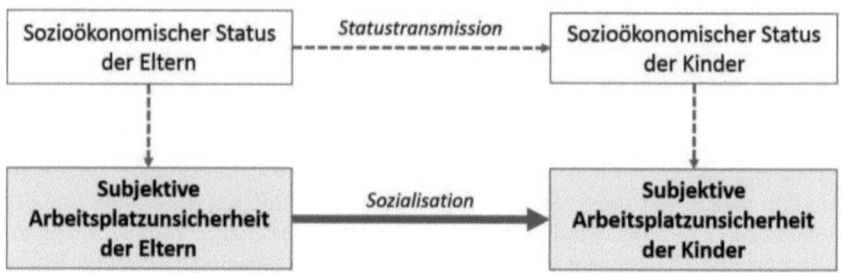

Abbildung 2   **Mögliche Mechanismen der intergenerationalen Transmission subjektiver Arbeitsplatzunsicherheit**
Quelle: eigene Darstellung

Aus diesem Grund konzentrieren sich die folgenden Ausführungen auf die (familiale) Sozialisation. Zunächst werden im Abschnitt 3.2 die theoretischen Grundlagen dargestellt, die für ein tiefgreifendes Verständnis der Sozialisation unabdingbar sind. In Abschnitt 3.3 wird der Bezug der Sozialisation zur sozialen Ungleichheit hervorgehoben. Anschließend wird in Abschnitt 3.4 der Forschungsstand zur Sozialisationswirkung subjektiver Arbeitsplatzunsicherheit skizziert. Am Ende werden in Abschnitt 3.5 aus den zuvor vorgestellten theoretischen Grundlagen und bestehenden empirischen Befunden konkrete Hypothesen für die folgenden Analysen aufgestellt und zusammengefasst.

3.2. Theoretische Grundlagen der Sozialisation im Lebensverlauf

Es gibt eine Vielzahl von z. T. verschiedenen Sozialisationsdefinitionen, deren Unterschiede jedoch tatsächlich relativ gering sind (Mühler 2008: 41). Eine bis heute allgemeinhin anerkannte Definition stammt aus der ersten Ausgabe des Handbuchs der Sozialisationsforschung. Dort wird Sozialisation definiert als der „Prozess der Entstehung und Entwicklung der Persönlichkeit in wechselseitiger Abhängigkeit von der gesellschaftlich vermittelten sozialen und materiellen Umwelt" (Geulen & Hurrelmann 1980: 51). Darauf aufbauend beschreibt Hurrelmann leicht modifiziert Sozialisation als "den Prozess, in dessen Verlauf sich der mit einer biologischen Ausstattung versehene Organismus zu einer sozial handlungsfähigen Persönlichkeit bildet, die sich über den Lebenslauf hinweg in

Auseinandersetzung mit den Lebensbedingungen weiterentwickelt" (Hurrelmann 2006: 15; vgl. auch Mühler 2008: 41 ff. für weitere Definitionen; Hurrelmann et al. 2008 zum aktuellen Stand der Sozialisationsforschung). Diese Definitionen von Sozialisation verweisen explizit sowohl auf den Einfluss der Umwelt als auch auf den der Anlage auf die Persönlichkeitsentwicklung.

3.2.1. Persönlichkeit, Anlage und Umwelt

Die Entstehung und Entwicklung der menschlichen Persönlichkeit stellt im Zentrum der eingangs genannten und anderer Definitionen von Sozialisation. Damit ist in ein „unverwechselbares Gefüge von Merkmalen, Eigenschaften, Einstellungen und Handlungskompetenzen" des Einzelnen gemeint (Hurrelmann 2006: 16). In diesem weiten Sinne umfasst der Persönlichkeitsbegriff auch jene Handlungs- und Wahrnehmungsmuster, die für die Soziologie von besonderem Interesse sind, weil sie in einer bestimmten Regelmäßigkeit auftreten und daher einerseits auf strukturierende Einflüsse zurückgeführt werden können und andererseits eine kumulative Wirkung auf soziale Phänomene haben (Mühler 2008: 23–33). Die Entstehung und Entwicklung der Persönlichkeit geht laut der vorgestellten Definition von Hurrelmann auf ein Wechselspiel von Anlage und Umwelt zurück. Mit der Anlage sind die biologischen und genetischen Voraussetzungen eines Menschen gemeint, also sein genetisches Erbe, welches in seiner Gesamtheit als Genom bezeichnet wird (Asendorpf 2008: 70). Der Begriff der Umwelt zielt auf alle sozialen und materiellen Bedingungen der Gesellschaft ab, in der ein Individuum lebt (Hurrelmann 2006: 26 f.). Dazu zählen Arbeitsbedingungen genauso wie das familiale Umfeld und die Wohnsituation.

Anliegen der Sozialisationsforschung (sowie der Sozialwissenschaften insgesamt) ist es, den Einfluss der Umweltbedingungen auf verschiedene Facetten der Persönlichkeitsentwicklung zu untersuchen; genetische Faktoren werden dabei zwar durchaus anerkannt, aber selten thematisiert, geschweige denn empirisch untersucht (Diewald 2010: 5). Dieser Fokus auf soziale Faktoren erklärt sich sicherlich am besten durch das Selbstverständnis der Soziologie als „eine Wissenschaft, welche soziales Handeln deutend verstehen und dadurch in seinem Ablauf und seinen Wirkungen ursächlich erklären will" (Weber 1972: 1).

Außerdem sind die Möglichkeiten begrenzt und zudem kostenaufwendig, biologische und genetische Faktoren in empirischen Analysen als Rahmenbedingungen menschlichen Handelns zu berücksichtigen. Erst in den letzten Jahren gibt es vermehrt Bemühungen in diese Richtung. Es wird beispielsweise versucht, biologische Merkmale (wie Greifkraft und Body-Mass-Index) in Bevölkerungsumfragen zu erfassen und damit für die soziologische Forschung zugänglich zu machen (Schnell 2009; Schupp & Wagner 2010). Gleichzeitig greift die Soziologie auf Zwillingsstudien zurück, von denen man sich Einblicke in Zusammenhänge von genetischen und sozialen Prozessen verspricht. Der Sozialisationsforschung steht die Verhaltensgenetik gegenüber, die davon ausgeht, dass nicht nur anatomische Merkmale wie die Körpergröße, sondern auch Persönlichkeit und Intelligenz genetisch von den Eltern auf die Kinder weitergegeben werden; der Einfluss der Umwelt wird dabei als gering, wenn nicht sogar als vernachlässigbar eingeschätzt (Plomin et al. 1999; Rowe 1997). Zur Überprüfung dieser Einschätzung wird beispielsweise auf die bereits angesprochene Möglichkeit der Zwillingsstudien zurückgegriffen, die darauf abzielen, das Verhältnis zwischen Umwelt und Anlage zu quantifizieren. Die Grundidee dieser Studien lässt sich vereinfacht so zusammenfassen: Zusammen aufwachsende eineiige und zweieiige Zwillinge sind den gleichen Umweltbedingungen ausgesetzt, unterscheiden sich aber hinsichtlich des geteilten Erbgutes (eineiige Zwillinge teilen 100 Prozent des Erbgutes, zweieiige Zwillinge 50 Prozent). Wenn nun eineiige Zwillinge hinsichtlich bestimmter Persönlichkeitsmerkmale mehr Gemeinsamkeiten aufweisen (sich also einander ähnlicher sind) als zweieiige Zwillinge, dann wird dies auf den Einfluss der genetischen Veranlagung zurückgeführt. Ausgehend von einem additiven Zusammenhang zwischen Anlage und Umwelt wird auf diese Art der genetische Einfluss beispielsweise auf die Intelligenz mit etwa 50 Prozent und auf bestimmte Persönlichkeitsmerkmale wie Extraversion mit 35 bis 50 Prozent beziffert (vgl. zusammenfassend A. M. Johnson et al. 2008; kritisch dazu Burt & Simons 2014; Asendorpf 2008).

Auch wenn die soeben zitierten Ergebnisse prinzipiell in beide Richtungen interpretiert werden können (wenn 50 Prozent der Persönlichkeitsmerkmale auf die Anlage zurückgehen, dann gehen auch 50 Prozent auf die Umwelt zurück), dienen sie allzu häufig als Belege für einen genetischen Determinismus, dem zufolge die genetische Veranlagung den Umwelteinflüssen überlegen ist (vgl. beispielsweise die fragwürdigen Thesen von Herrnstein & Murray 1994; Rowe 1997). Diese Interpretation ist jedoch unvereinbar mit den unzähligen Befunden aus der Soziologie, die den Einfluss der Umwelt für verschiedene Persönlichkeitsmerkmale und individuelle Verhaltensweisen bestätigen. Hier sei nur an den bekannten Pygmalion-Effekt erinnert, demzufolge die vorweggenommenen (positiven oder negativen) Erwartungen eines Lehrers bezüglich der Leistung eines Schülers zu seinem tatsächlichen schulischen Erfolg beitragen (Rosenthal & Jacobson 1968; vgl. Jussim & Harber 2005 für einen aktuellen Forschungsüberblick zum Thema). Dieser eigenständige Einfluss der Lehrererwartungen auf die Schulleistung lässt sich beim besten Willen nicht auf biologische Faktoren zurückführen, er erklärt sich vielmehr durch die Wirkung der (verstärkten oder ausbleibenden) Förderung durch den Lehrer (etwa durch persönlichen Zuspruch) – also alleine durch Umwelteinflüsse.

Zu den inhaltlichen Kritikpunkten kommen noch methodische Einwände hinzu, die bei der Interpretation der Ergebnisse von Zwillingsstudien zu berücksichtigen sind. So beruhen diese Art von Zwillingsstudien auf z. T. fragwürdigen Annahmen: Es wird beispielsweise außer Acht gelassen, dass eineiige Zwillinge sich auch dadurch ähnlicher sein können als zweieiige Zwillinge, weil sie von ihrer Umwelt als Einheit erfahren werden (und damit ähnlichen Umwelteinflüssen ausgesetzt sind), während zweieiige Zwillinge tendenziell von ihrer Umwelt unterschiedlicher behandelt werden als eineiige Zwillinge (ausführlich dazu Burt & Simons 2014). Auf diese Art und Weise wird der Einfluss der genetischen Veranlagung möglicherweise überschätzt.

Neben den methodischen Einwänden erscheint diese Art der Zwillingsforschung vor allem deshalb als überholt, weil darin von einem additiven Verhältnis von Anlage und Umwelt ausgegangen wird, wonach der Anteil der beiden Einflüsse voneinander trennbar wäre. Neuere Forschungsergebnisse insbesondere der Epigenetik deuten jedoch darauf hin, dass der Zusammenhang zwischen Umwelt und Anlage viel komplexer ist, als das in verhaltensgenetischen Untersuchungen unterstellt wird und bisher bekannt war. So können Caspi et al. (2002) nicht nur nachweisen, dass Missbrauchserfahrungen in frühester Kindheit mit einer erhöhten Neigung zu aggressivem Verhalten im Erwachsenenalter verbunden sind (dieses aber nicht determinieren), sondern dass dieser Zusammenhang zudem von der Wirkung eines bestimmten Genes moderiert wird. Je nachdem, ob die missbrauchten Kinder dieses Gen aufweisen oder nicht, erhöht oder verringert sich ihr Risiko für Aggressivität und gewalttätiges Verhalten nach Missbrauchserfahrungen (vgl. auch Byrd & Manuck 2014 für eine aktuelle Metastudie zu diesem Thema). Dieses Ergebnis wird auf eine sogenannte Genom-Umwelt-Interaktion zurückgeführt. Anders ausgedrückt heißt das, dass die Wirkung der Umwelt von den genetischen Voraussetzungen einer Person abhängen und umgekehrt.[8]

Bis die komplexen Zusammenhänge zwischen Umwelt und Anlage vollständig verstanden werden, wird es wohl noch dauern (vgl. Duncan et al. 2014 für einen kritischen Überblick über den Forschungsstand). Aufgrund der aktuellen Forschungsergebnisse aus der Epigenetik kann jedoch angenommen werden, dass die Frage nach dem Einfluss sozialer und biologischer Faktoren auf die

---

[8] In Tierversuchen zeichnet sich zudem ab, dass solche Genaktivitäten vererbt werden können. So konnte gezeigt werden, dass nicht nur die Mäuse, die selber einer stressreichen Situation ausgesetzt waren, ein auffälliges Verhalten aufweisen, sondern auch deren Nachkommen, die selber nie eine solche stressreiche Erfahrung gemacht haben (vgl. beispielsweise Dias & Ressler 2014).

Persönlichkeitsentwicklung keine Entweder-oder-Frage ist. Vielmehr stehen beide Prozesse in vielfältigen Wechselwirkungen zueinander, wodurch ähnliche genetische Anlagen aufgrund unterschiedlicher Umwelten zu anderen Ergebnissen führen können (und umgekehrt). Damit wird die Position der Sozialisationsforschung gestärkt: Ihr zentraler Gegenstand – der Einfluss der Umwelt – ist demnach nicht nur interessant, weil er das Verhalten der Menschen beeinflusst, sondern sogar ihre Genaktivität beeinflussen kann und damit vielleicht vererbbar wird.

3.2.2. Vergesellschaftung und Persönlichkeitsentwicklung

Die Sozialisationsforschung möchte erklären, wie sich der Einzelne in der Auseinandersetzung mit der Umwelt (und in Wechselwirkung mit seiner genetischen Veranlagung) zu einem „gesellschaftlich handlungsfähigen Subjekt" entwickelt (Geulen und Hurrelmann 1980: 51). In allen Sozialisationstheorien geht es also um das Verhältnis von Umwelt und Persönlichkeit, von Gesellschaft und Individuum. Sozialisation umfasst dabei sowohl gezielte Versuche der Einflussnahme auf die kindliche Entwicklung (Erziehung) als auch unbeabsichtigte Lern- und Internalisierungsprozesse im gesamten Lebensverlauf (Hurrelmann 2006: 16; vgl. Mühler 2008: 61 ff. für eine ausführliche Darstellung der Sozialisationsmechanismen). Sozialisationstheorien betrachten jedoch das Verhältnis von Umwelt und Individuum aus z. T. unterschiedlichen Blickwinkeln.

In früheren soziologischen[9] Arbeiten wird der Prozess der Sozialisation vorwiegend unter dem Blickwinkel der Vergesellschaftung betrachtet (Hurrelmann & Bauer 2015: 24 f.; 92 ff.). Klassiker wie Durkheim und Simmel waren vor allem daran interessiert, wie der soziale Zusammenhalt und das Funktionieren von komplexen Gesellschaften gesichert werden kann (vgl. Veith 2008 zur historischen Entwicklung der Sozialisationsforschung). Dabei wird häufig impliziert, dass der Mensch ein passiver Empfänger ist, dem „Reaktionen antrainiert oder Rollen angeheftet" werden (Krappmann et al. 1976: 263). Damit wird jedoch der Einfluss der Umwelt überinterpretiert. Neuere soziologische Sozialisationstheorien gehen stattdessen davon aus, dass Sozialisation ein Prozess der aktiven Verarbeitung von Umweltbedingungen ist. Sozialisation wird dabei „als selbsttätige und selbst organisierte Aneignung von kulturell und sozial vermittelten Umweltangeboten" verstanden (Hurrelmann 2006: 14). Stellvertretend für

---

[9] Die Sozialisationsforschung hat sich zu einem interdisziplinären Forschungsfeld entwickelt, welches Ansätze aus der Soziologie, Psychologie und Erziehungswissenschaft vereint. An dieser Stelle sollen jedoch in erster Linie die soziologischen Aspekte der Sozialisation im Fokus stehen; vgl. bspw. Mühler (2008: 11–36) für eine ausführliche Darstellung zum Verhältnis von soziologischer und psychologischer Sozialisationsforschung.

diese Sichtweise stehen die Ausführungen von Hurrelmann (2006; vgl. auch die vollständig überarbeitete Neuauflage von Hurrelmann & Bauer 2015) zur Sozialisation als produktive Verarbeitung der Realität (kritisch dazu Bauer 2012: 60–62). Der Einfluss der Umwelt auf die Persönlichkeitsentwicklung ist demnach nicht deterministisch, sondern hängt auch davon ab, wie diese von den Menschen wahrgenommen und bewertet wird. Damit verschiebt sich der Fokus in der soziologischen Sozialisationsforschung von der Umwelt auf die Persönlichkeitsentwicklung. Es steht nun im Vordergrund, wie der Mensch im Prozess der Sozialisation verschiedene Handlungskompetenzen erwirbt, die ihn zur Bewältigung neuer Anforderungen in komplexen Gesellschaften befähigen (Hurrelmann 2006: 269 ff.).

Die Fokussierung der Sozialisationsforschung auf die aktive Persönlichkeitsentwicklung darf jedoch nicht dahingehend interpretiert werden, dass die Umwelt keinen (starken) strukturierenden Einfluss mehr auf die die Entwicklung des Einzelnen hat (vgl. dazu den aufschlussreichen Dialog von Hurrelmann und Bauer 2015: 208–229). Sozialisation vollzieht sich immer im Kontext spezifischer gesellschaftlicher und sozialer Rahmenbedingungen, die zwar nicht deterministisch, aber doch entscheidend die Persönlichkeitsentwicklung der Individuen beeinflussen. Für die soziologische Forschung, also für die Erklärung gesellschaftlicher Phänomene, kommt dem Sozialisationsprozess (weiterhin) eine besondere Bedeutung zu: Er kann erklären helfen, wie Individuen bestimmte Situationen wahrnehmen, Präferenzen bilden und darauf aufbauend Entscheidungen treffen und handeln (Mühler 2008: 27). Soziologisch gesprochen stellt die Sozialisation eine Verbindung zwischen der Makro- und Mikroebene her, welche bekanntlich laut Coleman (1986) zentrales Element soziologischer Erklärungen ist.

3.2.3. Sozialisation im Lebensverlauf mit besonderem Fokus auf die vorberufliche Sozialisation in der Jugendphase

In der vorliegenden Arbeit geht es darum, die Rolle der (familialen) Sozialisation für die Wahrnehmung und Bewertung von subjektiver Arbeitsplatzunsicherheit (im späteren Erwerbsverlauf) zu untersuchen. Sozialisation ist dabei insbesondere als Oberbegriff für soziale Lern- und Internalisierungsprozesse im Lebensverlauf von Interesse, durch die eine Person in Auseinandersetzung mit der sozialen Umwelt (und ihrer genetischen Veranlagung) relativ stabile Handlungs- und Wahrnehmungsmuster als Bestandteil ihrer Persönlichkeit herausbildet. Soziales Lernen wird hierbei als ein aktiver Vorgang der Informationsverarbeitung und -aneignung verstanden, der durch Konditionierung, Erfahrung, Beobachtung und Imitieren abläuft (Myers 2014; Treml 2006). Besondere Bedeutung kommt dabei dem Lernen am Modell zu, durch das auch Erfahrungen anderer Personen verinnerlicht werden können (Bandura 1977: 22). Demnach beobachten Personen ihre Umwelt, beziehen das Beobachtete auf ihre Situation und eignen sich dadurch bestimmte Handlungs- und Wahrnehmungsmuster an.

Soziale Lern- und Internalisierungsprozesse, insbesondere das Lernen am Modell, findet in erster Linie in alltäglichen Situationen durch Kommunikation und Interaktion mit anderen statt (Bandura 1977: 39; vgl. hier auch Hurrelmann & Bauer 2015: 180 ff.). In der Sozialisationsforschung werden diese anderen als Sozialisationsinstanzen oder Sozialisationskontexte bezeichnet (Hurrelmann & Bauer 2015: 144). Wichtige Sozialisationsinstanzen im Lebensverlauf sind zunächst die engste Familie (auch primäre Sozialisationsinstanz genannt) und später vor allem gleichaltrige Freunde und Lehrer, Vorgesetzte und Kollegen, mit denen Personen beispielsweise im Bildungssystem und im Erwerbsleben zusammentreffen (sekundäre und tertiäre Sozialisationsinstanzen). Hinzu kommt außerdem der Einfluss der Medien (Bandura 1977: 39).

Anders als vielleicht im Alltagsverständnis sind die Lern- und Internalisierungsprozesse der Sozialisation keineswegs auf Kindheit und Jugend beschränkt, sondern dauern das ganze Leben lang an (Hurrelmann 2006: 15, 35 f.). Sozialisation lässt sich deshalb auch als „permanente Bewältigung von Lebensanforderungen" beschreiben (Hurrelmann 2006: 269). Solche Lebensanforderungen ergeben sich insbesondere aus altersspezifischen Entwicklungsaufgaben, also für verschiedene Lebensphasen jeweils typische Anforderungen (Hurrelmann 2006: 35; vgl. dazu auch das Konzept der Entwicklungsaufgaben bei Havighurst 1958).[10] Während es beispielsweise in der Kindheit u. a. darum geht, grundlegende körperliche, geistige und soziale Fähigkeiten zu entwickeln, wird darauf aufbauend in der Jugend der Grundstein für das Erwachsenenalter gelegt: Von Jugendlichen wird erwartet, dass sie sich in der Pubertät mit körperlichen Veränderungen auseinandersetzen, sich von ihren Eltern emotional lösen und eine eigene Identität und ihre Unabhängigkeit aufbauen. Dazu gehört es, die finanzielle Unabhängigkeit (von den Eltern) zu erreichen, einen Beruf auszuwählen (oder sich zumindest darauf vorzubereiten) und erste Erfahrungen hinsichtlich einer Partnerschaft zu sammeln. Die Entwicklungsaufgaben im Erwachsenenalter entstehen vor allem durch die vielfältigen Rollen, die Personen einnehmen können. Dazu zählt die Rolle als Erwerbstätiger genauso wie die Rolle als (Ehe-)Partner und Elternteil (Hurrelmann & Quenzel 2012: 44). Später

---

[10]   Neben den skizzierten altersspezifischen Entwicklungsaufgaben ergeben sich Lebensanforderungen zudem aus ökonomischen, sozialen, politischen und kulturellen Veränderungen. So entstehen unabhängig vom Alter im Lebensverlauf immer wieder neue Situationen, beispielsweise durch wirtschaftliche Krisen oder biographische Umbrüche, die bewältigt werden müssen (Hurrelmann & Bauer 2015: 106).

im Lebensverlauf müssen sich Menschen weiterhin an die veränderten Bedingungen beispielsweise durch den Auszug der eigenen Kinder, den Renteneintritt oder die Veränderung des gesundheitlichen Zustandes anpassen (Ausführliche Beschreibungen der Entwicklungsaufgaben im Lebensverlauf finden sich u. a. bei Havighurst 1958 und in der Jugend bei Fend 2005: 205–416).

Bei der Bewältigung von neuen Lebensanforderungen können Personen stets auf bereits erworbene Erfahrungen und Fähigkeiten zurückgreifen, weshalb Sozialisation als dynamischer Prozess beschrieben wird (Hurrelmann 2006: 28–30). Erfahrungen der Vergangenheit haben demnach einen Einfluss darauf, wie aktuelle und zukünftige Entwicklungsaufgaben „gemeistert" werden. Diese zentrale Prämisse der (aktuellen) Sozialisationsforschung steht im engen Zusammenhang mit der (soziologischen) Lebensverlaufsperspektive, die den Lebensverlauf als einen selbstreferentiellen Prozess beschreibt (Blossfeld & Huinink 2001: 7). Auch die Lebensverlaufsforschung geht von starken Wechselwirkungen zwischen vergangenen Erfahrungen und späteren Entwicklungen im Lebensverlauf aus. Das bedeutet zum einen, dass die Wirkung der Sozialisation in Kindheit und Jugend nicht auf diese Lebensphasen begrenzt ist, sondern darüber hinaus einen Einfluss auf die Persönlichkeitsentwicklung der Personen hat. Zum anderen heißt das, dass die Sozialisationsforschung wichtige (theoretische) Hinweise für die Lebensverlaufsforschung liefern kann.

Auch wenn Sozialisation prinzipiell ein lebenslanger Prozess ist, durch den sich Handlungs- und Wahrnehmungsmuster verändern können, gilt dennoch die Jugend neben der Kindheit als die sensibelste und entscheidendste Phase der Persönlichkeitsentwicklung (Bengtson et al. 2002; Elder 1998; Hurrelmann & Quenzel 2012; Vollebergh et al. 2001). Sie stellt die Lebensphase „zwischen der Pubertät und dem Eintritt in ein eigenständiges Berufs- und Familienleben" im Lebensverlauf dar (Hurrelmann 2003: 121).[11] Dieser Übergang zeichnet sich auf

---

[11]   Die Jugendphase lässt sich nicht an starren Altersgrenzen festmachen, sondern an den bereits angesprochenen Entwicklungsaufgaben im Übergang ins Erwachsenenalter. Zur Orientierung kann man jedoch sagen, dass die Jugend (heute) etwa vom 12. bis zum 24. Lebensjahr reicht (Hurrelmann & Quenzel 2012: 17). Dabei muss berücksichtigt werden, dass der Übergang ins Erwachsenenalter ein „schleichender" Prozess ist (welcher auch nicht für alle Jugendlichen gleich lang ist). Außerdem ist die Länge der Jugendphase von den jeweiligen gesellschaftlichen Bedingungen abhängig. Vor allem im Zuge der Bildungsexpansion weitet sich die Jugendphase immer weiter aus (vgl. beispielsweise Hurrelmann & Quenzel 2012 zur historischen Entwicklung der Lebensphase Jugend). Das wird beispielsweise daran sichtbar, dass sich die Beendigung der Ausbildungen oder die Gründung einer Familie für viele Jugendliche im Lebensverlauf immer weiter nach hinten verschiebt. Während Havighurst (1958) in den 1950er Jahren die Jugend noch auf das Alter zwischen dem 12. und 18. Lebensjahr beschränkt (Personen zwischen dem 19. und 30. Lebensjahr bezeichnet er als junge Erwachsene), gibt es mittlerweile sogar Autoren, die die Jugendphase (wenn auch nur für einige) bis zum 30. Lebensjahr datieren (Hurrelmann & Bauer 2015: 119).

der einen Seite durch den immer noch starken Einfluss der engsten Familie, genauer der Eltern, aus, welcher erst schrittweise durch andere Sozialisationskontexte wie Peergruppen und Medien ergänzt und überlagert wird (Hurrelmann 2006: 31). Der Einfluss der Familie ist dabei von ihren jeweiligen (sozial ungleichen) Ressourcen sowie Erfahrungen, Einstellungen und Orientierungen abhängig (vgl. hierzu ausführlich Abschnitt 3.1.4). Auf der anderen Seite werden in dieser Lebensphase langfristig die Weichen für den späteren Lebenserfolg gelegt: Jugendliche bilden zum einen wichtige, lebenslang wirksame Persönlichkeitseigenschaften, wie politische Einstellungen, Arbeitsorientierungen und Familienvorstellungen, heraus (Elder et al. 2003; Hurrelmann 2003). Zum anderen werden in der Jugend wichtige Entscheidungen getroffen, wie die Studien- und Berufswahl, die ebenfalls langfristige Folgen für den weiteren Lebensverlauf der Jugendlichen haben.

Eine zentrale Entwicklungsaufgabe in der Jugendphase betrifft die Auseinandersetzung mit den Bedingungen des Arbeitsprozesses, die sogenannte berufliche Sozialisation (Heinz 1995: 42; Beinke 2002). Auch die berufliche Sozialisation ist prinzipiell ein lebenslanger Prozess, wobei zwischen der Sozialisation durch den Beruf und für den Beruf unterschieden wird (Heinz 1995: 42). Die Sozialisation durch den Beruf meint dabei die individuelle Auseinandersetzung von Erwerbstätigen mit den Bedingungen der Arbeitswelt im Allgemeinen und ihren individuellen Arbeitserfahrungen im Speziellen (Heinz 1995: 42). Die Sozialisation für den Beruf, auch vorberufliche Sozialisation genannt, beginnt hingegen „lange bevor überhaupt eine Produktionshalle oder ein Büro betreten" wird (Walper et al. 2015: 496) und bereitet Kinder und Jugendliche auf ihr späteres Erwerbsleben vor (Kelloway & Harvey 1999).

Die vorberufliche Sozialisation umfasst sämtliche Lern- und Internalisierungsprozesse, durch die Kinder und Jugendlichen auf ihr späteres Erwerbsleben vorbereitet werden (vgl. Watson & McMahon 2005 für einen Forschungsüberblick zu diesem Thema). Dazu gehört neben dem Erwerb von Kompetenzen und Qualifikationen ebenfalls der Entwurf von beruflichen Lebens- bzw. Zukunftsplänen (Heinz 2010: 661). Zu Letzteren zählt insbesondere die schrittweise Entwicklung von Berufswünschen und -erwartungen, die am Ende der Schulzeit in konkrete Ausbildungs- und Berufsentscheidungen münden (Nurmi 1991: 4–8; Fend 2005: 369).

Bereits Kinder lernen die „Spielregeln" des Erwerbslebens kennen. Sie eignen sich nach und nach umfangreiches Wissen beispielsweise darüber an, welche Bedeutung der Erwerbsarbeit als Einkommensquelle zukommt, welche verschiedenen Berufe es gibt und mit welchem sozialen Prestige diese verbunden sind (Kelloway & Harvey 1999: 39 ff.). Und auch die Beschäftigung mit der eigenen beruflichen Zukunft beginnt bereits im Kindergarten- und Grundschulalter. Wie beispielsweise die Auswertung der Daten des LBS-Kinderbarometers zeigt, haben bereits Schüler in der vierten Klasse durchaus konkrete Berufswünsche: Jungen möchten vor allem Fußballprofi oder Polizist werden, Mädchen gerne Ärztin oder Krankenschwester (Walper & Schröder 2002: 116–120). Ihre persönlichen Zukunftschancen sehen die Kinder zunächst überwiegend optimistisch, mögliche persönliche Risiken und Gefahren werden (noch) nicht bedacht (Walper & Schröder 2002: 111–114). Das ändert sich mit zunehmendem Alter. Je näher das Ende der Schulzeit und die damit anstehende Berufs- oder Studienwahl rückt, desto mehr sind Kinder und Jugendliche dazu gezwungen, sich mit der Realisierung bzw. Realisierbarkeit ihres Berufswunsches bzw. ihrer Berufspräferenzen auseinanderzusetzen (Nurmi 1991: 27–30). Dazu zählen zum einen ihre persönlichen (beispielsweise intellektuellen) Voraussetzungen, zum anderen die Chancen und Angebote auf dem Arbeitsmarkt (Fend 2005: 372). Jugendliche beginnen spätestens in dieser Zeit sich mit den Möglichkeiten auseinanderzusetzen, im Wunschberuf einen Ausbildungs-, Studien- oder Arbeitsplatz zu bekommen, und mit dem Risiko, später arbeitslos zu werden. Die Wahrnehmung und Bewertung dieser Zukunftschancen trägt häufig dazu bei, dass Berufswünsche (noch einmal) angepasst werden (Fend 2005: 369 ff.; Bengtson et al. 2002: 60). Damit kommt der Herausbildung von Zukunftserwartungen in der Jugendphase kurz vor dem Verlassen der Schule für die späteren Erwerbschancen eine besondere Bedeutung zu.

Die Berufswünsche sowie die beruflichen Zukunftserwartungen der Kinder und Jugendlichen sind das Ergebnis von individuellen Lern- und Internalisierungsprozessen, durch die Informationen aus der sozialen Umwelt verarbeitet werden (Trommsdorff 1983; Neblett & Cortina 2006). Als wichtige Informationsquellen der vorberuflichen Sozialisation in der Jugend gelten die Familie, gleichaltrige Freunde, eigene Erfahrungen durch Schülerjobs, die Schule sowie die Medien (Levine & Hoffner 2006; vgl. außerdem Eder & Nenga 2006 für einen guten Überblick über Sozialisationsinstanzen in der Jugendphase). Es ist jedoch unbestritten, dass der Einfluss der Familie, genauer der Eltern[12], trotz erster Ablösungsprozesse für die Sozialisation in der Jugend im Allgemeinen und insbesondere auch für die vorberufliche Sozialisation am wichtigsten ist (Bengtson et al. 2002: 60; Hurrelmann 2006: 31).

Eltern liefern arbeitsmarktbezogene Informationen über Arbeitsbedingungen aus erster Hand, die im Gegensatz zu den Informationen aus der Schule

---

[12]   Neben den Eltern könnten auch ältere Geschwister, die vielleicht bereits in den Arbeitsmarkt eingetreten sind, eine wichtige Orientierung für die Jugendlichen bieten. Der Einfluss der Geschwister auf die vorberufliche Sozialisation soll in dieser Arbeit jedoch nicht weiter thematisiert werden, da es sich beim Einfluss der Geschwister nicht um eine intergenerationale (sondern intragenerationale) Transmission handelt.

oder Berufsberatung „privat" sind, also vor allem persönliche Erfahrungen mit der Arbeitswelt enthalten (Heinz 2010: 663). Diese Erfahrungen werden innerhalb von Familien durch die gemeinsame Kommunikation und Interaktion geteilt. Kinder hören ihren Eltern zu, wenn diese sich über ihre Anforderungen und Belastungen bei der Arbeit austauschen (Levine & Hoffner 2006: 655 ff.; vgl. auch Pinquart & Silbereisen 2004: 86). Gleichzeitig geben Eltern ihre Arbeitsmarkterfahrungen auch direkt durch Hilfestellung und Ratschläge zur Studien- und Berufswahl an ihre Kinder weiter (Beinke 2002: 23). Neben dieser direkten Kommunikation werden Informationen innerhalb von Familien auch durch Beobachtungen und gemeinsamen Interaktionen im Haushalt vermittelt. Kinder könnten beispielsweise beobachten, dass es ihren Eltern schlecht geht, weil sie mit ihrer Arbeit nicht zufrieden sind, und könnten daraus bestimmte Schlüsse ziehen.

Auf diese Art und Weise könnte sich auch die subjektive Arbeitsplatzunsicherheit der Eltern auf die Kinder übertragen: Eltern berichten ihren Kindern von ihren Sorgen und Ängsten um die Sicherheit ihres Arbeitsplatzes oder geben ihren gar aufgrund ihrer eigenen Erfahrungen bestimmte Ratschläge (sich beispielsweise einen sicheren Arbeitsplatz zu suchen). Die Kinder nehmen die Erfahrungen der Eltern wahr und beziehen sie auf ihre eigene Situation. Sie könnten ebenfalls davon ausgehen, dass auch sie später Schwierigkeiten haben werden, einen sicheren Arbeitsplatz zu haben, wenn sich ihre Eltern Sorgen um ihren Arbeitsplatz machen. Das Ergebnis dieser vorberuflichen Sozialisationsprozesse wäre eine intergenerationale Transmission subjektiver Arbeitsplatzunsicherheit, durch die sich nicht nur ein bestimmtes Unsicherheitsempfinden von Eltern auf Kinder übertragen würde, sondern auch alle damit verbundenen sozialen Nachteile wie eine geringere Planungsfähigkeit (vgl. zu den Folgen subjektiver Arbeitsplatzunsicherheit Abschnitt 2.3). Bisher gibt es jedoch kaum Studien, die eine solche intergenerationale Transmission subjektiver Arbeitsplatzunsicherheit aufgrund innerfamilialer Sozialisationsprozesse untersuchen (vgl. hierzu ausführlich Abschnitt 3.4).

3.3. Sozialisation und soziale Ungleichheit

In den bisherigen Ausführungen zur Sozialisation wurde dargelegt, inwieweit die Lern- und Internalisierungsprozesse der Sozialisation zur intergenerationalen Transmission subjektiver Arbeitsplatzunsicherheit beitragen können. Aus der Perspektive der Soziologie sind solche Sozialisationsprozesse vor allem deshalb von großem Interesse, weil sie untrennbar mit ihrem ureigenen Thema der sozialen Ungleichheit verbunden sind (Hurrelmann & Bauer 2015: 188–196; vgl. auch Bauer 2012; Mühler 2008). Sozialisationsprozesse erfolgen zum einen unter den Bedingungen sozialer Ungleichheit und tragen damit zum anderen zur Reproduktion sozialer Ungleichheit bei. Bei der Aufarbeitung des Forschungsstandes fällt jedoch auf, dass sich trotz der offensichtlichen Berührungspunkte der beiden Forschungsfelder die soziologische Ungleichheitsforschung und die Sozialisationsforschung in den letzten Jahrzehnten auseinanderentwickelt haben (Bauer 2012). Lag der Fokus der schichtspezifischen Sozialisationsforschung in den 1950er und 1960er Jahren noch klar auf der Erklärung sozialer Ungleichheit anhand sozial ungleicher Sozialisationsprozesse, hat die aktuelle soziologische Ungleichheitsforschung diese Sozialisationsprozesse größtenteils aus dem Auge verloren und konzentriert sich stattdessen auf sozial ungleiche Bildungsentscheidungen als Erklärung für die Reproduktion sozialer Ungleichheit. Gleichzeitig hat sich Sozialisationsforschung große Fortschritte in der theoretischen Beschreibung von Sozialisationsprozessen gemacht, bezieht sich dabei allerdings selten explizit auf die Erklärungskraft der Sozialisation für die Reproduktion sozialer Ungleichheit.

3.3.1. Soziale Ungleichheit in der Sozialisationsforschung

Der Zusammenhang zwischen Sozialisation und sozialer Ungleichheit steht im Zentrum der schichtspezifischen Sozialisationsforschung, die in den 1950er Jahren in den USA entstanden ist und seit den 1960er Jahren auch in der deutschen Literatur diskutiert wird (vgl. beispielsweise die Übersichtsarbeit von Steinkamp 1980, 2002). Exemplarisch für diese Forschungsrichtung stehen die Arbeiten von Kohn (1959, 1973; Kohn et al. 1986). Kohn geht davon aus, dass die Zugehörigkeit zu einer sozialen Schicht mit spezifischen Arbeitserfahrungen verbunden ist, welche an die Kinder weitergegeben werden. Der wesentliche Unterschied in den Arbeitsmarkterfahrungen zwischen der Arbeiter- und Mittelschicht zeigt sich Kohn (1973) zufolge in Bezug auf den Grad der Autonomie, der anhand der Überwachung der Arbeit, der Bedeutung der Eigeninitiative und der Komplexität der Aufgaben festgemacht wird. Während bei den Angehörigen der Mittelschicht der höhere Grad an Autonomie im Beruf zu einer stärkeren Wertschätzung von selbstbestimmtem Handeln führt, betonen die Angehörige der Arbeiterschicht aufgrund ihrer gegensätzlichen Arbeitserfahrungen hingegen vor allem Konformität als wichtigen Wert (beispielsweise Kohn 1973: 17–37).

Diese ungleichen Erfahrungen am Arbeitsmarkt, so die zentrale Annahme der schichtspezifischen Sozialisationsforschung, werden im Zuge der innerfamilialen Sozialisation aufgrund unterschiedlicher Erziehungsziele an die Kinder weitergegeben. Während Angehörige der Arbeiterschicht aufgrund ihrer Arbeitsanforderungen in erster Linie Wert auf Gehorsam, Ordnung und Sauberkeit legen, halten Eltern aus der Mitteschicht für ihre Kinder vor allem Wissbegierde, Glück und Selbstkontrolle für erstrebenswert. Die Kinder übernehmen die Werte der Eltern und wählen ihren Beruf entsprechend, wodurch sich der schichtspezifischen Sozialisationsforschung nach einen Kreislauf begründet, durch den die Kinder eine vergleichbare soziale Position einnehmen wie ihre Eltern (vgl. dazu die Zirkelhypothese nach Rolff 1967).

Die schichtspezifische Sozialisationsforschung ist in Bezug auf ihren theoretischen Gehalt und ihre methodischen Herangehensweisen stark kritisiert worden. Die einzelnen Kritikpunkte sollen hier nicht detailliert nachgezeichnet werden (vgl. dazu ausführlich Bertram 1976; Steinkamp 2002; sowie aktuell Bauer 2012: 33–54). Ihr wurde u. a. vorgeworfen, dass ihre Erklärung von einem unzulässigen deterministischen Kausalmodell ausgeht, nach dem sich die soziale Herkunft zwingend in bestimmte Werte und Einstellungen übersetzt. Außerdem ist bemängelt worden, dass (dem damaligen Stand der Forschung entsprechend) Sozialisation als ein passiver Prozess verstanden wird, in dem den Kindern „Rollen [lediglich] angeheftet" werden (Krappmann et al. 1976: 263). Die Kritik ging sogar soweit, dass die schichtspezifische Sozialisationsforschung als „gescheitert" angesehen wurde (Krappmann et al. 1976: 259) und in der Folge nicht mehr systematisch fortgesetzt worden ist.

Die Kritikpunkte, die gegen die schichtspezifische Sozialisationsforschung vorgebracht wurden, haben alle ihre Berechtigung; sie sind jedoch kein Grund, diese Forschungsrichtung nicht weiterzuentwickeln. Der größte Verdienst der schichtspezifischen Sozialisationsforschung besteht darin, dass sie die Bedeutung der elterlichen Arbeitserfahrung für die Persönlichkeitsentwicklung der Kinder (zumindest theoretisch) hervorhebt. Damit weist diese Forschungsrichtung auf eine plausible Erklärung für die intergenerationale Transmission von Handlungsmustern, Einstellungen und Orientierungen. Allerdings gelingt es der schichtspezifischen Sozialisationsforschung nicht, den Zusammenhang zwischen den elterlichen sozial ungleichen Arbeitserfahrungen und der Persönlichkeitsentwicklung der Kinder empirisch adäquat umzusetzen.

In den 1980er und 1990er Jahren – der Zeit nach der schichtspezifischen Sozialisationsforschung – treten in der Sozialisationsforschung Fragen der sozialen Ungleichheit in den Hintergrund. Stattdessen beschäftigt sich die Forschung in erster Linie mit dem Aspekt der Persönlichkeitsentwicklung (Bauer & Grundmann 2007: 116) und erzielt dabei große theoretische Fortschritte. Exemplarisch dafür steht die Arbeit von Hurrelmann zum Modell der produktiven Realitätsverarbeitung (Hurrelmann 2006). Er betont, dass „der Mensch durch seine Umwelt stark beeinflusst wird, sie aber zugleich durch seine eigenen Aktivitäten auch mitgestaltet" (Hurrelmann 2006: 7). Während die schichtspezifische Sozialisationsforschung die Rolle der Struktur (und damit die Bedeutung der sozialen Ungleichheit) überbewertet, ja sogar teilweise als deterministisch versteht, laufen jüngere Sozialisationstheorien damit Gefahr, die Bedeutung der sozialen Herkunft für die Sozialisation zu unterschätzen (Bauer 2012: 103). Besonders deutlich wird das am Begriff der „Selbstsozialisation" (Zinnecker 2000), mit dem die Eigenleistung des Subjektes bei seiner Sozialisation hervorgehoben werden soll. Strukturierende Umweltfaktoren werden dabei weitestgehend ausgeklammert. In den letzten Jahren bemühen sich Autoren wie beispielsweise Bauer und Hurrelmann verstärkt darum, die beiden (untrennbar verbundenen) Bereiche der Sozialisationsforschung (Subjekt und Struktur) wieder miteinander zu verbinden (Bauer 2012; Hurrelmann & Bauer 2015). Dabei wird auch wieder auf die Annahmen der (totgesagten) schichtspezifischen Sozialisationsforschung zurückgegriffen (vgl. dazu exemplarisch die empirischen Arbeiten von Choi 2009; Kaiser & Diewald 2014 und Lareau 2002, 2011).

3.3.2. Sozialisation in der (soziologischen) Ungleichheitsforschung

In der (aktuellen) ungleichheitsorientierten Soziologie spielen Sozialisationsprozesse zur Erklärung der Reproduktion sozialer Ungleichheit nur eine untergeordnete Rolle (Solga & Becker 2012: 19; vgl. auch den Forschungsüberblick von Kristen 1999). Die Reproduktion sozialer Ungleichheit wird stattdessen vornehmlich anhand individueller Bildungsentscheidungen und -verläufe erklärt, die maßgeblich den beruflichen Erfolg einer Person und damit ihren sozioökonomischen Status beeinflussen. Die Bildungsentscheidungen hängen dabei zum einen von den individuellen Bildungsvoraussetzungen (primäre Herkunftseffekte) ab und zum anderen vom herkunftsspezifischen Entscheidungskalkül für oder gegen eine weiterführende Schule (sekundäre Herkunftseffekte).

Der Fokus der Bildungssoziologie liegt dabei auf den Bildungsentscheidungen, während hinsichtlich der primären Herkunftseffekte „meist nur statistisch kontrolliert" wird (Solga & Becker 2012: 20). Die Bildungsentscheidungen werden als Ergebnis individueller Kosten-Nutzen-Abwägungen begriffen, die vor allem von den familialen Ressourcen abhängen, welche anhand der klassischen Ungleichheitsdimensionen Einkommen, Bildung und berufliche Position der Eltern erfasst werden. Es wird argumentiert (und es zeigt sich auch empirisch), dass Kinder aus Familien mit höherem Einkommen und höherer Bildung sich eher für weiterführende Bildungslaufbahnen (auch bei gleichen Leistungen) entscheiden als Kinder aus Familien mit geringerem Einkommen und niedriger Bildung (R. Becker 2009; Breen & Goldthorpe 1997; Müller & Pollak 2007; Schneider 2004). Das liegt zum einen an den unterschiedlichen Ressourcen, die den Familien für die Investition in die Bildung der Kinder zur Verfügung stehen. Zum anderen wird der Nutzen der Bildung unterschiedlich bewertet.

Doch so wichtig die Vererbung der Bildung für die Reproduktion der sozialen Ungleichheit auch ist, sie ist bei weitem nicht der einzige Faktor, der einerseits den beruflichen Erfolg einer Person beeinflusst und anderseits vom Elternhaus geprägt wird (Bengtson et al. 2002: 6; vgl. dazu auch die Ausführungen der Ökonomen Bowles & Gintis 2002). Jenseits der Bildung gibt es eine Reihe von weiteren Faktoren, die zur intergenerationalen Weitergabe von sozialen Positionen beitragen (können), die bisher jedoch in der (deutschen) Soziologie häufig vernachlässigt worden sind (Kaiser & Diewald 2014: 244). In Abgrenzung zur Bildungstransmission (also die intergenerationale Weitergabe kognitiver Merkmale) werden diese Faktoren auch als nicht-kognitive Merkmale zusammengefasst. Darunter fallen verschiedenste Persönlichkeitseigenschaften[13] wie beispielsweise Selbstkontrolle, Gewissenhaftigkeit und Verlässlichkeit sowie Zielorientierung und Durchhaltevermögen, aber auch Risikobereitschaft, Vorstellungen und Erwartungen von der Zukunft und das Selbstvertrauen, Veränderungen bewirken zu können (Farkas 2003; Heckman 2008).

Die empirische Relevanz dieser nicht-kognitiven Merkmale für den individuellen Berufs- und Lebenserfolg wird in einer zunehmenden Zahl von (zumeist ökonomischen) Studien bestätigt (Bowles & Gintis 2002; Flossmann et al. 2007; Groves 2005; Heckman 2008; Heineck & Anger 2010 für Deutschland). Theoretisch kann dieser Zusammenhang unterschiedlich erklärt werden: In Ergänzung

---

[13]   Der Begriff der nicht-kognitiven Merkmale ist vor allem in Abgrenzung zu den kognitiven Merkmalen, die durch Leistungstests erfasst werden können, entstanden (Bowles & Gintis 1976; Farkas 2003). Eine darüber hinaus gehende einheitliche Definition bzw. Verwendung des Begriffes existiert nicht. Während einige Autoren den Begriff synonym für Persönlichkeitseigenschaften, wie sie beispielsweise durch die „Big Five" abgebildet werden (Bowles & Gintis 2002), verwenden, subsumieren andere darunter auch Merkmale wie Selbstwahrnehmung, Motivation und soziale Kompetenzen (Ashby & Schoon 2010). Auf eine genaue Darstellung der Diskussion um den Begriff soll an dieser Stelle verzichtet werden, da sich die folgenden Ausführungen in erster Linie auf berufliche Erwartungen (genauer subjektive Arbeitsplatzunsicherheit) konzentrieren, die auch stellvertretend für viele andere nicht-kognitive Merkmale untersucht werden.

zu klassischen humankapitaltheoretischen Ansätzen, die das Einkommen alleine anhand der durch die Bildung bestimmten Produktivität erklären (G. S. Becker 1962), kann ebenfalls angenommen werden, dass auch nicht-kognitive Merkmale zur Produktivität beitragen und damit das Einkommen beeinflussen. Das ist insbesondere dann der Fall, wenn im Beruf auch nicht-kognitive Merkmale wie beispielsweise Eigenständigkeit und Kreativität gefragt sind (Bowles & Gintis 2002; Kohn 1959). Diesen Überlegungen folgend kommt Heckmann (2008) sogar zu dem Schluss, dass im Zuge der Tertiarisierung und des Übergangs zur Wissensgesellschaft nicht-kognitive Merkmale eine zunehmend bedeutsamere Rolle spielen (werden), da in dieser Phase andere Anforderungen an die Arbeitnehmer gestellt werden als noch in der Industriegesellschaft.

Nicht-kognitive Merkmale können zudem schulische und berufliche Entscheidungen beeinflussen, weshalb von einer Art Selbstselektion als Verbindungsglied zwischen diesen Merkmalen und dem erreichten sozioökonomischen Status ausgegangen werden kann (Kaiser & Diewald 2014). Dies ist beispielsweise in Bezug auf die Berufswerte nachgewiesen worden: Jugendliche wählen ihren Beruf oder ihr Studium entsprechend ihren eigenen Orientierungen bzw. streben danach, ihre Präferenzen auch zu erreichen (Brown 2002; M. K. Johnson & Mortimer 2011; Kalleberg 1977; Schoon & Polek 2011). Wer also beispielsweise einen sicheren Arbeitsplatz oder ein hohes Einkommen anstrebt, wird seinen Beruf entsprechend diesen Merkmalen wählen. Ähnliches kann auch für die Einschätzung der individuellen Erfolgsaussichten angenommen werden. Wer nicht davon ausgeht, einen Arbeitsplatz im angestrebten Berufsfeld zu bekommen, bzw. von vornherein davon ausgeht, arbeitslos zu werden, wird sich anders verhalten als jemand mit optimistischen Zukunftsaussichten.

Vor diesem Hintergrund wird die Frage der Entstehung nicht-kognitiver Merkmale für die (soziologische) Ungleichheitsforschung relevant (Kaiser & Diewald 2014: 244). Dafür sind Kenntnisse aus der Sozialisationsforschung unabdingbar. Hier setzt die vorliegende Arbeit an. Es soll untersucht werden, ob Eltern ihren Kindern neben (ökonomischen, kulturellen und sozialen) Ressourcen auch bestimmte (nicht-kognitive) Wahrnehmungs- und Bewertungsmuster mitgeben, die langfristig die Sicht der Kinder auf die Chancen und Risiken am Arbeitsmarkt beeinflussen. In Anlehnung an die Überlegungen von Kohn werden dabei die individuellen Arbeitserfahrungen der Eltern als wichtige Sozialisationsbedingungen für die vorberufliche Sozialisation ihrer Kinder betrachtet. Insbesondere geht es darum, wie sich subjektive Arbeitsplatzunsicherheit von Eltern auf ihre (erwachsenen) Kinder überträgt. Kohn bezieht sich in seinen Arbeiten zwar auf den Grad an Autonomie, die eine Person im Beruf erfährt. Seine Argumentation lässt sich allerdings auch auf subjektive Arbeitsplatzunsicherheit übertragen: Eltern machen unterschiedliche Erfahrungen mit Unsicher-

heit am Arbeitsplatz und geben diese vermittelt durch die Lern- und Internalisierungsprozesse der innerfamilialen Sozialisation an ihre Kinder weiter. Sollte
sich diese Hypothese tatsächlich bestätigen, hieße das auch, dass die Kindergeneration von *Anfang an verunsichert* und damit auch von ungleichen Startbedingungen betroffen ist, was weitreichende Folgen für ihren weiteren Lebensverlauf haben kann (zu den Folgen subjektiver Arbeitsplatzunsicherheit vgl.
Abschnitt 2.3). Damit könnte die intergenerationale Transmission subjektiver
Arbeitsplatzunsicherheit auch zur Reproduktion sozialer Ungleichheit beitragen.

3.4. Forschungsstand zur Sozialisationswirkung der subjektiven Arbeitsplatzunsicherheit

Derzeitig gibt es nur vereinzelte Forschungsarbeiten, die sich mit den Folgen
der subjektiven Arbeitsplatzunsicherheit von Eltern für ihre Kinder befassen
(vgl. für eine Übersicht Tabelle 1). Aus der (vorwiegend psychologischen) Forschung ist zunächst bekannt, dass Kinder die Arbeitsplatzsorgen der Eltern
wahrnehmen und benennen können. Mithilfe unabhängig voneinander erhobe-
ner Informationen von Eltern und ihren 10- bis 17-jährigen Kindern können
Piotrkowski und Stark (1987) nachweisen, dass die Kinder die Arbeitsbedingungen ihrer Eltern richtig wiedergeben können. Die Angaben der Kinder beispielsweise über die Arbeitsumgebung, die Unfallgefahren am Arbeitsplatz, die
Arbeitsanforderungen sowie die subjektive Arbeitsplatzunsicherheit ihrer Eltern
korrelierte in dieser Untersuchung stark mit den Eigenangaben der Eltern. Dabei
macht es auch keinen Unterschied, ob die Kinder nach den Arbeitsbedingungen
ihrer Mütter oder ihrer Väter befragt werden (Piotrkowski & Stark 1987). Bezüglich der subjektiven Arbeitsplatzunsicherheit können Barling et al. (1998)
diesen Befund bestätigen. Auch sie verwenden unabhängige Informationen von
Eltern und ihren Kindern. Befragt wurden Studenten, die höchstens 20 Jahre alt
waren. Auch ihre Antworten zur subjektiven Arbeitsplatzunsicherheit ihrer
Eltern korrelieren stark mit denen der Eltern (vgl. hierzu aktuell auch Lim &
Loo 2003).

    Dass die subjektive Arbeitsplatzunsicherheit der Eltern nicht nur von den
Kindern wahrgenommen wird, sondern auch einen Einfluss auf ihre Persönlichkeitsentwicklung hat, zeigt eine aktuelle Studie von Lam et al. (2016) mit repräsentativen Daten aus Australien. Die Autoren untersuchen die Auswirkungen
der elterlichen Arbeitsplatzunsicherheit auf das allgemeine Wohlbefinden der
Kinder (im Alter von 4 bis 9 Jahre). Sie können dabei zeigen, dass Kinder aus
verunsicherten Elternhäusern ein geringeres Wohlbefinden haben als Kinder aus

Elternhäusern mit subjektiv sicheren Arbeitsplätzen. Die subjektive Arbeitsplatzunsicherheit der Mutter erweist sich in dieser Studie als stärkerer Prädikator für das Wohlbefinden der Kinder. Die Wirkung der subjektiven Arbeitsplatzunsicherheit zeigt sich dabei sowohl im Quer- als auch im Längsschnitt (Lam et al. 2016).

Des Weiteren gibt es empirische Studien, die die Auswirkungen der elterlichen Arbeitsplatzunsicherheit auf die arbeitsmarktbezogenen Einstellungen und Erwartungen älterer Kinder untersuchen. Beispielsweise können Barling et al. (1998) zeigen, dass sich die subjektive Arbeitsplatzunsicherheit der Eltern signifikant negativ auf die Wertschätzung von Arbeit (erfasst als protestantische Arbeitsethik) der 17- bis 20-jährigen Kinder auswirkt. Die Kinder, deren Eltern sich Sorgen um die Sicherheit des Arbeitsplatzes machen, glauben weniger daran, dass harte Arbeit belohnt wird, als Kinder, deren Eltern keine Arbeitsplatzunsicherheit wahrnehmen. Die verringerte Arbeitsethik schlägt sich auch in der Arbeitsmotivation nieder, die ebenfalls bei Kindern aus verunsicherten Familien geringer ist als bei Kindern, deren Eltern sich keine Sorgen um die Sicherheit des Arbeitsplatzes machen.

Die subjektive Arbeitsplatzunsicherheit der Eltern beeinflusst ferner das Verhalten der Kinder. Steward und Barling (1996) können beispielsweise zeigen, dass Grundschulkinder, deren Väter sich um ihren Arbeitsplatz sorgen, in der Schule nach Auskunft der Lehrer mehr Probleme haben und verhaltensauffälliger sind. Kinder im Alter von 18 bis 22 Jahren erreichen einer Studie von Barling und Mendelson (1999) zufolge im Durchschnitt schlechtere Leistungen im Studium, wenn sich die Eltern um die Sicherheit ihres Arbeitsplatzes sorgen. Die Autoren führen die Wirkung der elterlichen Arbeitsplatzunsicherheit auf die Leistungen der Kinder darauf zurück, dass die Erfahrung mit Arbeitsplatzunsicherheit die Vorstellung von einer gerechten Welt verringert, wodurch sich die Kinder weniger in der Schule bzw. Universität anstrengen (Barling & Mendelson 1999).

In eine ähnliche Richtung weisen Studien zum Zusammenhang zwischen der subjektiven Arbeitsplatzunsicherheit und der beruflichen Selbstwirksamkeitserwartung der Kinder aus dem asiatischen Raum. Selbstwirksamkeit bezeichnet hier im Sinne von Bandura (1997) die Erwartung einer Person, aufgrund der eigenen Fähigkeiten gewünschte Handlungen erfolgreich ausführen zu können. Sowohl Lim und Loo (2003) als auch Zhao et al. (2012) können zeigen, dass diese Erwartung von 19- bis 24-jährigen Kindern signifikant geringer ist, wenn sich die Eltern (bzw. der Vater) unsicher sind, ihren Arbeitsplatz auch noch in Zukunft zu haben. Wie auch in den anderen genannten Studien führen die Autoren diesen Befund auf die innerfamiliale Sozialisation zurück, durch die sich die Erfahrungen der Eltern auf die Kinder übertragen. Zhao et al.

(2012) können nachweisen, dass sich Väter, die sich Sorgen um die Sicherheit ihres Arbeitsplatzes machen, in der Wahrnehmung der Kinder weniger stark für die berufliche Entwicklung der Kinder engagieren und seltener Ratschläge bezüglich der Berufs- und Studienwahl erteilen. Dieses fehlende Engagement reduziert die berufliche Selbstwirksamkeit der Kinder.

In den genannten Studien werden verschiedene Überlegungen dazu angestellt, auf welche Art und Weise sich die subjektive Arbeitsplatzunsicherheit der Eltern auf die Kinder auswirkt. Es wird dabei immer, implizit oder explizit, unterstellt, dass der Zusammenhang auf die innerfamiliale Sozialisation zurückgeht. Beispielsweise wird vermutet, dass die Arbeitsplatzsorgen als Stressfaktor Stimmung und Gemütszustand der Familienmitglieder und somit das alltägliche Familienleben beeinflussen (Barling & Mendelson 1999). Andere Autoren argumentieren, dass das elterliche Erziehungsverhalten von den Arbeitsplatzsorgen geprägt wird (Lam et al. 2016; Lim & Loo 2003). Eltern, die sich um ihren Arbeitsplatz sorgen, erziehen ihre Kinder nachweislich eher autoritär und sind häufiger wütend (Lam et al. 2016; Lim & Loo 2003). Bisher hat sich jedoch in keiner der genannten Studien eine dieser Überlegungen als zentrale Erklärung für die intergenerationalen Auswirkungen der subjektiven Arbeitsplatzunsicherheit herausgestellt. In den Studien, in denen beispielsweise das Erziehungsverhalten der Eltern als Moderatorenvariable berücksichtigt wird, bleibt auch weiterhin ein unerklärter Zusammenhang zwischen der subjektiven Arbeitsplatzunsicherheit und den untersuchten Merkmalen der Kindergeneration bestehen (Lam et al. 2016; Lim & Loo 2003; Zhao et al. 2012).

Im Gegensatz zu den bisher vorgestellten Studien, die die nachteiligen Folgen von subjektiver Arbeitsplatzunsicherheit der Eltern für die Entwicklung ihrer Kinder herausstellen, weist eine aktuelle Studie von Johnson & Mortimer (2015) darauf hin, dass ein sicherer Arbeitsplatz für Kinder aus Elternhäusern mit Arbeitsplatzsorgen gar nicht so wichtig sein könnte (weil sie es nicht anders kennen). Sie untersuchen den Einfluss der elterlichen Arbeitserfahrungen (in den Krisenjahren 2008 und 2009) auf die Herausbildung der Berufswerte ihrer jugendlichen Kinder. Berufswerte erfassen dabei, wie wichtig bestimmte Merkmale der Erwerbstätigkeit für den Einzelnen sind. Die Autoren interessieren sich dafür, ob u. a. die subjektive Arbeitsplatzunsicherheit der Eltern auf die von ihren 11- bis 21-jährigen Kindern beschriebene Wertigkeit von extrinsischen und intrinsischen Berufswerten wirkt. Sie finden einen signifikant positiven Zusammenhang zwischen der subjektiven Arbeitsplatzsicherheit und der Wichtigkeit extrinsischer Berufswerte, zu denen auch der Wunsch nach einem sicheren Arbeitsplatz gehört. Umgekehrt heißt das, dass Kinder, deren Eltern ihren Arbeitsplatz als unsicherer beschreiben, weniger Wert auf extrinsische Merkmale legen als Kinder, deren Eltern einen als sicher empfundenen Arbeitsplatz haben. Dieser Befund bestätigt sich auch, wenn nicht die aktuelle subjektive Arbeitsplatzunsicherheit, sondern ihre Veränderung im Zuge der Wirtschaftskrise berücksichtigt wird. Im Gegensatz dazu hat die aktuelle subjektive Arbeitsplatzunsicherheit der Eltern keinen Einfluss auf die intrinsischen Berufswerte der Kinder; eine Zunahme der subjektiven Arbeitsplatzunsicherheit in der Vergangenheit führt jedoch dazu, dass den Kindern intrinsische Werte (wie beispielsweise selbstbestimmtes Arbeiten) nicht mehr so wichtig sind wie vorher.

Diese Ergebnisse sind zunächst überraschend. Man hätte vermuten können, dass die subjektive Arbeitsplatzunsicherheit der Eltern das Bedürfnis nach einem sicheren Arbeitsplatz bei den Kindern verstärkt. Das scheint jedoch nicht der Fall zu sein. In Anlehnung an Kohn erklären Johnson und Mortimer (2015) diesen Befund damit, dass Kindern das besonders wichtig ist, was sie auch bei ihren Eltern beobachten können. Weniger wichtig scheinen hingegen die Dinge, die ihre Eltern nicht haben bzw. verloren haben, vielleicht, weil sie nicht erreichbar erscheinen. Die Ergebnisse von Johnson und Mortimer (2015) könnten ein Hinweis darauf sein, dass sich die Kinder an die subjektive Arbeitsplatzunsicherheit ihrer Eltern gewöhnen und lernen, damit umzugehen (vgl. hierzu Abschnitt 3.5.2). Es könnte eine Anpassungsreaktion an die von ihnen wahrgenommenen Probleme der Eltern mit dem Arbeitsmarkt sein. Darüber, wie die Kinder die Arbeitsplatzunsicherheit der Eltern wahrnehmen und ihre eigenen Zukunftschancen bewerten, sagt die Studie allerdings nichts aus (M. K. Johnson & Mortimer 2015).

Zusammenfassend lässt sich festhalten, dass auf Basis der bisherigen Forschungsergebnisse und der theoretischen Grundlagen der Sozialisationsforschung eine intergenerationale Transmission subjektiver Arbeitsplatzunsicherheit zu erwarten ist. Kinder nehmen die Sorgen ihrer Eltern über gemeinsame Interaktion und Kommunikation wahr und es ist sehr wahrscheinlich, dass das Auswirkungen auf ihre eigenen Zukunftserwartungen hat. Die Ergebnisse der vorgestellten Studien sind jedoch nur bedingt verallgemeinerbar, beruhen sie doch zum Teil auf kleinen Fallzahlen und spezifischen Untersuchungspopulationen (beispielsweise amerikanische Psychologiestudenten und Studenten in Singapur). Für Deutschland liegen keine vergleichbaren Studien zur Sozialisationswirkung von subjektiver Arbeitsplatzunsicherheit vor.

**Tabelle 1   Zusammenfassung ausgewählter Studien zur
              Sozialisationswirkung subjektiver Arbeitsplatzunsicherheit**

Autoren (Jahr) *Daten*	*Zentrale Ergebnisse*
Barling et al. (1998) Querschnittsbefragung von 200 Psychologie-Studenten und ihren Eltern Kinder sind im Alter von 17 bis 20 Jahren, beide Eltern sind erwerbstätig	- Es zeigt sich ein signifikant positiver Zusammenhang zwischen den Angaben der Kinder und ihrer Eltern bezüglich der subjektiven Arbeitsplatzunsicherheit der Eltern (unabhängig von ihrem Geschlecht). - Die subjektive Arbeitsplatzunsicherheit des Vaters (nicht der Mutter) verringert die Arbeitsethik (work beliefs) der Kinder, welche wiederum die Arbeitsmotivation (work attitudes) reduziert. - Identifikation mit den Eltern: Der Zusammenhang zwischen der subjektiven Arbeitsplatzunsicherheit des Vaters und der Arbeitsethik der Kinder ist umso stärker, je mehr sich die Kinder mit dem Vater identifizieren.
Barling et al. (1999) Befragung von 154 kanadischen Bachelor-Studenten und ihren erwerbstätigen Eltern	- Es zeigt sich erneut ein signifikant positiver Zusammenhang zwischen den Angaben der Kinder und ihrer Eltern bezüglich der subjektiven Arbeitsplatzunsicherheit der Eltern (unabhängig von ihrem Geschlecht). - Es besteht ein signifikant negativer Zusammenhang zwischen der subjektiven Arbeitsplatzunsicherheit der Eltern und den Leistungen der Kinder im Studium. - Der Zusammenhang zwischen der subjektiven Arbeitsplatzunsicherheit der Eltern und den Leistungen der Kinder in der Universität wird vermittelt über die Vorstellungen der Kinder über eine gerechte Welt und eine daraus resultierende negative Verstimmung.
Johnson & Mortimer (2015) Informationen über Jugendliche (im Schnitt 15 Jahre alt) und ihre Eltern aus dem Jahr 2010 aus Minnesota	- Die aktuelle subjektive Arbeitsplatzsicherheit (!) der Eltern steht im signifikant positiven Zusammenhang mit den extrinsischen Berufswerten der Kinder, jedoch nicht mit den intrinsischen Berufswerten. - Eine Reduzierung der Arbeitsplatzsicherheit geht einher mit einer signifikant geringeren Wertschätzung der extrinsischen und intrinsischen Berufswerte.

Fortsetzung Tabelle 1

Lam et al. (2016) Repräsentative Befragung von Doppelverdiener-Paaren mit Informationen über ihre 4 bis 9 Jahre alten Kinder in Australien (N = 3.216 Kinder)	- Sowohl die aktuelle als auch die zurückliegende Veränderung der subjektiven Arbeitsplatzunsicherheit der Eltern steht in signifikant negativem Zusammenhang mit dem Wohlbefinden der Kinder. Der Einfluss der subjektiven Arbeitsplatzunsicherheit der Mütter ist stärker als der der subjektiven Arbeitsplatzunsicherheit der Väter. - Der Effekt der subjektiven Arbeitsplatzunsicherheit wird teilweise durch Stress und einen veränderten Erziehungsstil vermittelt.
Lim & Loo (2003) Befragung von 178 Bachelor-Studenten im Alter von 19 bis 24 Jahren einer großen Universität in Singapur und ihren Eltern (Mütter und Väter)	- Es zeigt sich ein signifikant positiver Zusammenhang zwischen der Selbstauskunft der Eltern über ihre Arbeitsplatzunsicherheit und der von den Kindern eingeschätzten Arbeitsplatzunsicherheit der Eltern. - Subjektive Arbeitsplatzunsicherheit der Eltern (wie sie von den Kindern wahrgenommen wird) steht in signifikant negativem Zusammenhang mit der Selbstwirksamkeitsüberzeugung der Kinder und ihren Arbeitseinstellungen. - Die subjektive Arbeitsplatzunsicherheit des Vaters steht zwar im Zusammenhang mit einem autoritären Erziehungsstil, dieser vermittelt aber nicht den Zusammenhang zwischen der subjektiven Arbeitsplatzunsicherheit der Eltern und der Selbstwirksamkeit der Kinder.
Stewart & Barling (1996) Befragung von 189 Vätern mit Kindern im Grundschulalter; Informationen über die Kinder werden durch Lehrerbefragung erfasst	- Subjektive Arbeitsplatzunsicherheit der Väter (als ein Merkmal für die Arbeitserfahrungen) steht im Zusammenhang mit den Verhaltensproblemen von Grundschulkindern. - Vermittelt wird der Zusammenhang über die verringerte Arbeitszufriedenheit und einen damit einhergehenden autoritären Erziehungsstil.
Zhao et al. (2012) Befragung von 196 Bachelor-Studenten (im Schnitt 22 Jahre alt) einer großen Universität in Singapur und ihren Vätern	- Die subjektive Arbeitsplatzunsicherheit der Väter steht in signifikant negativem Zusammenhang mit der beruflichen Selbstwirksamkeitsüberzeugung ihrer Kinder. - Vermittelt wird dieser Zusammenhang über das Erziehungsverhalten der Väter: Väter, die von subjektiver Arbeitsplatzunsicherheit berichten, engagieren sich nach Wahrnehmung der Kinder weniger stark für die berufliche Entwicklung ihrer Kinder und geben weniger häufig Ratschläge bezüglich der Berufs- und Studienwahl. Dieses fehlende Engagement reduziert die Selbstwirksamkeit der (männlichen und weiblichen) Kinder.

Quelle: eigene Zusammenstellung

Auf Basis des vorgestellten Forschungsstandes lässt sich allerdings nicht sagen, ob eine solche Wirkung auf die Zukunftserwartung der Kinder auch langfristig zu erwarten ist. Hat die subjektive Arbeitsplatzunsicherheit, die die Kinder in ihrer Jugend bei ihren Eltern beobachtet haben, auch dann noch einen Einfluss auf die Wahrnehmung und Bewertung der Arbeitsplatzunsicherheit der Kinder, wenn diese erwachsen sind und eigene Erfahrungen am Arbeitsmarkt sammeln? Nehmen Kinder aus verunsicherten Elternhäusern auch (noch) als Erwachsene generell ihre Arbeitsmarktchancen pessimistischer wahr als Kinder, deren Eltern sich keine Sorgen um die Sicherheit ihres Arbeitsplatzes gemacht haben? Oder entwickeln sie als Reaktion auf die frühe Erfahrung mit Arbeitsplatzunsicherheit im Elternhaus eine Resistenz dagegen, wodurch sie sich später seltener Sorgen um die Sicherheit ihres Arbeitsplatzes machen?

3.5. Forschungshypothesen zur intergenerationalen Transmission subjektiver Arbeitsplatzunsicherheit

In dieser Arbeit geht es um den Einfluss der innerfamilialen Sozialisation (als ein Mechanismus der intergenerationalen Transmission) auf die Wahrnehmung und Bewertung von Arbeitsplatzunsicherheit in der späteren Erwerbsphase. Bedingung für eine solche intergenerationale Transmission subjektiver Arbeitsplatzunsicherheit ist zum einen, dass sich innerhalb von Familien bestimmte Erfahrungen übertragen, welche zum anderen dazu führen, dass Kinder aus verunsicherten Elternhäusern als (junge) Erwerbstätige sich ihrerseits wiederum häufiger Sorgen um die Sicherheit ihres Arbeitsplatzes machen als Personen ohne solche Erfahrungen in der Jugend. Der Zusammenhang zwischen den Sozialisationserfahrungen in der Jugend und der subjektiven Arbeitsplatzunsicherheit in der späteren Erwerbsphase wird, so die Vermutung, durch erlernte Wahrnehmungs- und Bewertungsmuster vermittelt, die in Reaktion auf die elterlichen Erfahrungen am Arbeitsmarkt in der Jugendphase entstehen und die spätere Wahrnehmung und Bewertung von Arbeitsplatzunsicherheit beeinflussen. Diese Überlegungen werden im Folgenden konkretisiert und in Hypothesen für die empirischen Analysen überführt.

3.5.1. Mechanismus der intergenerationalen Transmission subjektiver Arbeitsplatzunsicherheit: Sozialisation oder (nur) Statustransmission?

In der theoretischen Auseinandersetzung mit dem Sozialisationsprozess ist die Bedeutung der innerfamilialen Lern- und Internalisierungsprozesse in der Jugendphase für die Persönlichkeitsentwicklung der Kinder deutlich geworden. Vermittelt durch alltägliche Kommunikation und Interaktion geben Eltern ihre Erfahrungen an ihre Kinder weiter, die dadurch bestimmte (recht stabile) Einstellungen, Orientierungen und Wahrnehmungsmuster herausbilden. Solche Lern- und Internalisierungsprozesse lassen sich aufgrund des bestehenden Forschungsstandes (vgl. Abschnitt 3.4) auch bezüglich der subjektiven Arbeitsplatzunsicherheit erwarten. Dementsprechend lautet die erste Hypothese für die empirische Analyse, dass sich Eltern und ihre Kinder hinsichtlich ihrer Wahrnehmung und Bewertung von Arbeitsplatzunsicherheit ähnlich sind *(Hypothese 1)*. In der Jugendphase sollte sich das daran zeigen, dass 17-jährige Kinder, deren Eltern sich Sorgen um die Sicherheit ihres Arbeitsplatzes machen, pessimistischer in ihre berufliche Zukunft schauen als Kinder, deren Eltern sich keine solche Sorgen machen. In der frühen Erwerbsphase sollten sich Kinder aus verunsicherten Elternhäusern mehr Sorgen um die Sicherheit ihres Arbeitsplatzes machen als Kinder, die aus Elternhäusern stammen, in denen sich früher keiner (große) Sorgen um die Sicherheit des Arbeitsplatzes gemacht hat.

Sollte sich die postulierte Ähnlichkeit in der Wahrnehmung und Bewertung der Arbeitsplatzunsicherheit von Eltern und ihrer Kinder in den empirischen Analysen zeigen, wird dies als Beleg für die Sozialisationswirkung der subjektiven Arbeitsplatzunsicherheit im Elternhaus gewertet. Dieses Vorgehen ist notwendig, da die vermittelnden Wahrnehmungs- und Bewertungsmuster – genauso wenig wie der Sozialisationsprozess an sich – nicht direkt erfasst werden können. Die Sozialisation kann demnach nur an ihrer Wirkung nachgewiesen werden, wie sie hier mit Bezug auf subjektive Arbeitsplatzunsicherheit der Kinder erwartet wird. Bei diesem Vorgehen müssen jedoch alternative Erklärungen ausgeschlossen werden.

Erstens können sich Eltern und ihre Kinder hinsichtlich ihrer beruflichen Zukunftserwartungen dadurch ähnlich sein (Eltern machen sich Sorgen, Kinder sind pessimistisch), dass sie ähnliche Arbeitsmarktchancen haben, auf die ihre subjektive Wahrnehmung zurückgeht. Dieser (indirekte) Mechanismus der intergenerationalen Transmission ist eingangs als Statustransmission bezeichnet worden. Der sozioökomische Status der Eltern bestimmt dabei einerseits die objektiven Erwerbschancen der Eltern, auf die ihre Sorgen zurückgehen. Andererseits beeinflusst der sozioökonomische Status der Eltern ebenfalls den schulischen und damit später auch den beruflichen Erfolg ihrer Kinder, was sich auch in deren Zukunftswahrnehmung widerspiegeln sollte. Demnach wäre die Ähnlichkeit von Eltern und ihren Kindern nicht auf weitergegebene Wahrnehmungs- und Bewertungsmuster zurückzuführen, sondern in erster Linie auf objektive Situationen, auf die sich ihre jeweilige Wahrnehmung bezieht. Um diesen Mechanismus als Hauptgrund für die intergenerationale Transmission subjektiver Arbeitsplatzunsicherheit auszuschließen, muss also für die objektiven „Bedrohungen" kontrolliert werden. In der Jugendphase sind das vor allem der besuchte Schultyp (und der damit angestrebte Schulabschluss) sowie die Noten als Merkmal für die schulischen Leistungen. In der frühen Erwerbsphase sind das neben dem sozioökonomischen Status (der Eltern und Kinder) vor allem Merkmale des aktuellen Beschäftigungsverhältnisses der Kinder (beispielsweise befristete vs. unbefristete Beschäftigung). Ausgehend von der Sozialisationshypothese wird erwartet, dass die Ähnlichkeit von Eltern und Kindern hinsichtlich ihrer Wahrnehmung und Bewertung von Arbeitsplatzunsicherheit auch unter Kontrolle ihres jeweiligen sozioökonomischen Status (und der damit verbundenen Beschäftigungsbedingungen) bestehen bleibt *(Hypothese 2a)*.

Zweitens könnte es sein, dass sich nicht die Erfahrungen mit Arbeitsplatzunsicherheit an sich von Eltern auf ihre Kinder übertragen, sondern die damit häufig einhergehende Arbeitslosigkeit der Eltern. Wie im Abschnitt 2.2.4 aufgezeigt wurde, sind beide Erfahrungen im Lebensverlauf eng miteinander verbunden. Vor allem haben Personen, die in der Vergangenheit arbeitslos waren, eine erhöhte Wahrscheinlichkeit, sich Sorgen um die Sicherheit ihres Arbeitsplatzes zu machen. Um ausschließen zu können, dass die intergenerationale Transmission subjektiver Arbeitsplatzunsicherheit nicht eine indirekte Folge der elterlichen Arbeitslosigkeit ist, wird in den multivariaten Analysen für die zurückliegenden Arbeitslosigkeitserfahrungen der Eltern zu kontrollieren sein. Dabei wird davon ausgegangen, dass die Ähnlichkeit von Eltern und ihren (erwachsenen) Kindern hinsichtlich ihrer Wahrnehmung und Bewertung von Arbeitsplatzunsicherheit auch unter Kontrolle zurückliegender Arbeitslosigkeitserfahrungen der Eltern bestehen bleibt *(Hypothese 2b)*.

Und drittens könnt es sein, dass die ähnliche Wahrnehmung und Bewertung der Arbeitsmarktchancen auf äußere gesamtgesellschaftliche Einflussfaktoren zurückgeht. Es ist im Abschnitt 2.2.1 ausführlich dargelegt worden, dass die Sorgen um die Sicherheit des Arbeitsplatzes im engen Zusammenhang beispielsweise mit der Entwicklung der Arbeitslosenquote stehen. Auch Jugendliche und junge Erwerbstätige können solche gesamtgesellschaftliche Entwicklungen wahrnehmen und auf ihre zukünftigen Arbeitsmarktchancen beziehen. Das Ergebnis wäre dann eine Ähnlichkeit von Eltern und Kindern, die jedoch nicht auf eine intergenerationale Transmission, sondern auf eine ähnliche Reaktion auf gemeinsame Umstände zurückgeht. In den Analysen wird deshalb für diese Umstände zu kontrollieren sein. Es wird davon ausgegangen, dass die Ähnlichkeit von Eltern und ihren (erwachsenen) Kindern hinsichtlich ihrer Wahrnehmung und Bewertung von Arbeitsplatzunsicherheit auch unter Kontrolle der jeweiligen gesamtgesellschaftlichen Beschäftigungsbedingungen bestehen bleibt *(Hypothese 2c)*. Die gesamtgesellschaftlichen Beschäftigungsbedingungen werden dabei anhand des Befragungsjahres, der regionalen Arbeitslosenquote und der Befragungsregion (Ost- vs. Westdeutschland) erfasst.

3.5.2. *Sozialisationswirkung der elterlichen Arbeitsplatzunsicherheit: Langfristige Verunsicherung oder Anpassung und Gewöhnung?*

Die Sozialisationsforschung geht prinzipiell davon aus, dass die in der Kindheit und Jugend von den Eltern erlernten Persönlichkeitseigenschaften und Verhaltensweisen im weiteren Lebensverlauf der Kinder weitgehend stabil bleiben (Glass et al. 1986: 686; Mannheim 1928: 179). Die intergenerationale Transmission subjektiver Arbeitsplatzunsicherheit aufgrund von innerfamilialen Sozialisationsprozessen sollte sich daher nicht nur in einer kurz-, sondern auch in einer langfristigen Ähnlichkeit von Eltern und Kindern hinsichtlich ihrer Wahrnehmung und Bewertung von Arbeitsplatzunsicherheit zeigen. Die langfristige Wirkung der intergenerationalen Transmission ist hinsichtlich der Weitergabe von persönlichen Werten und Einstellungen wie zum Beispiel von religiösen Überzeugungen und familialen Werten entsprechend der Annahme auch nachgewiesen worden (Bucx et al. 2010; Cunningham 2001; Glass et al. 1986; Min et al. 2012). Die Ähnlichkeit zwischen Eltern und Kindern zeigt sich hier nicht nur in der Kindheit und Jugendphase, sondern auch dann noch, wenn die Kinder erwachsen geworden sind. In anderen Fällen nimmt die Ähnlichkeit der Kinder mit den Eltern im Lebensverlauf sogar noch weiter zu. Eltern und Kinder sind sich beispielsweise bezüglich traditioneller Vorstellungen von Partnerschaft und Ehe dann besonders ähnlich, wenn die Kinder ihrerseits einen Partner und Kinder haben, also dieselben Rollen ausüben wie ihre Eltern früher (Bucx et al. 2010). Durch die Übernahme dieser Rollen, beispielsweise als (Ehe-)Partner und Elternteil, werden die in der Jugend erlernten Werte erst „aktiviert" (Cunningham 2001: 186; vgl. hierzu auch Grob & Stuhlmann 2009).

Bei der intergenerationalen Transmission subjektiver Arbeitsplatzunsicherheit kann eine solche Langzeitwirkung jedoch nicht ohne Weiteres unterstellt werden. Spätestens mit dem Eintritt in den Arbeitsmarkt treffen die Kinder Entscheidungen und sammeln Erfahrungen, die den früheren Einfluss der Eltern auf ihre Wahrnehmung und Bewertung von Unsicherheit am Arbeitsmarkt überlagern könnten. Dazu zählen auch solche Entscheidungen, die daraus motiviert sind, die bei den Eltern beobachtete Arbeitsplatzunsicherheit vermeiden zu wollen. Beispielsweise könnten Kinder aus verunsicherten Elternhäusern ganz bewusst solche Berufe wählen, die ihnen eine hohe Sicherheit versprechen (beispielsweise den öffentlichen Dienst).

Es ist deswegen zunächst offen, welche langfristige Wirkung die im Elternhaus miterlebten Unsicherheitserfahrungen genau haben. Führen sie dazu, dass junge Erwachsene auch im späteren Erwerbsleben besonders anfällig für subjektive Arbeitsplatzunsicherheit sind oder entwickeln sie als Reaktion auf die Erfahrungen mit Unsicherheit im Elternhaus eine Resistenz dagegen? Diese Frage lässt sich endgültig nur empirisch beantworten. Bisher gibt es dazu noch keine Studie (vgl. hierzu noch einmal Abschnitt 3.4). Und überzeugende Argumente lassen sich sowohl für eine langfristige unsicherheitsreduzierende als auch unsicherheitsfördernde Wirkung der frühen Sozialisationserfahrungen finden.

Es erscheint zunächst naheliegend, von einer langfristig unsicherheitsfördernden Wirkung der subjektiven Arbeitsplatzunsicherheit der Eltern auszugehen. Kinder, deren Eltern sich Sorgen um die Sicherheit ihres Arbeitsplatzes gemacht haben, haben bereits früh gelernt, dass der Arbeitsmarkt Gefahren birgt. Dieser Eindruck von einem unsicheren Arbeitsmarkt könnte langfristig bestehen bleiben und dazu führen, dass diese Kinder auch noch im Erwachsenenalter wachsamer sind und daher sensibler auf etwaige Anzeichen für Unsicherheit reagieren. Die langfristige unsicherheitsfördernde Wirkung der intergenerationalen Transmission subjektiver Arbeitsplatzunsicherheit kann auch dadurch zustande kommen, dass die Erfahrung von Arbeitsplatzunsicherheit in der Jugend die Vorstellungen von der Planbarkeit und Kontrollierbarkeit des eigenen Erwerbsverlaufes so nachhaltig erschüttern, dass die Personen ihr Vertrauen in ihre Fähigkeiten verloren haben und dadurch generell ängstlicher sind und sich deshalb häufiger Sorgen machen (Greenhalgh & Rosenblatt 1984). Und nicht zuletzt kann die frühe Wahrnehmung von Arbeitsplatzunsicherheit auch wie eine „sich selbst erfüllende Prophezeiung" wirken: Wenn Kinder von Anfang an davon ausgehen, auf dem Arbeitsmarkt nur schlechte Chancen zu haben, strengen sie sich in der Schule und bei der Arbeitsplatzsuche weniger an (Barling et al. 1999). Dadurch sinken ihre Erwerbschancen, und die Anlässe für Sorgen um die Sicherheit des Arbeitsplatzes nehmen zu.

Als Hypothese lässt sich also formulieren, dass sich Eltern und ihre Kinder nicht nur in der Jugendphase, sondern auch noch in der frühen Erwerbsphase der Kinder hinsichtlich ihrer Wahrnehmung und Bewertung von Arbeitsplatzunsicherheit ähnlich sind *(Hypothese 3a)*. Diese langfristige Verunsicherung sollte sich darin zeigen, dass Kinder, deren Eltern sich in deren Jugendphase Sorgen um die Sicherheit ihres Arbeitsplatzes gemacht haben, auch (noch) in ihrer frühen Erwerbsphase häufiger von subjektiver Arbeitsplatzunsicherheit betroffen sind als junge Erwerbstätige, deren Eltern sich keine Sorgen gemacht haben.

Doch es gibt auch gute Gründe, von einer langfristig unsicherheitsreduzierenden Wirkung der intergenerationalen Transmission subjektiver Arbeitsplatzunsicherheit auszugehen. Junge Erwerbstätige, die in ihrer Jugend bereits bei
ihren Eltern beobachtet haben, dass Arbeitsplätze nicht sicher sind, gewöhnen
sich vielleicht an diesen Umstand und reagieren daher weniger anfällig auf Anzeichen für Arbeitsplatzunsicherheit, als man es erwarten würde. Solche Gewöhnungseffekte sind in der Literatur bereits mehrfach beschrieben worden
(Jacobson & Hartley 1991; Kaufmann 1970; Lübke & Erlinghagen 2014). Demnach macht sich eine Person vor allem dann Sorgen um die Sicherheit ihres
Arbeitsplatzes, wenn ihre (hohen) Erwartungen an die Stabilität des Arbeitsplatzes verletzt werden. Im Umkehrschluss hieße das, dass sich Personen mit geringen Erwartungen auch seltener Sorgen machen. Eine frühe Desillusionierung
könnte demnach dazu führen, dass Personen weniger anfällig für Sorgen um den
Arbeitsplatz sind. Dass so eine Desillusionierung stattfindet, könnte man aus der
bereits zitierten Studie von Johnson & Mortimer (2015) ableiten. In dieser Studie zeigt sich, dass Kinder, deren Eltern ihren Arbeitsplatz als unsicherer beschreiben, weniger Wert auf extrinsische Merkmale (wozu auch ein sicherer
Arbeitsplatz zählt) legen als Kinder, deren Eltern einen als sicher empfundenen
Arbeitsplatz haben. Das könnte ein Beleg dafür sein, dass bereits die Kinder
sich an die aktuellen Arbeitsmarktbedingungen anpassen und ihre Wünsche
entsprechend angleichen.

Außerdem wäre es möglich, dass Kinder lernen, mit den Unsicherheiten am
Arbeitsmarkt umzugehen, indem sie bestimmte Strategien entwickeln, mit denen sie unsichere Beschäftigungen vermeiden. In diesem Fall wäre es also keine
Gewöhnung, sondern eine Anpassung an die erlernte Unsicherheit. Es ist bekannt, dass Personen, die sich einen sicheren Job wünschen, diesen später auch
eher haben als Personen, die in ihrer Kindheit weniger Wert auf einen sicheren
Job gelegt haben (M. K. Johnson & Mortimer 2011). Kinder, deren Eltern sich
Sorgen um die Sicherheit ihres Arbeitsplatzes gemacht haben, könnten sich ganz
bewusst für einen sicheren Arbeitsplatz entscheiden (beispielsweise im öffentlichen Dienst), um genau dieser ihnen gut bekannten Gefahr von Arbeitsplatzunsicherheit aus dem Weg zu gehen. Das Ergebnis sowohl der Anpassung als auch
Gewöhnung wäre, dass sich Eltern und ihre Kinder zwar in der Jugendphase,
jedoch nicht mehr in der frühen Erwerbsphase der Kinder hinsichtlich ihrer
Wahrnehmung und Bewertung von Arbeitsplatzunsicherheit ähnlich sind *(Hypothese 3b)*. Demnach dürften sich Kinder, deren Eltern sich Sorgen um die Sicherheit ihres Arbeitsplatzes gemacht haben, hinsichtlich ihrer Anfälligkeit für
subjektive Arbeitsplatzunsicherheit in der frühen Erwerbsphase (nicht mehr)
von denen unterscheiden oder sogar weniger anfällig sein als die, deren Eltern
sich keine Arbeitsplatzsorgen gemacht haben.

3.5.3. Unterscheidet sich der Einfluss von Müttern und Vätern auf ihre Töchter und Söhne?

In den bisherigen Ausführungen wurde nicht unterschieden, ob sich im jeweiligen Elternhaus die Mutter oder der Vater Sorgen um die Sicherheit des Arbeitsplatzes machen; stattdessen wurde angenommen, dass sich die Erfahrung mit subjektiver Arbeitsplatzunsicherheit der Eltern auf die Kinder überträgt, unabhängig davon, wer sich die Sorgen im Elternhaus macht. Gestützt wird dies durch die bereits zitierten Studien, die zeigen, dass Kinder die subjektive Arbeitsplatzunsicherheit der Mütter und Väter gleichermaßen wahrnehmen (Barling et al. 1998; Piotrkowski & Stark 1987). Dennoch könnte es zu kurz greifen, die subjektive Arbeitsplatzunsicherheit für beide Elternteile zusammengefasst zu betrachten. Aus der Forschung zur intergenerationalen Transmission ist bekannt, dass sich Mütter und Väter in ihrem Einfluss auf die Persönlichkeitsentwicklung ihrer Kinder unterscheiden können und dass dieser Einfluss zudem vom Geschlecht des Kindes abhängt (Acock & Bengtson 1978).

Es liegt durchaus nahe anzunehmen, dass die Mutter die wichtigste Sozialisationsinstanz für ihre Kinder ist. Sie ist diejenige, die meist für die Haus- und Erziehungsarbeit zuständig ist, tendenziell mehr Zeit mit den Kindern verbringt und daher ihnen als wichtigste Bezugsperson emotional nähersteht als der Vater (vgl. beispielsweise Lois 2015: 250). Diese traditionelle Rollenaufteilung zeigt sich auch in Familien, in denen die Mutter (in Teil- oder Vollzeit) erwerbstätig ist (Grunow 2013; Schulz & Blossfeld 2006). Entsprechend sollte sich die Rolle der Mutter als wichtigste Bezugsperson auch auf die Bedeutung ihrer Arbeitserfahrungen für die vorberufliche Sozialisation der Kinder auswirken. Das lässt zunächst vermuten, dass sich insbesondere die subjektive Arbeitsplatzunsicherheit der Mutter auf die Kinder überträgt und damit kurz- und langfristig deren Wahrnehmung und Bewertung von Arbeitsmarktunsicherheit beeinflusst *(Hypothese 4a)*.

Die Befunde zum Einfluss des Geschlechts der Eltern auf die intergenerationale Transmission sind allerdings nicht einheitlich. Acock und Bengtson (1978) können beispielsweise bestätigen, dass der Einfluss der Mutter auf ihre Kinder in vielen Bereichen größer ist als der des Vaters. Zu diesen Bereichen zählt neben den familialen Orientierungen auch die Einstellung zur Arbeit. Eine Ausnahme in dieser Studie stellt allerdings die Religiosität dar, die stärker vom Vater als von der Mutter geprägt wird. Das Geschlecht des Kindes spielt in dieser Studie keine entscheidende Rolle. Bezüglich der intergenerationalen Auswirkungen der subjektiven Arbeitsplatzunsicherheit zeigt sich in der Studie von Lam et al. (2016) ebenfalls, dass der Einfluss der Mutter im Vergleich zum Vater stärker ist. Der Zusammenhang zwischen der subjektiven Arbeitsplatzunsicherheit und dem Wohlbefinden der Kinder ist alleine für die Arbeitsplatzsorgen der Mutter, jedoch nicht für die des Vaters signifikant. In einer Studie von Barling et al. (1998) bestätigt sich die besondere Rolle der Mutter allerdings nicht. Hier ist die subjektive Arbeitsplatzunsicherheit des Vaters (aber nicht die der Mutter) signifikant mit der Arbeitsethik und der Arbeitsmotivation der Kinder verbunden. Allerdings sind in der Studie von Barling et al. (1998) die Kinder mit 17 bis 20 Jahren auch deutlich älter als die 4 bis 9 Jahre alten Kinder in der Studie von Lam et al. (2016), was die unterschiedlichen Befunde bezüglich der Bedeutung von Vater und Mutter erklären könnte. Die besondere Bindung zur Mutter könnte mit zunehmenden Alter der Kinder nachlassen und gleichzeitig könnte der Vater mehr Einfluss auf die Entwicklung seiner Kinder gewinnen.

Ob und wie sich der Einfluss von Müttern und Vätern auf ihre Kinder unterscheidet, hängt jedoch nicht nur vom Alter der Kinder, sondern wahrscheinlich vor allem vom Inhalt der Transmission ab (Vollebergh 1999: 66). Die noch immer weitverbreitete traditionelle Rollenaufteilung von Müttern und Vätern könnte dafür verantwortlich sein, dass für die vorberufliche Sozialisation der Kinder insbesondere die Arbeitserfahrungen des Vaters ausschlaggebend sind. Im Rahmen des männlichen Ernährer-Modells kommt der Erwerbstätigkeit der Mutter nur eine untergeordnete Rolle zu. Die Hauptverantwortung liegt stattdessen beim Vater, er geht zumeist einer Vollzeit-Erwerbstätigkeit nach und ernährt die Familie als Hauptverdiener (Pfau-Effinger 2001). Die Erwerbsarbeit der Frau hat hingegen eher den Charakter eines Zuverdienstes. Entsprechend wäre der Verlust ihres Arbeitsplatzes mit weniger starken Konsequenzen für die Familie verbunden als der Wegfall des Arbeitsplatzes des Vaters. Es könnte daher sein, dass die subjektive Arbeitsplatzunsicherheit der Mutter innerhalb von Familien weniger stark thematisiert bzw. problematisiert wird und sich daher auch weniger stark auf die Persönlichkeitsentwicklung der Kinder auswirkt. Entsprechend kann vermutet werden, dass sich insbesondere die subjektive Arbeitsplatzunsicherheit des Vaters auf die Kinder überträgt und damit kurz- und langfristig deren Wahrnehmung und Bewertung von Arbeitsmarktunsicherheit beeinflusst *(Hypothese 4b)*.

Neben dem Geschlecht der Eltern könnte auch das Geschlecht der Kinder für die intergenerationale Transmission subjektiver Arbeitsplatzunsicherheit relevant sein. In der Sozialisationsforschung wird häufig betont, dass der intergenerationale Einfluss zwischen gleichgeschlechtlichen Eltern-Kind-Paaren am stärksten ist, also, dass Väter vor allem ihre Söhne und Mütter ihre Töchter beeinflussen (Mühler 2008: 154). Erklärt wird das damit, dass sich Jungen eher mit ihren Vätern und Mädchen eher mit ihren Müttern identifizieren bzw. identifizieren können. Mädchen orientieren sich demnach eher an den Erfahrungen ihrer Mütter, während Jungen vor allem ihre Väter als Vorbilder wahrnehmen. Hinweise für den besonderen Einfluss des gleichgeschlechtlichen Elternteils finden sich beispielsweise in der Studie von Vollebergh et al. (1999), allerdings nur in Bezug auf konservative Familienwerte, nicht jedoch für die Weitergabe von ökonomischen Werten. Diese werden unabhängig vom Geschlecht des Kindes vor allem vom Vater geprägt. Eine geschlechtsspezifische Wahrnehmung von Rollenvorbildern lässt sich auch bezüglich der intergenerationalen Transmission von Arbeitserfahrungen im Allgemeinen und subjektiver Arbeitsplatzunsicherheit im Speziellen erwarten. Es kann daher angenommen werden, dass die subjektive Arbeitsplatzunsicherheit der Mutter insbesondere die vorberufliche Sozialisation der Tochter und die subjektive Arbeitsplatzunsicherheit des Vaters vorwiegend die vorberufliche Sozialisation des Sohnes beeinflussen könnte *(Hypothese 4c)*.

3.5.4. Zusammenfassung der Forschungshypothesen

An dieser Stelle sollen die soeben hergeleiteten Hypothesen zur intergenerationalen Transmission subjektiver Arbeitsplatzunsicherheit noch einmal zusammengefasst werden (vgl. dazu Tabelle 2). Diese lassen sich in vier Blöcke unterteilen. Zunächst geht es darum, eine intergenerationale Transmission subjektiver Arbeitsplatzunsicherheit nachzuweisen. Sollte eine solche Transmission stattfinden, so müssten sich Eltern und ihre Kinder hinsichtlich ihrer Wahrnehmung und Bewertung der Arbeitsplatzunsicherheit ähnlich sein *(Hypothese 1)*.

Daran anschließend stellt sich die Frage, worauf eine intergenerationale Transmission subjektiver Arbeitsplatzunsicherheit zurückgeht. In dieser Arbeit wurde dazu die Hypothese aufgestellt, dass sich durch innerfamiliale Lern- und Internalisierungsprozesse der Sozialisation die Sorgen der Eltern auf ihre Kinder übertragen und so langfristig deren Wahrnehmung- und Bewertungsmuster so verändern, dass sie anhaltend sensibler auf Anzeichen für eine Bedrohung ihres Arbeitsplatzes reagieren. Diese Sozialisationshypothese lässt sich nur durch ein Ausschlussverfahren überprüfen. Es wird angenommen, dass die Ähnlichkeit von Eltern und ihren Kindern auf die Wirkung der familialen Sozialisation zurückgeht, wenn alternative Erklärungen ausgeschlossen werden können. Das ist der Fall, wenn die Hypothesen 2a, 2b und 2c durch die folgenden empirischen Analysen bestätigt werden können. Die drei Hypothesen gehen davon aus, dass der intergenerationale Zusammenhang in der Wahrnehmung und Bewertung der Arbeitsplatzunsicherheit unter Kontrolle verschiedener Merkmale der sozialen Herkunft und der damit verbundenen Beschäftigungsbedingungen, der elterlichen Arbeitslosigkeitserfahrung sowie der gesamtgesellschaftlichen Beschäftigungsbedingungen bestehen bleibt.

Tabelle 2   Hypothesen für empirische Analysen

Intergenerationale Transmission

Hypothese 1: Eltern und ihre (erwachsenen) Kinder sind sich hinsichtlich ihrer Wahrnehmung und Bewertung von Arbeitsplatzunsicherheit ähnlich.

Sozialisation als Mechanismus der intergenerationalen Transmission

Hypothese 2a: Die Ähnlichkeit von Eltern und ihren (erwachsenen) Kindern hinsichtlich ihrer Wahrnehmung und Bewertung von Arbeitsplatzunsicherheit bleibt auch unter Kontrolle ihres jeweiligen sozioökonomischen Status bestehen und geht damit nicht alleine auf eine Statustransmission zurück.

Hypothese 2b: Die Ähnlichkeit von Eltern und ihren (erwachsenen) Kindern hinsichtlich ihrer Wahrnehmung und Bewertung von Arbeitsplatzunsicherheit bleibt auch unter Kontrolle zurückliegender Arbeitslosigkeitserfahrungen der Eltern bestehen und geht daher nicht alleine auf die intergenerationalen Folgen von Arbeitslosigkeit zurück.

Hypothese 2c: Die Ähnlichkeit von Eltern und ihren (erwachsenen) Kindern hinsichtlich ihrer Wahrnehmung und Bewertung von Arbeitsplatzunsicherheit bleibt auch unter Kontrolle der jeweiligen gesamtgesellschaftlichen Beschäftigungsbedingungen bestehen und geht daher nicht alleine auf eine ähnliche Reaktion von Eltern und Kindern auf gesamtgesellschaftliche Rahmenbedingungen zurück.

Langfristige Sozialisationswirkung der elterlichen Arbeitsplatzunsicherheit

Hypothese 3a: Eltern und ihre Kinder sind sich aufgrund der langanhaltenden Wirkung von innerfamilialen Sozialisationsprozessen nicht nur in der Jugendphase, sondern auch noch in der frühen Erwerbsphase der Kinder hinsichtlich ihrer Wahrnehmung und Bewertung von Arbeitsplatzunsicherheit ähnlich.

Hypothese 3b: Eltern und ihre Kinder sind sich zwar in der Jugendphase, jedoch aufgrund von Anpassungs- oder Gewöhnungsprozessen nicht mehr in der frühen Erwerbsphase der Kinder hinsichtlich ihrer Wahrnehmung und Bewertung von Arbeitsplatzunsicherheit ähnlich.

Einfluss von Müttern und Väter auf Töchter und Söhne

Hypothese 4a: Aufgrund ihrer primären Familienrolle überträgt sich insbesondere die subjektive Arbeitsplatzunsicherheit der Mutter auf die Kinder und beeinflusst damit kurz- und langfristig deren Wahrnehmung und Bewertung von Arbeitsmarktunsicherheit.

Hypothese 4b: Aufgrund seiner Rolle als Ernährer der Familie überträgt sich insbesondere die subjektive Arbeitsplatzunsicherheit des Vaters auf die Kinder und beeinflusst damit kurz- und langfristig deren Wahrnehmung und Bewertung von Arbeitsmarktunsicherheit.

Hypothese 4c: Aufgrund der geschlechtsspezifischen Wahrnehmung von Rollenvorbildern überträgt sich die subjektive Arbeitsplatzunsicherheit der Mutter vorwiegend auf die Töchter und die subjektive Arbeitsplatzunsicherheit des Vaters auf die Söhne.

Quelle: eigene Zusammenstellung

Neben dem Mechanismus interessiert in der vorliegenden Arbeit auch die langfristige Entwicklung der intergenerationalen Transmission subjektiver Arbeitsplatzunsicherheit. Prinzipiell liegt aufgrund der Annahmen und Befunde der Sozialisationsforschung eine langfristige Verunsicherung der Kinder aufgrund der Erfahrungen der Eltern mit Arbeitsplatzunsicherheit nahe *(Hypothese 3a)*. Es wurden allerdings auch Überlegungen angestellt, die dafürsprechen, dass sich zwar in der Jugend die Sorgen der Eltern auf die Kinder übertragen, diese Übertragung aber nicht zwangsläufig zu einer lebenslangen Verunsicherung führen muss. Es kann Anpassungs- oder Gewöhnungseffekte geben, die dazu führen, dass die Kinder und Eltern sich im Erwachsenenalter nicht mehr ähnlich sind. Es wurde beispielsweise vermutet, dass Kinder, deren Eltern sich große Sorgen machen, besonders viel Wert auf einen sicheren Arbeitsplatz legen. Auch diese Hypothese kann in der vorliegenden Arbeit nicht direkt überprüft werden (dazu wären beispielsweise Informationen über die Berufswahl der Jugendlichen notwendig). Anzeichen für einen Anpassungs- oder Gewöhnungseffekt würden sich jedoch ergeben, wenn sich Eltern und ihre Kinder zwar in der Jugendphase, jedoch nicht mehr in der frühen Erwerbsphase der Kinder hinsichtlich ihrer Wahrnehmung und Bewertung von Arbeitsplatzunsicherheit ähnlich sein würden *(Hypothese 3b)*.

Und nicht zuletzt wurden verschiedenen Hypothesen zur Wirkung der subjektiven Arbeitsplatzunsicherheit von Müttern und Vätern auf ihre Töchter und Söhne aufgestellt, die ebenfalls in Tabelle 2 noch einmal zusammengefasst sind. Zum einen wurde vermutete, dass entweder der Einfluss der Mutter aufgrund ihrer Familienrolle oder der Einfluss des Vaters aufgrund seiner Rolle als Hauptverdiener für die Herausbildung von Wahrnehmungs- und Bewertungsmustern von subjektiver Arbeitsplatzunsicherheit bedeutsamer ist *(Hypothese 4a und 4b)*. Es könnte aber auch sein, dass aufgrund geschlechtsspezifischer Identitätswahrnehmungen die subjektive Arbeitsplatzunsicherheit der Mütter vorwiegend mit der Verunsicherung der Töchter und die subjektive Arbeitsplatzunsicherheit der Väter vorwiegend mit der Verunsicherung der Söhne im Zusammenhang steht *(Hypothese 4c)*.

4. Daten, Vorgehensweise und Operationalisierungen

4.1. Datenbasis und Vorgehensweise

Die folgenden Analysen zur intergenerationalen Transmission subjektiver Arbeitsplatzunsicherheit basieren auf den Daten des Sozio-oekonomischen Panels (SOEP, v30)[14]. Das SOEP ist eine repräsentative Wiederholungsbefragung von privaten Haushalten in Deutschland, die in Westdeutschland seit 1984 und in Ostdeutschland seit 1990 jährlich unter der Leitung des Deutschen Institutes für Wirtschaftsforschung (DIW, Berlin) durchgeführt wird (Wagner et al. 2007). Es werden immer dieselben Personen (Panelbefragung) und sämtliche erwachsenen Mitglieder eines Haushalts (Haushaltsbefragung) zu verschiedensten Bereichen wie Erwerbstätigkeit, Familie und Gesundheit befragt. Das SOEP erfasst dabei objektive Merkmale der Befragten (u. a. Bildung, Einkommen und Familienstand) ebenso wie subjektive Aspekte (u. a individuelle Sorgen, Arbeits- und Lebenszufriedenheit).

Seit dem Befragungsjahr 2000 werden mit dem gesonderten Jugendfragebogen zusätzlich altersspezifische Informationen von allen 17-jährigen Haushaltsmitgliedern erfasst (Lohmann et al. 2009; Weinhardt & Schupp 2011). Dazu zählen beispielsweise Aspekte des Schulbesuches und der Freizeit, aber auch Zukunftsaussichten und Wünsche. Die SOEP-Jugendbefragung ist dabei fest in die Haushalts- und Panelstruktur des SOEP eingebunden. Dadurch ist es zum einen möglich, den Jugenddaten Informationen über Eltern und Geschwister zuzuspielen, sofern sie auch an der SOEP-Befragung teilnehmen. Zum anderen liegen zusätzlich zur einmaligen Jugendbefragung ebenfalls Längsschnittinformationen über die Befragten vor, denn die SOEP-Jugendlichen werden in den Folgejahren mit dem „normalen" Personenfragebogen wieder befragt, auch dann, wenn sie den elterlichen Haushalt bereits verlassen haben.

---

[14] DOI: 10.5684/soep.v30.

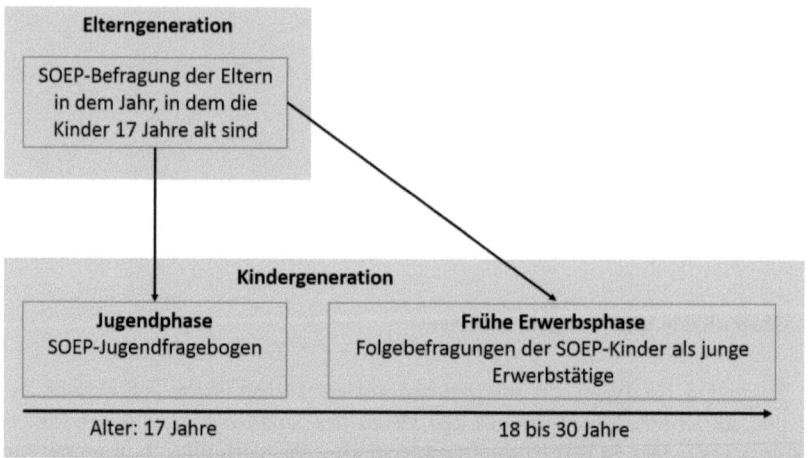

Abbildung 3   **Datengrundlage der vorliegenden Arbeit zur Untersuchung einer intergenerationalen Transmission subjektiver Arbeitsplatzunsicherheit**
Quelle: eigene Darstellung

Die vorliegende Arbeit nutzt sowohl die beschriebene Haushalts- als auch Panelstruktur des SOEP zur Analyse der intergenerationalen Transmission subjektiver Arbeitsplatzunsicherheit. Durch die Haushaltsstruktur des SOEP liegen unabhängig voneinander erhobene Informationen über Eltern und ihre Kinder vor. Im Vergleich zu sogenannten Proxy-Interviews, in denen Informationen über die „anderen" Haushalts- bzw. Familienmitglieder indirekt durch Fremdangaben erhoben werden, liefert die Haushaltsbefragung des SOEP verlässliche und unverzerrte Daten, die für die Analyse intergenerationaler Prozesse unabdingbar sind (Baier & Hadjar 2004: 159; Lois 2015: 241). Mit dem Thomas-Theorem kann zwar durchaus argumentiert werden, dass die von den Kindern erlebte Realität wichtiger für ihre Entwicklung sei als die von den Eltern berichtete (Boehnke & Hajar 2008: 96) und es deshalb auch ausreichen würde, die Elterninformationen über eine Fremdauskunft ihrer Kinder zu erfassen (also wie Kinder die subjektive Arbeitsplatzunsicherheit ihrer Eltern einschätzen). Allerdings geht es bei Fragen der intergenerationalen Transmission ja gerade darum, ob (und wie) sich die von den Eltern erlebte Realität auf ihre Kinder und deren Wahrnehmung überträgt. Konkret geht es in dieser Arbeit darum, die Wahrnehmung und Bewertung der Arbeitsplatzunsicherheit der Kindergeneration anhand der subjektiven Arbeitsplatzunsicherheit der Elterngeneration zu erklären. Das setzt voraus, dass die unterschiedliche Wahrnehmung von Eltern und Kindern erfasst wird. Im SOEP stehen solche getrennt erhobenen Informationen über Eltern und Kinder zur Verfügung, die über die gemeinsame Haushaltszugehörigkeit miteinander verknüpft werden können. Dazu werden den Befragten der Kindergeneration Informationen über ihre Eltern (Elterngeneration) aus deren Personenfragebogen zugespielt (vgl. Abbildung 3).

Außerdem wird der Panelcharakter des SOEPs genutzt, um den Einfluss der Elterngeneration auf die Kindergeneration zu zwei Zeitpunkten bzw. Phasen im Lebensverlauf der Kinder zu untersuchen (vgl. nochmals Abbildung 3). In einem ersten Analyseschritt werden die Daten aus dem Jugendfragebogen zugrunde gelegt, um die arbeitsmarktbezogene Verunsicherung der Kinder in ihrer Jugendphase zu untersuchen. Die Grundlage dafür bilden die Personen, die in den Jahren 2000 bis 2013 im Alter von 17 Jahren mit dem SOEP-Jugendfragebogen befragt wurden. In einem zweiten Analyseschritt werden die Folgebefragungen der SOEP-Jugendlichen genutzt, um Informationen über die subjektive Arbeitsplatzunsicherheit der Kindergeneration in ihrer frühen Erwerbsphase im Alter von 18 bis 30 Jahren zu generieren und mit ihren früheren Erfahrungen im Elternhaus in Verbindung zu bringen. In den beiden Analyseschritten unterscheiden sich die zentralen Merkmale der Untersuchungspopulation sowie die Operationalisierung der abhängigen und teilweise auch der unabhängigen Variablen (vgl. Tabelle 3 für eine Übersicht). In beiden Analyseschritten sind jedoch die Arbeitsplatzsorgen die zentrale unabhängige Variable, die die Jugendlichen im Alter von 17 Jahre im Elternhaus miterleben bzw. miterlebt haben.

Im Folgenden werden die Vorgehensweise sowie die damit verbundene Datenaufbereitung und -operationalisierung konkretisiert. Die Beschreibung orientiert sich dabei an den beiden Generationen und Lebensphasen. Zunächst beziehen sich die Ausführungen auf die Kindergeneration in der Jugend (4.2), anschließend auf die Kindergeneration in der frühen Erwerbsphase (4.3) und zum Schluss auf die Elterngeneration (4.4).

Tabelle 3   Merkmale der Kindergeneration in der Jugendphase und frühen Erwerbsphase

	Jugendphase	Frühe Erwerbsphase
Alter	17-Jährige	18- bis 30-Jährige
Zeitraum	2000 bis 2013	2001 bis 2013
Eingrenzung auf…	Jugendliche, … • die im elterlichen Haushalt leben, • die keiner regulären Erwerbstätigkeit nachgehen und • von denen Informationen über die subjektive Arbeitsplatzunsicherheit von mindestens einem Elternteil vorliegen.	• abhängig Beschäftigte (keine Selbstständigen, keine Auszubildenden), • die vormals einen Jugendfragebogen ausgefüllt haben.
Informationen über die Eltern …	stammen aus demselben Befragungsjahr wie die Informationen der Kinder.	stammen aus dem Jahr, in dem die Person 17 Jahre alt war.
Anzahl	3.504 Personen	3.614 Beobachtungen

Quelle: eigene Zusammenstellung

4.2. Kindergeneration in der Jugendphase

4.2.1. Aufbereitung des SOEP-Jugenddatensatzes

Den Ausgangspunkt für die Kindergeneration bilden diejenigen Personen, die im Alter von 17 Jahren den SOEP-Jugendfragebogen ausgefüllt haben (n = 4.131). Das ist der Zeitpunkt, an dem die Kinder besonders sensibel für die subjektive Arbeitsplatzunsicherheit ihrer Eltern sein sollten. Mit 17 Jahren besuchen die meisten Jugendlichen in Deutschland zwar noch eine allgemeinbildende Schule, jedoch rücken das Ende der Schulzeit und damit der Übergang in den Arbeitsmarkt immer näher. Wie bereits im Abschnitt 3.2.3 ausführlich dargestellt, ist das auch der Zeitpunkt, an dem die Jugendlichen (spätestens) damit anfangen (sollten), sich mit ihren Chancen am Arbeitsmarkt auseinanderzusetzen. Die Erfahrungen der Eltern sollten, so die Kernhypothese dieser Arbeit, dafür eine wichtige Orientierung bieten. Voraussetzung dafür ist jedoch, dass die Kinder die Erfahrungen der Eltern „miterleben" und diese nicht durch eigene

Erfahrungen überlagert werden. Das sollte dann der Fall sein, wenn die Kinder in diesem Alter (noch) bei den Eltern leben und noch keiner eigenen Erwerbstätigkeit nachgehen. Aus diesem Grund werden Jugendliche aus der Analyse ausgeschlossen, die nach eigenen Angaben in diesem Alter nicht mehr im elterlichen Haushalt leben (n = 48) und bereits erwerbstätig sind (n = 7). Außerdem werden Jugendliche ausgeschlossen, für die weder Informationen über die Mutter noch über den Vater vorliegen (n = 29).

Tabelle 4 Fallzahlen des (eingegrenzten) Jugenddatensatzes (Kindergeneration in ihrer Jugendphase)

Jahr	Mädchen	Jungen	Ostdeutschland	Westdeutschland	Gesamt
2000	100	102	71	131	202
2001	146	129	71	204	275
2002	141	144	82	203	285
2003	147	156	81	222	303
2004	154	153	79	228	307
2005	145	151	61	235	296
2006	125	134	70	189	259
2007	134	155	68	221	289
2008	112	113	30	195	225
2009	98	123	23	198	221
2010	83	93	21	155	176
2011	108	118	26	200	226
2012	112	103	28	187	215
2013	117	108	31	194	225
SUMME	**1.722**	**1.782**	**742**	**2.762**	**3.504**

Quelle: SOEP v30, 2000 bis 2013, eigene Berechnungen

Die Analyse beschränkt sich ferner auf solche Jugendliche, denen Informationen über die Arbeitsplatzunsicherheit im Elternhaus zugeordnet werden können. Dazu ist es notwendig, dass mindestens ein Elternteil (in der Jugend der Kinder) erwerbstätig ist und eine gültige Antwort auf die Frage nach den Sorgen um den Arbeitsplatz vorliegt. Dabei ist es unerheblich, ob es sich um einen Zwei-Eltern- oder Ein-Eltern-Haushalt handelt. Ausgeschlossen werden die Haushalte, in denen kein Elternteil erwerbstätig ist und somit nicht nach den Arbeitsplatzsorgen befragt wurde. Das ist in Zwei-Eltern-Haushalten der Fall, wenn beide nicht erwerbstätig sind oder aus anderen Gründen keiner der beiden eine gültige Antwort auf die Frage nach den Arbeitsplatzsorgen gegeben hat. Ein-Eltern-

Haushalte werden ausgeschlossen, wenn die oder der (alleinerziehende) Mutter oder Vater nicht erwerbstätig ist oder die Frage nach der subjektiven Arbeitsplatzunsicherheit nicht beantwortet hat. Insgesamt werden nach diesen Kriterien 461 Jugendliche aus der Analyse ausgeschlossen.

Der Ausschluss von Kindern aus Elternhäusern ohne erwerbstätigen Elternteil aus der Analyse ist aufgrund der forschungsleitenden Fragestellung für die vorliegende Arbeit nicht problematisch. Das Ziel dieser Arbeit ist es, die intergenerationale Transmission subjektiver Arbeitsplatzunsicherheit zu untersuchen; es geht jedoch nicht darum, die intergenerationalen Folgen von Arbeitslosigkeit zu beschreiben, die es zweifelsohne auch gibt (Peter 2013; Stevens & Schaller 2011). Eine intergenerationale Transmission subjektiver Arbeitsplatzunsicherheit setzt jedoch voraus, dass sich die Eltern überhaupt Sorgen um die Sicherheit ihres Arbeitsplatzes machen können. Sicherlich können sich auch nichterwerbstätige Personen, insbesondere Arbeitslose, Sorgen um ihre Zukunft machen; per Definition jedoch nicht um die Sicherheit ihres Arbeitsplatzes (den sie ja nicht haben). Damit können sie diese speziellen Sorgen, um die es in dieser Arbeit geht, auch nicht an ihre Kinder weitergeben. Sie sind demnach nicht Gegenstand dieser Arbeit und werden deshalb ausgeschlossen.

Nicht berücksichtigt werden können zudem Personen mit fehlenden Werten bei der abhängigen Variablen, also Jugendliche, die keine gültige Antwort zu ihrer Arbeitslosigkeitserwartung gegeben haben (n = 82). Nach diesen Eingrenzungen stehen im gepoolten Analysedatensatz für die Jahre 2000 bis 2013 Informationen von 3.504 Jugendlichen (und ihren Eltern) zur Verfügung (vgl. Tabelle 4). Davon sind 1.722 Mädchen und 1.782 Jungen. Die Fallzahl ist demnach ausreichend groß, um differenzierte Analysen beispielsweise für Frauen und Männer durchführen zu können.

4.2.2. Operationalisierung der abhängigen Variablen

Das zentrale Interesse dieser Arbeit gilt der subjektiven Arbeitsplatzunsicherheit, die eingangs als individuell wahrgenommene Bedrohung der Sicherheit des eigenen Arbeitsplatzes definiert wurde. Diese Bedrohung wird üblicherweise anhand der Sorgen um einen möglichen Arbeitsplatzverlust erfasst. Diese Operationalisierung ist jedoch auf Personen beschränkt, die erwerbstätig sind und damit überhaupt einen Arbeitsplatz verlieren könnten. Diese Bedingung ist nur im zweiten Analyseschritt dieser Arbeit erfüllt. Die arbeitsmarktbezogene Verunsicherung der 17-jährigen (nicht erwerbstätigen) Jugendlichen im ersten Analyseschritt muss daher auf eine andere Art und Weise abgebildet werden. Hierzu wird eine Variable[15] gewählt, die dem Verständnis von subjektiver Arbeitsplatzunsicherheit sehr nahekommt, weil sie die individuellen Erwartungen einer zukünftigen Arbeitslosigkeit abbildet. Es kann davon ausgegangen werden, dass eine mögliche (längere) Arbeitslosigkeit, auch wenn nicht explizit danach gefragt wird, von den Jugendlichen als etwas Negatives empfunden wird und damit eine Bedrohung darstellt.

Die subjektive Arbeitslosigkeitserwartung von 17-Jährigen wird anhand folgender Frage im SOEP-Jugendfragebogen erfasst: „Wenn Sie sich einmal Ihre berufliche und private Zukunft vorstellen: Wie wahrscheinlich ist es, dass Sie längere Zeit arbeitslos werden?" Diese Wahrscheinlichkeit können die Jugendlichen auf einer 11-stufigen Skala einschätzen, wobei ein Wert von 0 bedeutet, dass die Personen eine spätere Arbeitslosigkeit für vollkommen ausgeschlossen halten; ein Wert von 1 bedeutet hingegen, dass die Jugendlichen mit 100-prozentiger Wahrscheinlichkeit davon ausgehen, später arbeitslos zu sein. Die Antworten der Jugendlichen gehen als metrisch skalierte Variable in die Analysen ein.

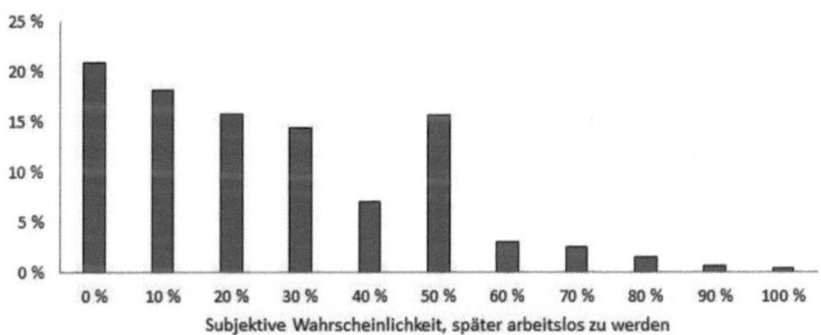

Abbildung 4 **Arbeitslosigkeitserwartung 17-jähriger Jugendlicher**
Quelle: SOEP v30 (2000 bis 2013), eigene Berechnung (ungewichtet)

---

[15] Der SOEP-Jugendfragebogen bietet noch weitere Fragen, die sich auf die Wahrnehmung der beruflichen Zukunft beziehen. Es wird beispielsweise auch gefragt, für wie wahrscheinlich die Jugendlichen es halten, einen Arbeitsplatz im angestrebten Beruf zu finden oder beruflich erfolgreich zu sein. Diese Fragen zielen jedoch eher auf qualitative Aspekte der zukünftigen Erwerbstätigkeit, um die es in dieser Arbeit nicht geht.

Die Verteilung der abhängigen Variable in der Jugendphase ist in Abbildung 4 dargestellt. Im Schnitt schätzen die Jugendlichen ihre individuelle Wahrscheinlichkeit, später für längere Zeit arbeitslos zu werden, auf 26 Prozent; sie sind damit insgesamt recht optimistisch. 100-prozentig sicher, später nicht längere Zeit arbeitslos zu sein, sind sich sogar knapp 21 Prozent der Jugendlichen. 15 Prozent geben allerdings an, dass sie eine Arbeitslosigkeit mit 50-prozentiger Wahrscheinlichkeit erwarten, 9 Prozent schätzen diese Wahrscheinlichkeit mit mehr als 50 Prozent sogar als eher wahrscheinlich ein. Damit ist die Streuung dieser abhängigen Variable ausreichend groß.

4.2.3. Operationalisierung der unabhängigen Variablen

Sozio-demographische Merkmale: Die Entstehung von beruflichen Zukunftserwartungen steht im Zusammenhang mit einer Reihe von individuellen Merkmalen, für die in dieser Arbeit kontrolliert werden soll (Tabelle 5 enthält eine Zusammenfassung der unabhängigen Variablen). Dazu zählen zunächst die soziodemographischen Merkmale Geschlecht und Bildung. Das Geschlecht geht als Dummy-Variable in die Analyse ein (1 = weiblich, 0 = männlich). Die Bildung der Jugendlichen wird über den besuchten Schultyp operationalisiert, da die meisten Kinder im Alter von 17 Jahren in Deutschland noch zur Schule gehen und daher keinen Abschluss haben, nach dem man sie kategorisieren könnte. Entsprechend den gängigen Schultypen wird zwischen dem Besuch a) einer Hauptschule, b) einer Realschule, c) eines Gymnasiums d) einer Gesamtschule und e) einer beruflichen Schule (inklusive Fachoberschule) unterschieden. Es wird zusätzlich dafür kontrolliert, ob f) eine Person nicht mehr zur Schule geht. Eine weitere Dummy-Variable erfasst zudem, ob g) keine Informationen über den Schulbesuch vorliegen. Im vorliegenden Datensatz geht die Mehrheit der Jugendlichen auf ein Gymnasium (rund 40 Prozent), rund 7 Prozent besuchen die Hauptschule, rund 23 Prozent die Realschule und rund 6 Prozent eine Gesamtschule. Bereits 18 Prozent besuchen eine Berufsschule und 3 Prozent gehen nicht mehr zur Schule (vgl. Tabelle 5).

Tabelle 5   Beschreibung der Kindergeneration in ihrer Jugendphase (N = 3.504)

	Anteilswerte (in %)	Durchschnitt
Sozio-demographische Merkmale		
Geschlecht *(1 = weibl., 0 = männl.)*	49,1	
Schulbesuch *(7 Dummy-Variablen)*		
Kein Schulbesuch	3,0	
Hauptschule	7,4	
Realschule	22,8	
Gymnasium	40,4	
Gesamtschule	5,9	
Berufliche Schule	18,0	
Missing	2,5	
Bisherige Erfahrungen der Jugendlichen		
Mathematiknote *(4 Dummy-Variablen)*		
Sehr gut bis gut	32,6	
Befriedigend	36,0	
Ausreichend bis ungenügend	30,3	
Missing	1,1	
Sitzenbleiben *(1 = ja, 0 = nein)*	20,3	
Schülerjob *(1 = ja, 0 = nein)*	24,3	
Gesellschaftliche Rahmenbedingungen		
Regionale Arbeitslosenquote *(metrisch)*		9,4
Wohnregion *(1= Ostdtl., 0 = Westdtl.)*	21,2	

Quelle: SOEP v30, 2000 bis 2013, eigene Berechnungen (ungewichtet)

Bisherige Erfahrungen der Jugendlichen: Neben dem Schulbesuch wird auch für den bisherigen Schulerfolg der Jugendlichen kontrolliert. Es wird angenommen, dass beispielsweise gute Noten zum einen im Zusammenhang mit den tatsächlichen Arbeitsmarkchancen stehen und zum anderen auch eine psychologische Wirkung haben. Gute Noten sollten Schüler in ihren Fähigkeiten und Möglichkeiten bestärken und sie vertrauensvoller in die Zukunft blicken lassen. Bisherige Misserfolge hingegen, wie schlechte Noten oder das Wiederholen einer Schulklasse, sollten den gegenteiligen Effekt auf die Zukunftserwartungen haben, sie sollten demotivierend und ernüchternd wirken. Zur Abbildung des Schulerfolges wird im SOEP-Jugendfragebogen beispielsweise die Mathematiknote erfragt. Diese Notenauskunft bezieht sich dabei auf das letzte Zeugnis, weshalb auch Informationen von Personen zur Verfügung stehen, die nicht mehr zur Schule gehen. Für die empirischen Analysen werden die Mathematiknoten folgendermaßen zusammengefasst: Es wird unterschieden zwischen: a) gut bis sehr gut (Note 1 bis 2 bzw. 15 bis 10 Punkte), b) befriedigend (Note 3 bzw. 9 bis 7 Punkte) und c) ausreichend bis ungenügend (Noten 4 bis 6 bzw. weniger als 7 Punkte). Zusätzlich wird anhand einer weiteren Dummy-Variablen berücksichtigt, ob d) überhaupt Informationen über die Mathematiknote vorliegen. Im Sample haben jeweils rund ein Drittel der Jugendlichen sehr gute bis gute sowie ausreichende bis ungenügende Noten, rund 36 Prozent haben befriedigende Ergebnisse in Mathematik (vgl. Tabelle 5).

Wie bereits erwähnt, ist das Sitzenbleiben ein weiterer Indikator für den schulischen Erfolg bzw. in diesem Fall Misserfolg. Jugendliche werden im SOEP-Jugendfragebogen gefragt, ob sie „in ihrer Schulzeit jemals eine Klasse wiederholt" haben. Der Vorteil dieses Indikators für den schulischen Erfolg ist, dass damit auch länger zurückliegende Erfahrungen erfasst werden können. Außerdem liegt diese Information wiederum für Schüler und Nicht-Schüler vor. Es wird eine Dummy-Variable in die Analysen aufgenommen, die zwischen Personen unterscheidet, die jemals sitzen geblieben sind oder nicht (1 = ja, 0 = nein). Im Sample geben rund 20 Prozent an, jemals sitzen geblieben zu sein (vgl. Tabelle 5). Der Wert erscheint auf den ersten Blick sehr hoch, doch er entspricht durchaus der tatsächlichen „Sitzenbleiber-Quote" in Deutschland, die laut Leven et al. (2015: 70 f.) sogar bei 24 Prozent liegt.

Neben schulischen Erfahrungen können Jugendliche auch Erfahrungen mit dem Arbeitsmarkt sammeln, die ihre Wahrnehmung und Bewertung der Chancen und Risiken am Arbeitsmarkt beeinflussen und damit den Einfluss der Eltern verstärken oder überlagern könnten (Levine & Hoffner 2006: 650). Zu solchen Erfahrungen zählen vor allem Schülerjobs wie beispielsweise Tätigkeiten als Babysitter oder Nachhilfelehrer und das Austragen von Zeitungen. Um für solche eigenen Erfahrungen der Jugendlichen zu kontrollieren, wird eine Dummy-Variable gebildet, die angibt, ob eine Person „jobbt" oder nicht (1 = ja, 0 = nein). Im Sample der Kindergeneration geben rund 24 Prozent der Jugendlichen an, aktuell einem Schülerjob nachzugehen. Das sind etwas weniger als in der aktuellen Shell-Jugendstudie, die allerdings auch Jugendliche im Alter von 12 bis 25 Jahre befragt (Leven et al. 2015: 72).

Gesamtgesellschaftliche Rahmenbedingungen: Neben den individuellen Merkmalen wird in allen Modellen außerdem für die gesamtgesellschaftlichen Rahmenbedingungen kontrolliert. Die Aufarbeitung des Forschungsstandes zu den Determinanten subjektiver Arbeitsplatzunsicherheit hat gezeigt, dass gesamtgesellschaftliche Faktoren einen starken Einfluss auf die Arbeitsplatzsorgen der Beschäftigten haben. Das könnte auch für die Zukunftserwartung der Jugendlichen gelten. In die Analysen gehen daher Informationen über das Befragungsjahr, die Wohnregion sowie die regionale Arbeitslosenquote ein. Für das Befragungsjahr werden 14 Dummy-Variablen aufgenommen (2000 bis 2013), die regionale Arbeitslosenquote (für die Bundesländer) zum jeweiligen Befragungszeitpunkt geht als metrische Variable in die Analyse ein (Im Schnitt liegt die Arbeitslosenquote unter 10 Prozent). Bei der Wohnregion wird unterschieden, ob eine Person in Ost- oder Westdeutschland lebt (1 = Ostdeutschland, 0 = Westdeutschland).

4.3. Kindergeneration in ihrer frühen Erwerbsphase

4.3.1. Erweiterung der Analyse um eine längsschnittliche Perspektive

Das SOEP ist nicht nur eine Haushalts-, sondern auch eine Panelbefragung, bei der dieselben Personen wiederholt befragt werden. Das macht es möglich, eine längsschnittliche Perspektive einzunehmen und die Jugendlichen weiter zu beobachten. Dazu werden zunächst alle Folgebefragungen von ehemaligen SOEP-Jugendlichen zu einem gepoolten Datensatz zusammengefasst. Von der ersten Folgebefragung bis zur aktuell verfügbaren Welle ergibt sich ein Analysezeitraum von 2001 bis 2013. Die Befragten sind in diesem Zeitraum zwischen 18 und 30 Jahre alt. Dabei ist zu beachten, dass im gepoolten Datensatz Befragte zum Teil wiederholt vorkommen (im Schnitt 4, maximal 11 Mal). Die Beobachtungen sind also nicht unabhängig, was in der empirischen Auswertung berücksichtigt werden muss (vgl. hierzu ausführlich Abschnitt 4.6.2).

Im zweiten Analyseschritt geht es um die Frage, ob die Wirkung der elterlichen Arbeitsplatzunsicherheit auch dann noch anhält, wenn die Befragten älter werden, in den Arbeitsmarkt einsteigen und dort eigene Erfahrungen sammeln. Es interessiert also die (frühe) Erwerbsphase der Kindergeneration (vgl. nochmals Abbildung 3). Aus diesem Grund konzentriert sich die empirische Analyse im zweiten Schritt auf Erwerbstätige, also Personen, die entweder in Vollzeit oder Teilzeit arbeiten oder geringfügig beschäftigt sind; Auszubildende und Selbstständige werden nicht berücksichtigt. Ausgeschlossen werden demnach Beobachtungsjahre, in denen die Personen nicht erwerbstätig sind, weil sie beispielsweise noch zur Schule gehen, studieren oder eine (berufliche) Ausbildung machen. Ebenfalls ausgeschlossen werden die Beobachtungsjahre, in denen die Personen arbeitslos sind. Auf diese Weise stehen für den zweiten Analyseschritt insgesamt 3.614 Beobachtungen von 1.331 Personen zur Verfügung. Davon sind 1.754 von Frauen und 1.860 von Männern, die Fallzahl für Ostdeutschland ist mit nur 770 Beobachtungen wieder relativ gering (vgl. hierzu Tabelle 6).

**Tabelle 6   Fallzahlen des gepoolten Erwerbstätigendatensatzes
(Kindergeneration in ihrer frühen Erwerbsphase)**

Jahr	Frauen	Männer	Ostdeutschland	Westdeutschland	Gesamt
2001	4	3	1	6	7
2002	22	13	6	29	35
2003	29	27	10	46	56
2004	54	39	13	80	93
2005	78	69	33	114	147
2006	110	109	42	177	219
2007	144	148	57	235	292
2008	164	199	71	292	363
2009	190	202	85	307	392
2010	200	234	98	336	434
2011	245	273	123	395	518
2012	250	274	118	406	524
2013	264	270	113	421	534
SUMME	*1.754*	*1.860*	*770*	*2.844*	*3.614*

Quelle: SOEP v30, 2001 bis 2013, eigene Berechnungen

4.3.2. Operationalisierung der abhängigen Variablen

Im zweiten Analyseschritt fungiert die subjektive Arbeitsplatzunsicherheit der jungen Erwerbstätigen als abhängige Variable. Subjektive Arbeitsplatzunsicherheit ist eingangs als individuell wahrgenommene Bedrohung der Sicherheit des eigenen Arbeitsplatzes definiert worden (vgl. Abschnitt 2.1). Im SOEP wird diese affektive Form der subjektiven Arbeitsplatzunsicherheit anhand folgender Frage im Personenfragebogen erfasst: „Wie ist es mit den folgenden Gebieten; machen Sie sich da Sorgen? – Um die Sicherheit Ihres Arbeitsplatzes?". Die Befragten können dabei auf einer dreistufigen Skala angeben, ob sie sich „keine"; „einige" oder „große Sorgen" um die Sicherheit ihres Arbeitsplatzes machen.

Es wäre möglich (und nicht unüblich), die drei Antwortkategorien so zusammenzufassen, dass nur noch zwischen „Sorgen" und „keine Sorgen" unterschieden wird. So machen das beispielsweise Lengfeld und Hirschle (2009: 385) in ihrer Studie zu den Abstiegsängsten in Deutschland, die sie anhand der Sorgen um die Sicherheit des Arbeitsplatzes operationalisieren. Dadurch gehen allerdings wertvolle Informationen über die Stärke der Sorgen verloren. Außerdem kann befürchtet werden, dass durch eine Zusammenfassung der Kategorien bestimmte Effekte verdeckt bleiben. In einer aktuellen Studie mit den SOEP-Daten hat sich nämlich gezeigt, dass sich die Determinanten „einiger" und „großer Sorgen" teilweise unterscheiden können (Erlinghagen & Lübke 2015). Um keine Informationen über die Stärke der Sorgen zu verlieren, sollen in der vorliegenden Arbeit die drei Antwortmöglichkeiten „keine"; „einige" oder „große Sorgen" für die Operationalisierung der subjektiven Arbeitsplatzunsicherheit als ordinale Ausprägungen für die empirischen Analysen erhalten bleiben (vgl. zum entsprechenden Regressionsmodell Abschnitt 4.6.2). Eine Beschreibung der Arbeitsplatzsorgen der jungen Erwerbstätigen findet sich in Abschnitt 5.1.4.

4.3.3. Operationalisierung der unabhängigen Variablen

Sozio-demographische Merkmale: Als Kontrollvariablen gehen zunächst das Alter (metrisch, 18 bis 30 Jahre), das Geschlecht (1 = weiblich, 0 = männlich) sowie Indikatoren für den sozioökonomischen Status der jungen Erwerbstätigen in die Analyse ein. Der Bildungsstand als erster Indikator für den sozioökonomischen Status wird anhand des bisher höchsten Ausbildungsabschlusses der Beschäftigten erfasst, wobei zwischen a) keinem Ausbildungsabschluss, b) Ausbildungsabschluss und c) Fach-/Hochschulabschluss unterschieden wird. Jeweils rund 47 bzw. 46 Prozent der Beobachtungen beziehen sich auf junge Erwerbstätige, die noch keinen Abschluss oder einen Ausbildungsabschluss haben, lediglich rund 7 Prozent der Beobachtungen beziehen sich auf Personen, die über einen Fach- oder Hochschulabschluss verfügen (vgl. Tabelle 7). Der geringe Anteil an Beobachtungen von Personen mit Fach- oder Hochschulabschluss erklärt sich dadurch, dass in dem betrachteten Alter vor allem Personen mit Abitur häufig noch studieren und daher ihre Ausbildung noch nicht abgeschlossen haben.

Außerdem wird der sozioökonomische Status anhand des ISEI-Wertes erfasst. Der ISEI (kurz für International Socio-Economic Index of Occupational Status) kombiniert Informationen über Einkommen, Bildung und Beruf und ordnet Berufe von niedrigem zu hohem Status hierarchisch (SOEP Group 2014; Ganzeboom et al. 1992). Er kann dabei Werte zwischen 16 (landwirtschaftliche Hilfskräfte) und 90 (Richter) annehmen. Der ISEI steht im SOEP als generierte Variable zur Verfügung. Für die Analysen werden drei Statusgruppen unterschieden: a) niedriger ISEI-Wert (16–34), b) mittlerer ISEI-Wert (35–51) und c) hoher ISEI-Wert (52–90). Außerdem wird zusätzlich eine Dummy-Variable aufgenommen, die dafür kontrolliert, wenn d) keine Informationen über den sozioökomischen Status vorliegen. Ein Drittel der Beobachtungen bezieht sich auf Personen mit mittlerem ISEI-Wert, rund 37 Prozent werden der niedrigsten und rund 25 Prozent der höchsten ISEI-Stufe zugeordnet; für rund 5 Prozent der Beobachtungen liegen keine Informationen vor (vgl. Tabelle 7).

Ferner wird der Familienstand der jungen Erwerbstätigen kontrolliert. Es wird mithilfe von drei Dummy-Variablen unterschieden, ob eine Person a) ohne Partner lebt, b) mit einem Lebenspartner oder c) mit einem Ehepartner zusammenlebt. Die große Mehrheit von rund 80 Prozent der jungen Erwachsenen lebt ohne Partner, lediglich rund 6 Prozent sind bereits verheiratet (vgl. Tabelle 7).

Aktuelle Beschäftigungsbedingungen: Die Aufbereitung des Forschungsstandes im Kapitel 2 zu den Determinanten hat deutlich gemacht, dass es vor allem die Merkmale des aktuellen Beschäftigungsverhältnisses sind, die einen Einfluss auf die Verunsicherung von Beschäftigten haben. In den folgenden Analysen wird zunächst der Erwerbsstatus der jungen Erwerbstätigen berücksichtigt. Dazu gehen in die Analyse drei Dummy-Variablen ein, die dafür kontrollieren, ob die Personen a) Vollzeit, b) Teilzeit oder c) geringfügig beschäftigt sind. Mit rund 68 Prozent bezieht sich die Mehrheit der Beobachtungen auf Vollzeitbeschäftigungen, rund 12 Prozent auf Teilzeit und rund 20 Prozent auf geringfügige Beschäftigungen (vgl. Tabelle 7).

Als stärkster Prädikator für die subjektive Arbeitsplatzunsicherheit gilt die Art des Arbeitsvertrages. Es wird unterschieden, ob eine Person ein a) unbefristetes, b) befristetes Arbeitsverhältnis hat oder c) dazu keine Informationen vorliegen. Knapp ein Drittel der Beobachtungen bezieht sich auf junge Erwerbstätige in befristeten Arbeitsverträgen, die Mehrheit jedoch auf unbefristete Arbeitsverträge (rund 58 Prozent). Ferner wird dafür kontrolliert, ob eine Person Leiharbeiter ist oder nicht, wobei hier ebenfalls eine zusätzliche Dummy-Variable für fehlende Werte aufgenommen wird. In dem Sample beziehen sich rund 8 Prozent der Beobachtungen auf Leiharbeiter (vgl. Tabelle 7).

Tabelle 7   Beschreibung der Kindergeneration in ihrer frühen Erwerbsphase (N = 3.614)

	Anteilswerte (in %)	Durchschnitt
Sozio-demographische Merkmale		
Geschlecht *(1 = weiblich, 0 = männlich)*	48,5	
Alter *(metrisch)*		23,16
Bildungsstand *(4 Dummy-Variablen)*		
Kein Ausbildungsabschluss	46,8	
Ausbildungsabschluss	46,1	
Fach-/Hochschulabschluss	7,1	
Sozioökonomischer Status *(4 Dummy-Variablen)*		
Niedriger ISEI (0–34)	37,1	
Mittlerer ISEI (35–50)	33,2	
Hoher ISEI (51–90)	25,3	
Missing	4,5	
Familienstand *(3 Dummy-Variablen)*		
Ohne Partner lebend	80,5	
Mit Lebenspartner lebend	14,0	
Mit Ehepartner lebend	5,5	
Aktuelle Beschäftigungsbedingungen		
Erwerbsstatus *(3 Dummy-Variablen)*		
Vollzeit	68,0	
Teilzeit	11,6	
Geringfügig beschäftigt	20,4	
Art des Arbeitsvertrages *(3 Dummy-Variablen)*		
Unbefristet	57,8	
Befristet	32,2	
Missing	10,5	
Leiharbeit *(3 Dummy-Variablen)*		
Leiharbeit	8,2	
Keine Leiharbeit	90,8	
Missing	1,0	
Größe des Betriebes *(4 Dummy-Variablen)*		
Unter 200 Beschäftigte	53,7	
200 bis 2.000 Beschäftigte	16,7	
Mehr als 2.000 Beschäftigte	23,0	
Missing	6,5	

Fortsetzung Tabelle 7	*Anteilswerte (in %)*	*Durchschnitt*
Branche des Betriebes *(4 Dummy-Variablen)*		
Produzierendes Gewerbe	19,4	
Handel, Gastgewerbe und Verkehr	28,9	
Sonstiges	44,9	
Missing	6,8	
Öffentlicher Dienst *(3 Dummy-Variablen)*		
Beschäftigt im öffentlichen Dienst	20,8	
Nicht im öffentlichen Dienst beschäftigt	73,0	
Missing	6,2	
Bisherige Arbeitsmarkterfahrung		
Arbeitserfahrung (metrisch, in Jahren)		2,6
Betriebszugehörigkeit (metrisch, in Jahren)		2,4
Arbeitslosigkeitserfahrung (metrisch, in Jahren)		0,2
Gesellschaftliche Rahmenbedingungen		
Regionale Arbeitslosenquote (metrisch)		8,0
Wohnregion (1 = Ostdeutschland, 0 = Westdeutschland)	21,3	

Quelle: SOEP v30, 2001 bis 2013, eigene Berechnungen (Angaben beziehen sich auf Beobachtungen und nicht auf Personen)

Zusätzlich werden Merkmale des Betriebes berücksichtigt, in dem die jungen Erwerbstätigen beschäftigt sind. Die Größe des Betriebes wird anhand von vier Kategorien erfasst: Betrieb mit a) unter 200; b) 200 bis 2000, und c) über 2000 Mitarbeitern. Außerdem wird mit einer e) Dummy-Variablen für Missings in der Betriebsgröße kontrolliert. Die Brancheninformationen des Betriebes werden mithilfe der NACE-Klassifikation zu folgenden drei Gruppen zusammengefasst: a) produzierendes Gewerbe, b) Handel, Gastgewerbe, Verkehr und c) Sonstige. Auch hierbei wird für fehlende Werte kontrolliert. Die Mehrheit der Befragten arbeitet in kleinen Betrieben mit weniger als 200 Beschäftigten (rund 54 Prozent), rund 29 Prozent in Handel und Gastgewerbe, knapp 20 Prozent im produzierenden Gewerbe. Außerdem wird berücksichtigt, ob eine Person im öffentlichen Dienst beschäftigt ist oder nicht. Dazu werden drei Dummy-Variablen in die Analyse aufgenommen: a) im öffentlichen Dienst beschäftigt, b) nicht im öffentlichen Dienst beschäftigt und c) es liegen darüber keine Informationen vor. Rund 21 Prozent der Beobachtungen beziehen sich auf junge Erwerbstätige, die im öffentlichen Dienst arbeiten (vgl. Tabelle 7).

Zurückliegende Arbeitsmarkterfahrungen: Die jungen Erwachsenen werden im Alter von 18 bis 30 Jahren beobachtet. In dieser Zeit können sie selber bereits eine Reihe von Erfahrungen gesammelt haben, welche wiederum sowohl ihre objektive Beschäftigungslage als auch ihre subjektive Interpretation beeinflussen können. Diese Arbeitserfahrung der jungen Erwerbstätigen wird anhand von drei metrischen Variablen in den Analysen erfasst: die kumulierte Arbeitserfahrung (in Voll- oder Teilzeit), die Betriebszugehörigkeit und die bisherige Arbeitslosigkeitserfahrung. Alle Merkmale werden in Jahren angegeben. Im Schnitt sind die jungen Erwerbstätigen im Sample bereits etwa rund 2,6 Jahre erwerbstätig, wobei die Spanne von unter einem Jahr bis zu 12 Jahren reicht (vgl. Tabelle 7). Die Arbeitslosigkeitserfahrung liegt im Durchschnitt bei wenigen Monaten (rund 0,2 Jahre); durchschnittlich sind die jungen Erwerbstätigen etwas mehr als 2,3 Jahre im aktuellen Betrieb beschäftigt.

Gesellschaftliche Rahmenbedingungen: Wie bereits im ersten Analyseschritt wird sowohl für das Befragungsjahr (13 Dummy-Variablen, 2000 bis 2013) als auch für die Wohnregion und die regionale Arbeitslosenquote kontrolliert. Bei der Wohnregion wird unterschieden, ob eine Person in Ost- oder Westdeutschland lebt (1 = Ostdeutschland, 0 = Westdeutschland). Diese Angaben beziehen sich auf die jeweilige Wohnregion im Erwachsenenalter, sie müssen nicht identisch mit den Angaben aus der Jugendphase sein, da Personen natürlich (beispielsweise von West- nach Ostdeutschland) umgezogen sein können. Genauso bezieht sich die regionale Arbeitslosenquote auf die Arbeitslosigkeit im jeweiligen Bundesland zum jeweiligen Befragungszeitpunkt. Die regionale Arbeitslosenquote geht als metrische Variable in die Analysen ein (im Schnitt liegt sie bei rund 8 Prozent).

4.4. Elterngeneration

4.4.1. Zuspielen der Informationen über die Elterngeneration

Ein wesentlicher Vorteil der SOEP-Jugenddaten liegt darin, dass den Befragten verschiedene (unabhängig voneinander erhobene) Informationen ihrer Eltern zugeordnet werden können und somit Untersuchungen intergenerationaler Zusammenhänge möglich sind. Diese Zuordnung erfolgt dabei über die gemeinsame Haushaltszugehörigkeit (und nicht primär über die biologische oder rechtliche Verwandtschaft). Der SOEP-Jugenddatensatz enthält für jeden Befragten einen Mutter- und Vaterzeiger, der im Datensatz jeweils die Personennummer der Mutter und des Vaters angibt. Mithilfe dieser Personennummer wird also diejenige Person als Mutter oder Vater identifiziert, die mit dem Kind (in dessen Jugend) zusammen in einem Haushalt lebt. Es wird dabei nicht zwischen leiblichen Eltern und Stiefeltern unterschieden. Gleichzeitig werden Eltern außerhalb des SOEP-Haushaltes, die ebenfalls einen Einfluss auf das Kind haben können, nicht erfasst. Aus theoretischer Sicht stellt das jedoch für die vorliegende Analyse kein Problem dar. Die Sozialisationsforschung geht davon aus, dass der intergenerationale Zusammenhang durch gemeinsame Interaktion und Kommunikation vermittelt wird. Diese sollten unabhängig von der Familienform und dem Verwandtschaftsgrad vor allem im Familienalltag im gemeinsamen Haushalt stattfinden.

Wie bereits erläutert, sollte die eigentliche Übertragung der subjektiven Arbeitsplatzunsicherheit von den Eltern auf die Kinder in der Jugendphase der Kinder stattfinden. Entsprechend stammen in den empirischen Analysen die Informationen über die Eltern, mit denen die Verunsicherung der Kindergeneration erklärt werden soll, aus dem Jahr, in dem die Kinder 17 Jahre alt sind bzw. waren. Das gilt sowohl für den ersten Analyseschritt, in dem der Zusammenhang zwischen der subjektiven Arbeitsplatzunsicherheit der Eltern und der subjektiv wahrgenommenen Arbeitslosigkeitserwartung der jugendlichen Kinder untersucht wird, als auch für den zweiten Analyseschritt, in dem die subjektive Arbeitsplatzunsicherheit der Kindergeneration in ihrer frühen Erwerbsphase erklärt werden soll. Das heißt, dass im ersten Analyseschritt die Informationen von Eltern und Kindern aus demselben Befragungsjahr stammen, während im zweiten Analyseschritt mehrere Jahre dazwischenliegen.

Insgesamt liegen von 3.127 Personen aus der Kindergeneration Informationen über beide Elternteile vor (89,24 Prozent aller Kinder); von 377 liegen nur Informationen von einem Elternteil vor. Tabelle 8 enthält eine Beschreibung der Eltern auf Haushaltsebene.

4.4.2. Subjektive Arbeitsplatzunsicherheit der Eltern

Subjektive Arbeitsplatzunsicherheit im Elternhaus: Die zentrale unabhängige Variable sowohl für die arbeitsmarktbezogene Verunsicherung der Kinder in der Jugendphase als auch für die subjektive Arbeitsplatzunsicherheit der Kinder in der frühen Erwerbsphase stellt die subjektive Arbeitsplatzunsicherheit der Eltern dar. Ausgangspunkt dafür sind die Personenbefragungen der Eltern. Sofern vorhanden, werden sowohl die Mutter als auch der Vater danach gefragt, ob sie sich „keine", „einige" oder „große Sorgen" um die Sicherheit ihres Arbeitsplatzes machen. Das ist dieselbe Frage, mit der auch die subjektive Arbeitsplatzunsicherheit der jungen Erwerbstätigen in dieser Arbeit erfasst wird (vgl. hierzu nochmals Abschnitt 4.2.2). Im Fall der Eltern beschränkt sich die Analyse allerdings nicht ausschließlich auf Erwerbstätige, weswegen auch Informationen darüber berücksichtigt werden müssen, ob die Mutter bzw. der Vater arbeitslos oder anderweitig nicht erwerbstätig sind.

Ausgehend von der Überlegung, dass eine intergenerationale Transmission subjektiver Arbeitsplatzunsicherheit zunächst unabhängig davon stattfinden sollte, ob sich die Mutter oder der Vater Sorgen um die Sicherheit des Arbeitsplatzes macht, wird eine Variable konstruiert, die die subjektive Arbeitsplatzunsicherheit erfasst, die die Kinder im Elternhaus „miterleben". Anhand der höchsten Ausprägung der subjektiven Arbeitsplatzunsicherheit der Eltern wird unterschieden zwischen

- keine Arbeitsplatzsorgen im Elternhaus,
- einige Arbeitsplatzsorgen im Elternhaus und
- große Arbeitsplatzsorgen im Elternhaus.

Im Fall von Zwei-Eltern-Haushalten werden der ersten Kategorie „Keine Arbeitsplatzsorgen im Elternhaus" all jene Elternhaushalte zugeordnet, in denen sich weder die Mutter noch der Vater Sorgen um den Arbeitsplatz machen. Dabei muss berücksichtigt werden, dass auch dann keine Sorgen vorliegen, wenn die Mutter oder der Vater nicht erwerbstätig sind und sich deshalb definitionsgemäß keine Sorgen um die Sicherheit des Arbeitsplatzes machen können.

Der zweiten Kategorie „Einige Arbeitsplatzsorgen im Elternhaus" gehören Elternpaare an, von denen sich mindestens ein Elternteil einige Sorgen macht. Das andere Elternteil kann sich dabei ebenfalls einige Sorgen machen, es kann sich aber auch keine Sorgen machen oder nicht erwerbstätig sein. Sobald sich jedoch eines der Elternteile große Sorgen um die Sicherheit seines Arbeitsplatzes macht, wird dieses Elternhaus der dritten Kategorie „Große Arbeitsplatzsorgen im Elternhaus" zugeordnet. Auch hier reicht es wieder, wenn sich ein Elternteil große Sorgen macht, der andere kann sich einige oder keine Sorgen machen bzw. nicht erwerbstätig sein.

Alle drei Kategorien der subjektiven Arbeitsplatzunsicherheit im Elternhaus können also auch immer Elternhäuser enthalten, in denen ein Elternteil arbeitslos oder anderweitig nicht erwerbstätig ist (allerdings können nicht beide erwerbslos sein, diese Haushalte wurden ausgeschlossen). Das erklärt sich dadurch, dass die Zuordnung der Elternhäuser zu der neugebildeten Variablen subjektive Arbeitsplatzunsicherheit im Elternhaus sich daran orientiert, ob und welche Sorgen im Elternhaus vorliegen und sich damit potenziell auf die Kinder übertragen können. Um für den Einfluss der Arbeitslosigkeit bzw. Nicht-Erwerbstätigkeit der Eltern zu kontrollieren, wird eine Dummy-Variable in die Analysen aufgenommen, die angibt, ob ein Elternteil im Haushalt arbeitslos ist (1 = ja, 0 = nein). Eine weitere Dummy-Variable gibt an, ob ein Elternteil nicht erwerbstätig (aber nicht arbeitslos) ist (1 = ja, 0 = nein). Insgesamt ist in 7 Prozent der Elternhäuser ein Elternteil arbeitslos und in 17 Prozent ein Elternteil nicht erwerbstätig (vgl. Tabelle 8). Das heißt, dass die Mehrheit der Jugendlichen in dem Sample aus Haushalten stammt, in denen beide Elternteile erwerbstätig sind.

Im Fall von Ein-Eltern-Haushalten sind alleine die Angaben des (alleinerziehenden) Elternteils für die Zuordnung ausschlaggebend (das sind nur 11 Prozent der Elternhäuser). Macht sich das Elternteil keine Sorgen, gehört dieses Elternhaus der ersten Kategorie „Keine Arbeitsplatzsorgen im Elternhaus" an; macht sich jedoch die alleinerziehende Mutter oder der alleinerziehende Vater einige Sorgen, wird dieses Elternhaus der Kategorie „Einige Sorgen im Elternhaus" zugeordnet und entsprechend bei großen Sorgen der dritten Kategorie „Große Sorgen im Elternhaus".

Subjektive Arbeitsplatzunsicherheit der Mutter bzw. des Vaters: Neben der subjektiven Arbeitsplatzunsicherheit im Elternhaus, die, wie soeben beschrieben, aus den Angaben der Mütter und Väter gemeinsam gebildet wird, soll für differenzierte Analysen die subjektive Arbeitsplatzunsicherheit auch getrennt für Mutter und Vater berücksichtigt werden. Dabei geht es insbesondere um die Frage, ob sich der Einfluss von Müttern und Vätern auf die arbeitsmarktbezogene Verunsicherung ihrer (erwachsenen) Kinder unterscheidet (vgl. dazu Abschnitt 3.4.3). In diesem Fall ist die Operationalisierung der subjektiven Arbeitsplatzunsicherheit deutlich einfacher. Ausgehend von den Angaben des entsprechenden Elternteils auf die bereits beschriebene Frage nach den Arbeitsplatzsorgen wird zwischen den folgenden drei Kategorien unterschieden: a) Mutter/Vater macht sich keine Sorgen, b) Mutter/Vater macht sich einige Sorgen und c) Mutter/Vater macht sich große Sorgen. Außerdem wird dafür kontrolliert, ob d) die Mutter oder der Vater arbeitslos oder anderweitig nicht erwerbstätig sind und ob e) keine Informationen über die Mutter bzw. den Vater vorliegen. Die Verteilung der subjektiven Arbeitsplatzunsicherheit der Elterngeneration wird ausführlich in Abschnitt 5.1.2 beschrieben.

4.4.3. Operationalisierung weiterer Kontrollvariablen

Sozioökonomischer Status der Eltern: Um auszuschließen, dass die Ähnlichkeit von Eltern und ihren (erwachsenen) Kinder in ihrer Wahrnehmung von Arbeitsplatzunsicherheit „lediglich" auf dem ebenfalls sozial vererbten sozioökonomischen Status beruht, wird in den multivariaten Analysen für gängige Merkmale der sozialen Herkunft kontrolliert. Dazu zählt zunächst der Bildungsstand der Eltern. Dieser wird anhand des höchsten Ausbildungsabschlusses mit den Kategorien a) kein Ausbildungsabschluss, b) Ausbildungsabschluss und c) Fach-/Hochschulabschluss erfasst. Ausschlaggebend ist der jeweils höchste Bildungsabschluss beider Eltern; weist also der Vater einen höheren Wert auf als die

Mutter, wird der Bildungsstand des Vaters verwendet und umgekehrt. Liegen hingegen nur Informationen von einem Elternteil vor, werden diese berücksichtigt. Mit 60 Prozent verfügt die Mehrheit der Elternhäuser über (mindestens) einen Ausbildungsabschluss, 33 Prozent verfügen über einen Hochschulabschluss. Lediglich in 6 Prozent der Haushalte hat keines der Elternteile einen Ausbildungsabschluss (vgl. Tabelle 8).

Weiterhin wird der sozioökonomische Status der Eltern anhand des ISEI-Wertes gemessen, der auch zur Erfassung des sozioökonomischen Status der jungen Erwachsenen herangezogen wird (vgl. Abschnitt 4.3.3). Zur Erfassung des sozioökonomischen Status der Eltern wird jeweils der höchste ISEI-Wert der Eltern verwendet und zu drei Kategorien zusammengefasst: a) niedriger Status (16–34), b) mittlerer Status (35–51) und c) hoher Status (52–90). Außerdem wird dafür kontrolliert, ob d) die Eltern (beide) nicht erwerbstätig sind und kein sozioökonomischer Status bestimmt werden kann. 18 Prozent der Elternhäuser haben einen niedrigen sozioökonomischen Status, 25 Prozent einen mittleren und 39 Prozent einen hohen sozioökonomischen Status. Für 18 Prozent der Haushalte liegen keine Informationen zum ISEI-Wert vor (vgl. Tabelle 8).

Arbeitslosigkeitserfahrung der Eltern: Subjektive Arbeitsplatzunsicherheit und Arbeitslosigkeit stehen im Lebensverlauf in enger Wechselwirkung zueinander. Zum einen haben Personen, die einen Arbeitsplatzverlust befürchten, nachweislich ein erhöhtes Risiko, in den nächsten Jahren arbeitslos zu werden (Dickerson & Green 2012). Zum anderen machen sich Personen, die in den zurückliegenden Jahren arbeitslos waren, häufiger Sorgen um ihre Beschäftigung als Personen ohne solche Arbeitslosigkeitserfahrung (Campbell et al. 2007). Um sicherzustellen, dass eventuelle Ähnlichkeiten von Eltern und Kindern hinsichtlich ihrer Wahrnehmung und Bewertung von Unsicherheit am Arbeitsmarkt nicht eine Folgewirkung der elterlichen Arbeitslosigkeit sind, wird in den multivariaten Modellen für diese kontrolliert. Das SOEP stellt dazu eine generierte Variable zur Verfügung, die die kumulierte Länge der gesamten Arbeitslosigkeit im Erwerbsverlauf in Jahren enthält (SOEP Group 2014). Die Angaben von Mutter und Vater – sofern Informationen von beide Elternteilen vorhanden sind – werden addiert und gehen als eine Variable mit folgenden Kategorien in die Analyse ein: a) keine Arbeitslosigkeitserfahrung; b) kurze Arbeitslosigkeit (unter einem Jahr), c) mittlere Arbeitslosigkeitserfahrung (ein bis maximal 2 Jahre) und d) lange Arbeitslosigkeit (insgesamt mehr als 2 Jahre). Außerdem wird für Missings kontrolliert. Über keinerlei Arbeitslosigkeitserfahrung verfügen 48 Prozent der Elternhäuser, während 17 Prozent mit Arbeitslosigkeit unter einem Jahr nur kurze Erfahrungen gesammelt haben und 34 Prozent insgesamt länger als ein Jahr in der Vergangenheit arbeitslos waren (vgl. Tabelle 8).

Tabelle 8   Beschreibung der Elternhäuser in der Jugendphase ihrer Kinder

	Anteilswert (in %)	Durchschnitt
Höchster Bildungsstand im Elternhaus		
Kein Ausbildungsabschluss	6,5	
Ausbildungsabschluss	60,4	
Fach-/Hochschulabschluss	33,1	
Sozioökonomischer Status des Elternhauses		
Niedriger ISEI (0–34)	18,4	
Mittlerer ISEI (35–50)	24,8	
Hoher ISEI (51–90)	39,8	
Missing	18,1	
Zurückliegende Arbeitslosigkeitserfahrung der Eltern		
Keine Arbeitslosigkeit	47,8	
Unter einem Jahr	17,4	
Ein Jahr und mehr	34,0	
Missing	0,8	
Familien- und Erwerbskonstellation im Elternhaus		
Alter der Eltern (metrisch)		45,9
Ein-Eltern-Haushalt (1 = ja, 0 = nein)	10,8	
Ältere Geschwister (1 = ja, 0 = nein)	50,0	
Erwerbstätigkeit		
Erwerbstätig	76,2	
Vater oder Mutter arbeitslos	6,8	
Vater oder Mutter nicht-erwerbstätig (aber nicht arbeitslos)	17,0	

Quelle: SOEP v30, 2000 bis 2013, eigene Berechnungen

Familien- und Erwerbskonstellation im Elternhaus: In einem weiteren Variab-len-Block sind diverse Kontrollvariablen über den elterlichen Haushalt enthal-ten. Dazu gehört zunächst das Alter der Eltern, das im Fall von Zwei-Eltern-Haushalten als Durchschnittswert in die Analyse eingeht. Weiterhin wird dafür kontrolliert, ob ältere Geschwister im Haushalte leben oder nicht. Dahinter steckt die Idee, dass insbesondere ältere Geschwister, die bereits Erfahrungen mit dem Arbeitsmarkt gesammelt haben, den Einfluss der Eltern verstärken oder überlagern könnten.[16] Außerdem werden noch drei weitere Kontrollvariablen zur Familien- und Erwerbskonstellation im Elternhaus aufgenommen. Zwei davon sind bereits genannt worden: Es wird anhand einer Dummy-Variablen dafür kontrolliert, ob eines der Elternteile arbeitslos ist; eine zweite Dummy-Variable berücksichtigt, ob eines der beiden Elternteile anderweitig nicht erwerbstätig ist. Zusätzlich geht in die Analyse eine Variable ein, die angibt, ob es sich bei dem Elternhaus um einen Ein-Eltern-Haushalt handelt oder nicht (1 = Ein-Eltern-Haushalt, 0 = Zwei-Eltern-Haushalt).

4.5. Analysemethoden

4.5.1. Lineare Regression

Neben deskriptiven Auswertungen bilden regressionsanalytische Verfahren den Kern der empirischen Analysen in der vorliegenden Arbeit. Mithilfe multivariater Regressionsanalysen ist es möglich, Beziehungen zwischen einer abhängigen und mehreren unabhängigen Variablen zu überprüfen, die vorher in theoretischen Modellen hergeleitet wurden (Urban & Mayerl 2011: 25). Im vorliegenden Fall werden verschiedene Regressionsmodelle berechnet, um herauszufinden, ob die arbeitsmarktbezogene Verunsicherung der Kinder signifikant mit der subjektiven Arbeitsplatzunsicherheit ihrer Eltern zusammenhängt. Der große Vorteil der Regressionsanalyse besteht darin, dass dieser Einfluss „unter Konstanthaltung der anderen Einflussfaktoren geschätzt" wird (Best & Wolf 2010: 607).

Das Skalenniveau der abhängigen Variablen entscheidet dabei, welches Regressionsverfahren durchgeführt werden kann. Die erste abhängige Variable in dieser Arbeit erfasst die selbsteingeschätzte Wahrscheinlichkeit der Kinder im Jugendalter, später längere Zeit arbeitslos zu sein. Diese Wahrscheinlichkeit wird anhand einer 11-stufigen Skala eingeschätzt, wobei ein Wert von 0 bedeutet, dass die Person eine spätere Arbeitslosigkeit für vollkommen ausgeschlos-

---

[16] Für eine umfassende Einschätzung der Sozialisationswirkung von Geschwistern wäre es aber erforderlich zu wissen, ob die älteren Geschwister positiv oder negativ bewertete Erfahrungen beim Übergang von der Schule in den Arbeitsmarkt gemacht haben. Diese Informationen können und sollen nicht genutzt werden, denn es interessiert ja vor allem der Einfluss der Eltern.

sen hält; ein Wert von 1 bedeutet hingegen, dass eine Person mit 100-prozentiger Wahrscheinlichkeit davon ausgeht, später einmal arbeitslos zu sein. Diese Skala kann als metrisch skaliert interpretiert werden, da ihre Ausprägungen nicht nur in einer sinnvollen Rangordnung stehen, sondern es zudem gleichgroße Abstände zwischen den Ausprägungen gibt. In der Forschungsliteratur gehen jedoch die Meinungen auseinander, ob diese Messskala breit genug ist, um lineare Regressionsmodelle rechnen zu können. Alternativ kommen auch Verfahren zum Einsatz, die lediglich ein ordinales Skalenniveau voraussetzen. Die Forschungspraxis zeigt allerdings, dass lineare und verschiedene ordinale Regressionsverfahren im Falle von 11er Skalen zu nahezu identischen Ergebnissen führen (Studer & Winkelmann 2011; Urban & Mayerl 2011: 14). Aus diesem Grunde wird die subjektive Verunsicherung der Kinder im Jugendalter im Folgenden mithilfe multivariater linearer Regressionen (auch als OLS-Regression bezeichnet) untersucht. Dabei werden unstandardisierte Regressionskoeffizienten (B) berichtet. Die Koeffizienten geben dabei an, um wie viele Einheiten sich die abhängige Variable ändert, wenn sich die jeweilige unabhängige Variable um eine Einheit vergrößert (Urban & Mayerl 2011: 42).

Aufgrund der Haushaltsstruktur des SOEP enthält der Datensatz Informationen von Geschwistern, die im selben Elternhaus leben. Damit wird die Annahme der statistischen Unabhängigkeit der Beobachtungen verletzt, die Voraussetzung für (lineare) Regressionsmodelle ist. Hinzu kommt, dass die Annahme der statistischen Unabhängigkeit auch dadurch verletzt werden könnte, dass die Personen sich den 16 Bundesländern zuordnen lassen. Aus diesem Grund werden nach Elternhaus und Bundesland geclusterte (robuste) Standardfehler berechnet.

4.5.2. Generalisierte ordinale logistische Regression

Die abhängige Variable im zweiten Analyseschritt erfasst die Sorgen, die sich junge Erwerbstätige um die Sicherheit ihres Arbeitsplatzes machen. Die Befragten können dabei angeben, ob sie sich „keine", „einige" oder „große Sorgen" machen. Mit diesen drei Antwortkategorien, die in einer klaren Rangordnung von „keinen" bis „großen" Sorgen stehen – es ist jedoch keine Quantifizierung der Abstände möglich –, ist die abhängige Variable ordinal skaliert. Damit läge es nahe, ordinale logistische Regressionen zur Erklärung der subjektiven Arbeitsplatzunsicherheit anzuwenden (Long & Freese 2006: 183–222; Windzio 2013: 209–222). Diese beruhen jedoch auf der sogenannten Proportionalitätsannahme, welche besagt, dass die Effekte der unabhängigen Variablen auf allen Stufen der abhängigen Variablen gleich stark sind (Long & Freese 2006: 197–200). Die Schätzung ordinaler logistischer Modelle setzt also voraus, dass beispielsweise der Effekt des Geschlechts vom Übergang von „keinen" zu „einigen" Sorgen genauso stark ist wie beim Übergang von „einigen" zu „großen" Sorgen. Ist diese Annahme nicht erfüllt, führt die Schätzung der ordinalen logistischen Regression zu verzerrten Ergebnissen (Windzio 2013: 213). Die Proportionalitätsannahme kann beispielsweise mithilfe des Brant-Testes überprüft werden (Long & Freese 2006: 199 f.). Der Brant-Test vergleicht die geschätzten Koeffizienten der ordinalen logistischen Regression mit denen logistischer Regressionen (Brant 1990). Im vorliegenden Fall zeigen die Ergebnisse des Brant-Testes, dass im Gesamtmodell die Proportionalitätsannahme verletzt ist. Das gilt sowohl für das gesamte Modell als auch für viele Variablen (und zwar insbesondere für die Variablen Geschlecht der jungen Erwerbstätigen, Alter der Eltern, Erwerbslosigkeit der Eltern, große Sorgen im Elternhaus, Ein-Eltern-Haushalt, Vorhandensein von älteren Geschwistern, Teilzeit, geringfügige Beschäftigung, Beschäftigung im öffentlichen Dienst und Betriebszugehörigkeit). Aus diesem Grund kann kein ordinales logistisches Regressionsmodell zur Erklärung der subjektiven Arbeitsplatzunsicherheit angewendet werden und es muss eine Alternative gefunden werden.

Eine mögliche Alternative stellt laut Long und Freese (2006: 200) die Schätzung von multinominalen logistischen Regressionen dar. Mithilfe multinominaler logistischer Regressionen kann die Wahrscheinlichkeit berechnet werden, mit welcher eine Person einer der Kategorien der abhängigen Variablen im Vergleich zur Basiskategorie angehört, also beispielsweise mit welcher Wahrscheinlichkeit sich ein Erwerbstätiger sich „große" (oder „einige") Sorgen im Vergleich zu keinen Sorgen macht. Auf diese Art und Weise gehen jedoch die Informationen über die Rangordnung vollständig verloren.

Weniger restriktiv ist das sogenannte generalisierte ordinale Regressionsmodell (engl. generalized ordered logit). Mit ihm ist es trotz Verstoßes gegen die Proportionalitätsannahme möglich, die Informationen über die ordinale Rangordnung der abhängigen Variable zu berücksichtigen (Long & Freese 2006: 220–221; Williams 2006: 58–82). Dazu wird für jeden Übergang ein eigener Koeffizient geschätzt. Für die drei Kategorien „keine", „einige" und „große" Sorgen im vorliegenden Fall werden also zwei Koeffizienten geschätzt. Diese sind jedoch nicht im Vergleich zu einer Basiskategorie wie im multinominalen Regressionsmodell zu verstehen, sondern im Bezug zu den vorhergehenden bzw. nachfolgenden Kategorien. Der erste Koeffizient beispielsweise für das Geschlecht der Befragten gibt zunächst die Wahrscheinlichkeit an, sich große oder einige Sorgen im Vergleich zu keinen Sorgen zu machen (also die Schwelle von „keinen" Sorgen zu („großen" und „einigen") Sorgen zu überschreiten). Der zweite Koeffizient gibt anschließend die Wahrscheinlichkeit an, sich große Sorgen im Vergleich zu einigen oder keinen Sorgen zu machen (also die zweite Schwelle). Der erste Koeffizient kann daher auch als Prävalenz von Arbeitsplatzsorgen im Allgemeinen interpretiert werden, während sich der zweite auf die Stärke der subjektiven Arbeitsplatzunsicherheit bezieht.

Für die Schätzungen der generalisierten ordinalen logistischen Regressionsmodelle wird das gologit2-Ado für Stata 14 von Richard Williams (2006) verwendet. Es werden die Regressionskoeffizienten (B) berichtet, welche bezüglich ihres Vorzeichens und ihrer Signifikanz interpretiert werden. Wie bereits bei der im vorhergehenden Abschnitt beschriebenen Datenaufbereitung erläutert, werden die jungen Erwerbstätigen im zweiten Analyseschritt teilweise mehrmals beobachtet. Um dem daraus entstehenden Problem der Abhängigkeit der Beobachtungen Rechnung zu tragen, werden nach Personen und Bundesländern geclusterte Standardfehler (SE) berichtet.

In den letzten Jahren wird verstärkt darauf aufmerksam gemacht, dass anders als in OLS-Regressionen die Effektstärken in schrittweise erweiterten (verschachtelten) logistischen Regressionen nicht ohne Weiteres verglichen werden können (Best & Wolf 2012; Mood 2010). Genauso ist es nur eingeschränkt zulässig, Vergleiche über Subgruppen (wie beispielsweise Männer und Frauen) anzustellen. Das ist deshalb nicht möglich, weil sich die Koeffizienten in den Modellen auf unterschiedlich skalierte abhängige Variablen beziehen (Best & Wolf 2012: 383). Dieses Problem tritt jedoch nur auf, wenn die Größe des Koeffizienten interpretiert werden soll. Die vorliegende Arbeit beschränkt sich jedoch darauf, die Koeffizienten hinsichtlich ihres Vorzeichens und ihrer Signifikanz zu interpretieren, weshalb das geschilderte Problem nicht relevant ist.

5. Ergebnisse zur intergenerationalen Transmission subjektiver Arbeitsplatzunsicherheit

5.1. Deskriptive Analysen

5.1.1. Ausmaß und Entwicklung der subjektiven Arbeitsplatzunsicherheit
Wie Abbildung 5 zeigt, unterliegt die subjektive Arbeitsplatzunsicherheit in Deutschland generell großen Schwankungen im Zeitverlauf. Das gilt sowohl für die Verunsicherung junger als auch älterer Beschäftigter. Der Anteil an jungen Erwerbstätigen im Alter von 18 bis 30 Jahren, die sich große Sorgen um die Sicherheit ihres Arbeitsplatzes machen, pendelt in den Jahren 2000 bis 2013 zwischen rund 9 und knapp 24 Prozent. Nach einem leichten Rückgang im Jahr 2001 von rund 14 auf unter 12 Prozent steigt der Anteil Anfang der 2000er Jahre sprunghaft an und erreicht im Jahr 2004 einen Höhepunkt. In diesem Jahr machen sich rund 24 Prozent der jungen Beschäftigten große Sorgen um die Sicherheit ihres Arbeitsplatzes. Damit hat sich der Anteil der Personen, die sich um ihren Arbeitsplatz sorgen, innerhalb kürzester Zeit verdoppelt. In den Folgejahren geht die „große" Verunsicherung wieder zurück und unterschreitet im Jahr 2011 mit knapp unter 10 Prozent sogar das Ausgangsniveau aus dem Jahr 2001. Im Jahr 2012 nimmt der Anteil noch einmal leicht zu, um dann im Jahr 2013 wieder unter die 10 Prozent zu fallen.

Das beschriebene Muster der arbeitsmarktbezogenen Verunsicherung ist bereits aus früheren Arbeiten zur Entwicklung der subjektiven Arbeitsplatzunsicherheit in Deutschland bekannt (Burzan et al. 2014; Erlinghagen & Lübke 2015; Lengfeld & Hirschle 2009). Es entsteht zum einen dadurch, dass die subjektive Arbeitsplatzunsicherheit der Entwicklung der Arbeitslosenquote folgt (die Arbeitslosenquote ist zum besseren Vergleich ebenfalls in Abbildung 5 abgetragen). Ist diese nämlich erhöht bzw. steigt sie, wie beispielsweise zwischen 2001 und 2004 in Deutschland, machen sich mehr Menschen große Sorgen um die Sicherheit ihres Arbeitsplatzes. Ist die Arbeitslosigkeit hingegen rückläufig, wie das beispielsweise nach 2005 der Fall ist, sinkt entsprechend auch die subjektiv empfundene Verunsicherung der Menschen.

Zum anderen haben tiefgreifende sozialpolitische Veränderungen seit dem Anfang der 2000er Jahre zu einem Anstieg der subjektiven Arbeitsplatzunsicherheit in Deutschland beigetragen. Zu diesen Veränderungen zählen laut Erlinghagen (2010) die Einführung (bzw. die Diskussion um die Einführung) der sogenannten „Hartz-Reformen", die zunehmende Einkommensungleichheit und die abnehmende Tarifbindung. Aus Sicht der Beschäftigten erhöhen sich durch alle drei Veränderungen die (subjektiven) Folgen eines Arbeitsplatzverlustes. Durch die Absenkung der sozialen Absicherung müssen die Beschäftigten mit mehr finanziellen Einbußen im Fall eines Arbeitsplatzverlustes rechnen; durch die steigende Lohnungleichheit und abnehmende Tarifbindung nimmt die (subjektiv wahrgenommene) Chance ab, einen gleichwertigen, gleich gut bezahlten Arbeitsplatz im Falle einer Arbeitslosigkeit zu finden. All das trägt zu einer verstärkten Verunsicherung der Beschäftigten bei.

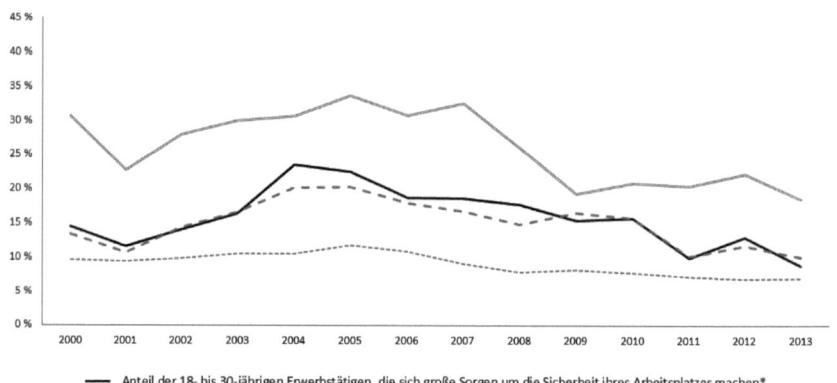

—— Anteil der 18- bis 30-jährigen Erwerbstätigen, die sich große Sorgen um die Sicherheit ihres Arbeitsplatzes machen*
– – Anteil der 31- bis 65-jährigen Erwerbstätigen, die sich große Sorgen um die Sicherheit ihres Arbeitsplatzes machen*
—— Durchschnitt der selbsteingeschätzen Wahrscheinlichkeit von 17-jährigen Jugendlichen, später arbeitslos zu sein
----- Jährliche Arbeitslosenquote

Abbildung 5   Entwicklung der subjektiven „großen" Arbeitsplatzunsicherheit von Beschäftigten und der Arbeitslosigkeitserwartungen von Jugendlichen in Deutschland (2000–2013)
Quelle: SOEP v30, eigene Berechnung (querschnittsgewichtet), die Angaben zur Arbeitslosenquote beziehen sich auf alle zivilen Erwerbspersonen und basieren auf der Arbeitsmarktstatistik der Bundesagentur für Arbeit (2014)
*Nur abhängig Beschäftigte (ohne Selbstständige)

Am Verlauf der subjektiven Arbeitsplatzunsicherheit in den letzten Jahren ist weiterhin interessant, dass es trotz mehr oder minder anhaltender Folgen der Wirtschaftskrise keinen starken Anstieg der subjektiven Arbeitsplatzunsicherheit in Deutschland gegeben hat. Es gibt zwar um das Jahr 2008, in dem die Finanzkrise begann, und anschließend noch einmal um 2010 und 2012 jeweils einen leichten Anstieg der Sorgen unter den jungen Beschäftigten, diese sind aber nicht mit dem drastischen Anstieg Mitte der 2000er Jahre vergleichbar. Außerdem zeigt der aktuelle Rückgang der großen Sorgen eindrucksvoll, dass über konjunkturell und sozialpolitisch bedingte Schwankungen hinaus das subjektive Unsicherheitsempfinden der jungen Beschäftigten im Alter von 18 bis 30 Jahren in den letzten 13 Jahren weder generell zu- noch abgenommen hat.

Im Untersuchungszeitraum schwankt zudem die subjektive Arbeitsplatzunsicherheit der übrigen Beschäftigten im Alter von 31 bis 65 Jahren, die ebenfalls in

Abbildung 5 abgetragen ist. Das Muster ähnelt dabei dem der Entwicklung der subjektiven Arbeitsplatzunsicherheit junger Erwerbstätiger. Wiederum ausgehend von einem relativ geringen Niveau steigt Anfang der 2000er Jahre der Anteil an Beschäftigten an, die sich große Sorgen um die Sicherheit ihres Arbeitsplatzes machen. Bei den 31- bis 65-Jährigen wird der Höhepunkt dieses Anstiegs der Arbeitsplatzsorgen im Jahr 2005 erreicht, also ein Jahr später als bei den jüngeren Beschäftigten. Der höchste Wert liegt mit rund 20 Prozent außerdem etwas unter dem höchsten Wert der jungen Beschäftigten. Ähnlich wie bei den jungen Erwerbstätigen geht der Anteil der Personen im Alter von 31 bis 65 Jahren, die sich große Sorgen machen, ab Mitte der 2000er Jahre wieder langsam zurück und ist aktuell mit rund 10 Prozent vergleichsweise gering.

Abbildung 6 zeigt zusätzlich den Anteil an jungen wie älteren Beschäftigen, die sich in den Jahren 2000 bis 2013 jeweils einige Sorgen um die Sicherheit ihres Arbeitsplatzes machen. Auch dieser Wert schwankt für beide Altersgruppen über die Jahre. Im Jahr 2000 berichteten rund 38 Prozent der 18- bis 30-jährigen sowie rund 39 Prozent der 31- bis 65-jährigen Beschäftigten von einigen Arbeitsplatzsorgen. Ähnlich wie in Abbildung 5 zur Entwicklung der großen Sorgen gesehen, nimmt zwischen 2001 und 2004 der Anteil an Beschäftigten zu, die sich einige Sorgen um die Sicherheit ihres Arbeitsplatzes machen (bei den 31- bis 65-Jährigen steigt der Anteil wieder bis 2005 an). Zusammen mit den Beschäftigten, die sich große Sorgen um die Sicherheit ihres Arbeitsplatzes machen, sind im Jahr 2004 knapp 67 Prozent der jungen Beschäftigten und rund 63 Prozent der älteren Beschäftigten von subjektiver Arbeitsplatzunsicherheit betroffen. Damit ist subjektive Arbeitsplatzunsicherheit zu dieser Zeit alles andere als ein seltenes Phänomen.

Während die großen Arbeitsplatzsorgen ab spätestens 2008 kontinuierlich zurückgehen, verbleibt der Anteil an Beschäftigten, die sich einige Sorgen machen, noch bis 2010 auf einem deutlich erhöhten Niveau. Das liegt wahrscheinlich an der Wirtschaftskrise in dieser Zeit, die zwar deutliche Spuren in Deutschland hinterlassen hat, jedoch sind massenhafte Entlassungen durch Kurzarbeit weitestgehend ausgeblieben. Bei der Betrachtung der „schwächeren" Arbeitsplatzunsicherheit in Abbildung 6 fällt zudem auf, dass „einige Sorgen" unter den älteren Beschäftigten verbreiteter sind als unter den Jüngeren. Bei den „großen Sorgen" war es anders herum. Die Unterschiede sind insgesamt relativ gering, doch geht der Anteil an Personen, die sich einige Sorgen machen, seit 2011 zwischen den beiden Altersgruppen deutlich auseinander. Es sieht so aus, als würden die jüngeren Beschäftigten besser mit den anhaltenden Folgen der Wirtschaftskrise zurechtkommen als die älteren Beschäftigten.

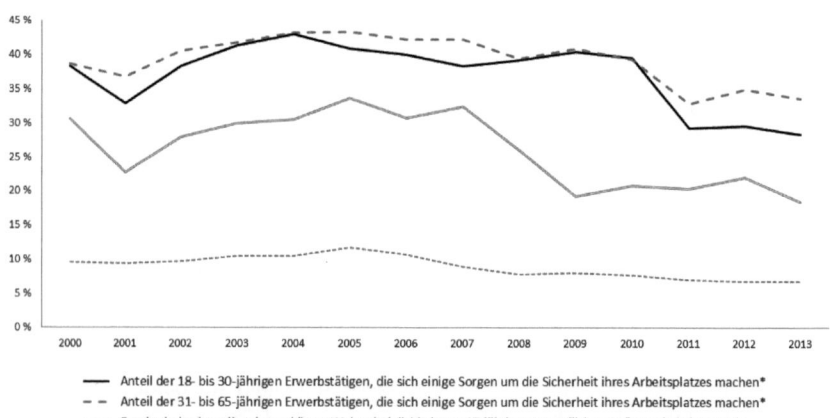

——— Anteil der 18- bis 30-jährigen Erwerbstätigen, die sich einige Sorgen um die Sicherheit ihres Arbeitsplatzes machen*
– – Anteil der 31- bis 65-jährigen Erwerbstätigen, die sich einige Sorgen um die Sicherheit ihres Arbeitsplatzes machen*
——— Durchschnitt der selbsteingeschätzten Wahrscheinlichkeit von 17-jährigen Jugendlichen, später arbeitslos zu sein
----- Jährliche Arbeitslosenquote

Abbildung 6   Entwicklung der subjektiven „schwächeren" Arbeitsplatzunsicherheit von Beschäftigten und der Arbeitslosigkeitserwartungen von Jugendlichen in Deutschland (2000–2013)
Quelle: SOEP v30, eigene Berechnung (querschnittsgewichtet), die Angaben zur Arbeitslosenquote beziehen sich auf alle zivilen Erwerbspersonen und basieren auf der Arbeitsmarktstatistik der Bundesagentur für Arbeit (2014)
*Nur abhängig Beschäftigte (ohne Selbstständige)

In den Abbildungen 5 und 6 sind neben der Entwicklung der subjektiven Arbeitsplatzunsicherheit jüngerer und älterer Beschäftigter auch jeweils die Entwicklung der Verunsicherung von 17-jährigen Jugendlichen zum Vergleich über die Zeit abgetragen. Diese wird anhand der subjektiv wahrgenommenen Wahrscheinlichkeit, später arbeitslos zu sein, erfasst. Über alle Jahre hinweg schätzen Jugendliche ihr Arbeitslosigkeitsrisiko auf durchschnittlich rund 26 Prozent ein. Trotz der unterschiedlichen Indikatoren für die Verunsicherung von Jugendlichen und jungen Erwerbstätigen zeigt sich auch hier über weite Teile das bekannte Muster im Zeitverlauf: Ausgehend von einem relativ geringen Niveau im Jahr 2001 steigt die Arbeitslosigkeitserwartung der Jugendlichen in der ersten Hälfte der 2000er Jahre stark an. Von 2004 bis 2008 schätzen Jugendliche ihr Arbeitslosigkeitsrisiko mit über 30 Prozent deutlich höher ein als in den anderen Jahren. Ein spürbarer Rückgang der Verunsicherung lässt sich anders als bei der subjektiven „großen" Arbeitsplatzunsicherheit zwar erst nach 2007 beobachten; genauso wie die Beschäftigten sind aktuell jedoch auch die Jugendlichen insgesamt wieder sehr optimistisch. Sie schätzen 2013 ihre spätere Arbeitslosigkeitswahrscheinlichkeit im Schnitt mit rund 18 Prozent als eher gering ein. Insgesamt gesehen gibt es kaum auffällige Unterschiede zwischen der Entwicklung der Arbeitslosigkeitserwartungen von Jugendlichen und der Entwicklung der subjektiven Arbeitsplatzunsicherheit von (jüngeren wie älteren) Beschäftigten im Zeitverlauf. Interessant ist lediglich, dass Jugendliche im Jahr 2009 auffällig optimistisch sind (ist sogar der geringste Wert im gesamten Untersuchungszeitraum), während einige Sorgen der Beschäftigten weiterhin erhöht und große Sorgen im Vergleich zu 2008 nur leicht rückläufig sind.

An dieser Stelle sei noch auf ein weiteres aus der Literatur bekanntes Muster subjektiver Arbeitsplatzunsicherheit aufmerksam gemacht, das sich auch in den vorliegenden Daten findet: Die arbeitsmarktbezogene Verunsicherung ist in Ostdeutschland nach wie vor deutlich größer als in Westdeutschland (vgl. hierzu Erlinghagen 2010: 3). In Abbildung 7 ist die Differenz in den Anteilen der Personen in den beiden Landesteilen abgetragen, die sich große Sorgen machen. Werte über Null bedeuten dabei, dass der Anteil an Beschäftigten, die sich große Sorgen um die Sicherheit ihres Arbeitsplatzes machen, in Ostdeutschland höher ist als in Westdeutschland. Es zeigt sich, dass sich die Unsicherheit in beiden Landesteilen mit der Zeit langsam angleicht. Diese Angleichung scheint bei den jüngeren Erwerbstätigen schneller zu gehen als bei den älteren. Im Jahr 2010 hat sich das Verhältnis sogar kurzzeitig umgekehrt und der Anteil der 18- bis 30-jährigen Erwerbstätigen, die sich große Sorgen um die Sicherheit ihres Arbeitsplatzes machen, war im Osten Deutschlands geringer als im Westen. Außerdem fällt auf, dass die Differenz dann besonders groß ist, wenn insgesamt die Unsicherheit erhöht ist. Das könnte einmal bedeuten, dass die Auswirkungen konjunktureller Schwankungen im Osten stärker sind und daher auch mehr Sorgen auslösen. Es könnte aber auch dahingehend interpretiert werden, dass (ältere) Ostdeutsche aufgrund ihrer Erfahrungen mit der Umbruchzeit der Wende sensibler auf Anzeichen für die Unsicherheit am Arbeitsmarkt reagieren.

Die Differenzen der mittleren Arbeitslosigkeitserwartungen für die 17-jährigen, die ebenfalls in Abbildung 7 abgetragen sind, müssen aufgrund der geringen Fallzahl für Ostdeutschland vorsichtig interpretiert werden (teilweise weniger als 30 ostdeutsche Jugendliche pro Jahr). Festgehalten werden kann aber auch hier, dass ostdeutsche Jugendliche pessimistischer sind als Jugendliche aus Westdeutschland.

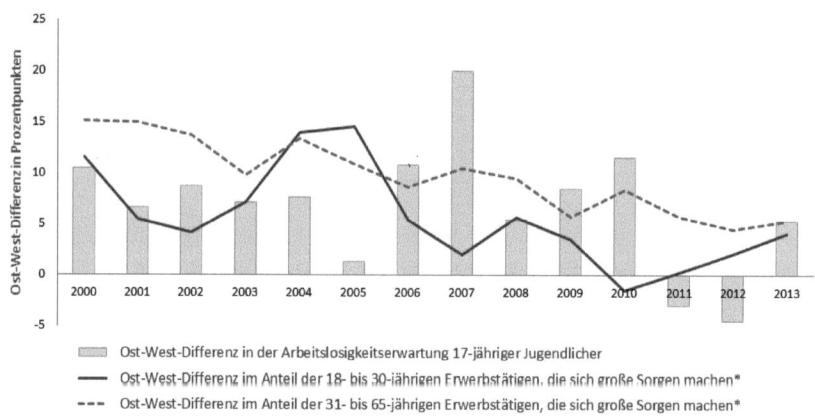

Abbildung 7   Entwicklung der subjektiven Arbeitsplatzunsicherheit von Beschäftigten und der Arbeitslosigkeitserwartungen von Jugendlichen im Ost-West-Vergleich (2000–2013)
Quelle: SOEP v30, eigene Berechnung (querschnittsgewichtet)
*Nur abhängig Beschäftigte (ohne Selbstständige)

5.1.2. Arbeitslosigkeitserwartung 17-jähriger Jugendlicher

Wie im vorhergehenden Abschnitt festgestellt, blicken 17-jährige Jugendliche insgesamt betrachtet recht optimistisch in ihre berufliche Zukunft. Im Schnitt schätzen sie ihre Wahrscheinlichkeit, später für längere Zeit arbeitslos zu sein, mit knapp 26 Prozent als relativ gering ein (vgl. dazu auch Tabelle 9). Wie ebenfalls im vorhergehenden Abschnitt gesehen, schwanken dabei die Zunftserwartungen der Jugendlichen genauso wie die Sorgen der Beschäftigten im Zeitverlauf. Gaben die Jugendlichen ihre eigene Arbeitslosigkeitswahrscheinlichkeit beispielsweise zwischen 2004 und 2007 mit um die 30 Prozent als recht hoch an, liegt dieser Wert am Ende des Untersuchungszeitraumes im Jahr 2013 mit knapp 18 Prozent so niedrig wie in den letzten 13 Jahren nicht mehr (vgl. hierzu noch einmal Abbildung 5).

Das ähnliche Muster in der Entwicklung der subjektiven Arbeitsplatzunsicherheit und der Arbeitslosigkeitserwartungen von Jugendlichen über die Jahre lässt vermuten, dass auch die 17-Jährigen auf gesamtgesellschaftliche Entwicklungen wie die Arbeitslosigkeit reagieren. Bisher ist jedoch in der Literatur wenig über die Determinanten der Zukunftserwartungen von Jugendlichen bekannt. Daher soll an dieser Stelle ein Blick auf den Zusammenhang der Zukunftserwartung mit individuellen Merkmalen der Jugendlichen geworfen werden, die ebenfalls einen Einfluss auf die Zukunftserwartungen der Jugendlichen haben können (weil sie beispielsweise die objektiven Erwerbschancen beeinflussen). Dazu ist in Tabelle 9 die durchschnittliche Arbeitslosigkeitserwartung der Jugendlichen in Abhängigkeit von individuellen Merkmalen ausgegeben (eine multivariate Überprüfung folgt im Abschnitt 5.2.1).

In Tabelle 9 zeigt sich zunächst, dass Mädchen ihre Arbeitsmarktchancen etwas pessimistischer einschätzen als Jungen. Bezogen auf den besuchten Schultyp gibt es nur geringe Unterschiede. Besonders pessimistisch sind Hauptschüler und Jugendliche, die nicht mehr zur Schule gehen; sie schätzen ihr Arbeitslosigkeitsrisiko im Schnitt mit einer Wahrscheinlichkeit von rund 28 bzw. 29 Prozent ein. Das lässt sich gut mit den tatsächlich schlechteren Arbeitsmarktchancen von Personen mit geringer Bildung erklären. Interessanterweise unterscheiden sich jedoch Realschüler und Gymnasiasten kaum in ihrer Arbeitslosigkeitserwartung. Sie sind alle recht optimistisch, auch wenn die Arbeitsmarktchancen von Gymnasiasten im Vergleich zu Realschülern besser sein sollten. Noch optimistischer sind jedoch Gesamtschüler und Berufsschüler.

Tabelle 9   Arbeitslosigkeitserwartung 17-jähriger Jugendlicher, differenziert nach sozio-demographischen Merkmalen und bisherigen Erfahrungen

	Durchschnittlich eingeschätzte Wahrscheinlichkeit, später arbeitslos zu werden (in Prozent)
Gesamt	25,7
Sozio-demographische Merkmale	
Mädchen	26,4
Junge	25,1
Schulbesuch	
Kein Schulbesuch	29,4
Hauptschule	28,0
Realschule	25,2
Gymnasium	25,8
Gesamtschule	23,7
Berufliche Schule	25,0
Bisherige Erfahrungen der Jugendlichen	
Mathematiknote	
Sehr gut bis gut	23,8
Befriedigend	26,4
Ausreichend bis ungenügend	27,1
Sitzenbleiben	28,0
Schülerjob	24,7

Quelle: SOEP v30, 2000 bis 2013, eigene Berechnungen (ungewichtet)

Deskriptiv lässt sich zudem ein Zusammenhang mit der Schulnote der Jugendlichen erkennen. Je besser die 17-Jährigen in der Schule sind bzw. waren, desto optimistischer schauen sie in die berufliche Zukunft. Außerdem zeigt sich, dass Jugendliche, die in der Vergangenheit eine Schulklasse wiederholen musste, ihre Arbeitslosigkeitswahrscheinlichkeit mit 28 Prozent pessimistischer wahrnehmen als der Durchschnitt. Kinder hingegen, die einem Schülerjob nachgegangen sind, sind etwas optimistischer als der Durchschnitt.

Tabelle 10   Subjektive Arbeitsplatzunsicherheit von Müttern und Vätern im Sample

	Mütter			*Väter*	
	N	%	%	N	%	%
Keine Arbeitsplatzsorgen	1.295	37,0	47,2	1.123	32,1	41,5
Einige Arbeitsplatzsorgen	1.085	31,0	39,6	1.194	34,1	44,1
Große Arbeitsplatzsorgen	363	10,4	13,2	388	11,1	14,3
Arbeitslos	122	3,5		117	3,3	
Nicht erwerbstätig	509	14,5		87	2,5	
Keine Informationen über Mutter/Vater	130	3,7		595	17,0	
Summe	*3.504*	*100*	*100*	*3.504*	*100*	*100*

Quelle: SOEP v30 (2000 bis 2013), eigene Berechnungen (ungewichtet)

Neben individuellen und gesamtgesellschaftlichen Einflussfaktoren geht es in dieser Arbeit darum, die Bedeutung der elterlichen Erfahrungen für die Zukunftserwartungen der Kinder zu untersuchen. Die Voraussetzung für eine intergenerationale Transmission subjektiver Arbeitsplatzunsicherheit ist aber natürlich, dass (einige) Jugendliche überhaupt Arbeitsplatzsorgen in ihren Familien ausgesetzt sind. Wie im vorherigen Abschnitt gesehen, ist subjektive Arbeitsplatzunsicherheit keine seltene Erfahrung in Deutschland und damit die Chance, dass Kinder diese im Elternhaus miterleben, durchaus gegeben. Sie könnte zudem dadurch besonders groß sein, weil angenommen wird, dass Eltern aufgrund ihrer familialen Verpflichtungen, die die Abhängigkeit vom aktuellen Arbeitsplatz erhöhen, besonders anfällig für subjektive Arbeitsplatzunsicherheit sind (Näswall & De Witte 2003). Tabelle 10 zeigt jedoch, dass sich zumindest die Mütter und Väter von den 17-jährigen Jugendlichen im vorliegenden Sample nicht deutlich unsicherer fühlen als andere Erwerbstätige. Jeweils rund 13 bzw. 14 Prozent der erwerbstätigen Mütter und Väter machen sich große Sorgen; rd. 40 Prozent der erwerbstätigen Mütter und 44 Prozent der Väter machen sich einige Sorgen. Wie ebenfalls aus Tabelle 10 hervorgeht, sind 18 Prozent der Mütter und knapp 7 Prozent der Väter nicht erwerbstätig oder arbeitslos. Außerdem liegen nicht für alle Jugendlichen Informationen über beide Elternteile vor.

Tabelle 11   Subjektive Arbeitsplatzunsicherheit im Elternhaus

	N	%
Keine Arbeitsplatzsorgen	1.212	34,6
Einige Arbeitsplatzsorgen	1.632	46,6
Große Arbeitsplatzsorgen	660	18,8
Summe	*3.504*	*100*

Anmerkungen: SOEP v30 (2000 bis 2013), eigene Berechnungen (ungewichtet)

Wie bereits im Abschnitt 4.4.2 ausführlich beschrieben, werden für einen Großteil der empirischen Analysen die Informationen über die subjektive Arbeitsplatzunsicherheit der Eltern zusammengefasst. Tabelle 11 gibt die Verteilung
dieser neu gebildeten Variable wieder. Es zeigt sich, dass sich in knapp 19 Prozent der Familien mindestens ein Elternteil große Sorgen macht und sich in
knapp 47 Prozent mindestens einer der beiden einige Sorgen macht. Damit sind
über die Hälfte der Kinder im Elternhaus mit subjektiver Arbeitsplatzunsicherheit konfrontiert, während rund 35 Prozent der Kinder in sorgenfreien Elternhäusern aufwachsen.

Dass die subjektive Arbeitsplatzunsicherheit, die die Jugendlichen im Elternhaus miterleben, im engen Zusammenhang mit ihren Zukunftserwartungen
steht, zeigt Abbildung 8 eindrucksvoll. Dort ist die mittlere Arbeitslosigkeitserwartung von 17-jährigen Jugendlichen differenziert nach den Arbeitsplatzsorgen
der Eltern abgetragen. Machen sich die Eltern keine Sorgen um die Sicherheit
des Arbeitsplatzes, schätzen ihre 17-jährigen Kinder ihre Wahrscheinlichkeit,
später arbeitslos zu werden, mit rund 23 Prozent verhältnismäßig gering ein.
Machen sich die Eltern allerdings einige Sorgen, nehmen die Kinder ihre Zukunftsaussichten deutlich schlechter wahr. Kinder dieser Gruppe geben ihre
Arbeitslosigkeitswahrscheinlichkeit mit durchschnittlich rund 26 Prozent an.
Deutlich pessimistischer sind jedoch Jugendliche, deren Eltern sich große Sorgen um die Sicherheit des Arbeitsplatzes machen. Sie glauben sogar, dass sie
später einmal mit durchschnittlich knapp 30-prozentiger Wahrscheinlichkeit
arbeitslos werden.

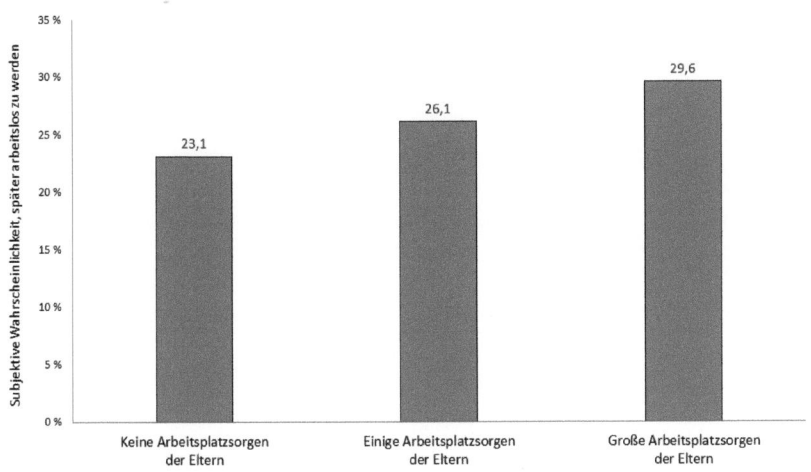

Abbildung 8   **Mittlere Arbeitslosigkeitserwartungen 17-jähriger Jugendlicher, differenziert nach der subjektiven Arbeitsplatzunsicherheit ihrer Eltern**
Quelle: SOEP v30, eigene Berechnung (querschnittsgewichtet)

Abbildung 8 belegt einen positiven Zusammenhang zwischen der subjektiven Arbeitsplatzunsicherheit der Eltern und den Zukunftserwartungen von Jugendlichen, der für eine intergenerationale Transmission subjektiver Arbeitsplatzunsicherheit spricht. Ob dieser Zusammenhang unter Kontrolle weiterer Einflussfaktoren Bestand hat, müssen die multivariaten Analysen zeigen. An dieser Stelle soll zunächst der Zusammenhang der Zukunftserwartungen von Jugendlichen mit Merkmalen der sozialen Herkunft geprüft werden, die zur intergenerationalen Ähnlichkeit von Eltern und Kindern hinsichtlich ihrer Wahrnehmung von Chancen und Risiken am Arbeitsmarkt beitragen könnten.

Ein möglicher Grund für die Ähnlichkeit von Eltern und ihren Kindern hinsichtlich der arbeitsmarktbezogenen Verunsicherung könnte die intergenerationale Vererbung von tatsächlichen Chancen und Risiken am Arbeitsmarkt sein, auf die die jeweilige individuelle Wahrnehmung zurückgeht. Demnach wären die Zukunftserwartungen der Jugendlichen in erster Linie nicht von den in der Familie beobachteten Arbeitsplatzsorgen abhängig, sondern von sozialen Merkmalen der Familie, die entscheidend den schulischen und beruflichen Erfolg der Kinder beeinflussen. Dieser indirekte Mechanismus ist eingangs als Statustransmission bezeichnet worden.

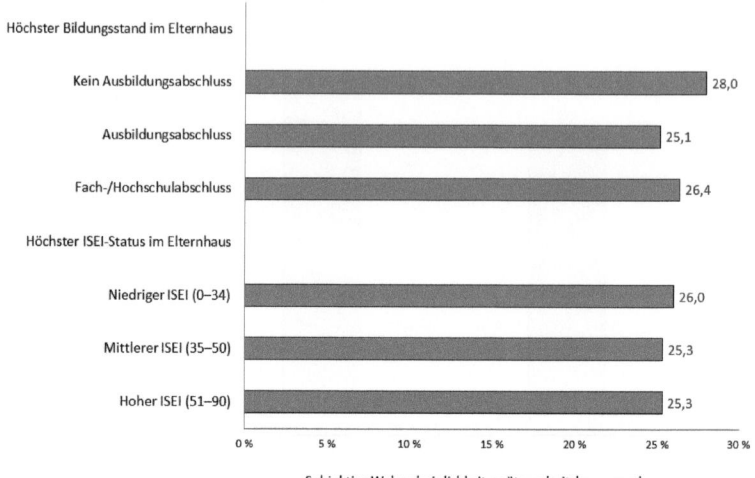

Abbildung 9   Mittlere Arbeitslosigkeitserwartungen 17-jähriger Jugendlicher, differenziert nach sozioökonomischen Merkmalen ihrer Eltern
Quelle: SOEP v30, eigene Berechnungen (querschnittsgewichtet)

Um die Bedeutung der Statustransmission für die Zukunftserwartungen der Jugendlichen aufzudecken, ist in Abbildung 9 die mittlere Arbeitslosigkeitserwartung der Jugendlichen in Abhängigkeit vom jeweils höchsten Bildungsstand und dem höchsten ISEI-Wert der Eltern als Indikatoren für die soziale Herkunft dargestellt. Hierbei zeigt sich jedoch kein deutlicher Zusammenhang. Jugendliche, deren Eltern über keinen Ausbildungsabschluss verfügen, schätzen zwar ihre Wahrscheinlichkeit, später für längere Zeit arbeitslos zu werden, mit im Schnitt 28 Prozent überdurchschnittlich hoch ein, der Unterschied zwischen Jugendlichen aus Elternhäusern mit Ausbildungs- und Fach- oder Hochschulabschluss ist hingegen mit rund 25 bzw. 26 prozentiger Arbeitslosigkeitserwartung gering. Überraschenderweise erwarten dabei Jugendliche, deren Eltern einen Fach- oder Hochschulabschluss haben, eine spätere Arbeitslosigkeit etwas mehr als Jugendliche, deren Eltern über einen Ausbildungsabschluss verfügen. Das deckt sich mit der vorhergehenden Beobachtung, dass Gymnasiasten pessimistischer sind als Realschüler.

Ebenfalls kein deutlicher Zusammenhang zeigt sich zwischen der Arbeitslosigkeitserwartung der Jugendlichen und dem höchsten ISEI-Wert ihrer Eltern. Die Unterschiede zwischen den drei sozioökonomischen Gruppen sind hier sogar noch geringer. Damit lassen sich deskriptiv für die Jugendphase keine Hinweise auf eine intergenerationale Transmission subjektiver Arbeitsplatzunsicherheit aufgrund der Statustransmission finden. Für eine abschließende Bewertung sind jedoch multivariate Verfahren notwendig.

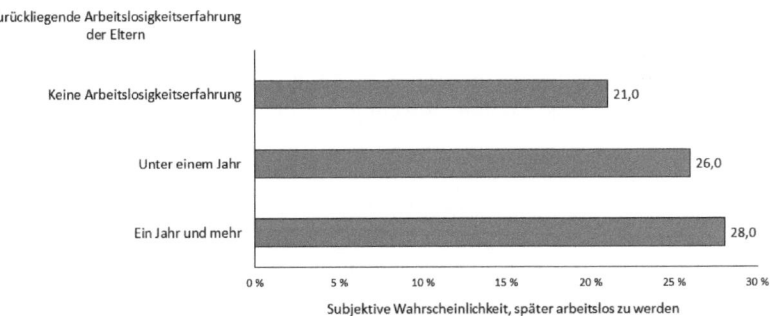

Abbildung 10   Mittlere Arbeitslosigkeitserwartungen 17-jähriger Jugendlicher, differenziert nach den zurückliegenden Arbeitslosigkeitserfahrungen ihrer Eltern
Quelle: SOEP v30, eigene Berechnungen (querschnittsgewichtet)

Ein weiterer Grund für die ähnliche Wahrnehmung und Bewertung von Eltern und ihren 17-jährigen Kindern hinsichtlich ihrer jeweiligen zukünftigen Arbeitsmarktchancen könnte sein, dass beide aufgrund der zurückliegenden Arbeitslosigkeitserfahrungen der Eltern verunsichert sind. Es ist bereits ausführlich dargelegt worden, dass Personen, die in den zurückliegenden Jahren arbeitslos waren, eine deutlich erhöhte Wahrscheinlichkeit haben, ihren Arbeitsplatz als unsicher wahrzunehmen und sich Sorgen um die Beschäftigung zu machen. Abbildung 10 zeigt darüber hinaus, dass die zurückliegende Arbeitslosigkeitserfahrung der Eltern auch mit den Zukunftserwartungen ihrer Kinder zusammenhängt. Jugendliche, deren Eltern in der Vergangenheit niemals arbeitslos waren, schätzen ihre eigene Wahrscheinlichkeit, später für längere Zeit arbeitslos zu werden, mit rund 21 Prozent eher gering ein. Waren die Eltern hingegen in der Vergangenheit (zusammen) unter einem Jahr arbeitslos, dann steigt dieser Wert deutlich auf 26 Prozent an. Noch pessimistischer sind die Jugendlichen, deren

Eltern in der Vergangenheit mehr als ein Jahr arbeitslos waren. Sie schätzen ihre eigene Arbeitslosigkeitswahrscheinlichkeit auf 28 Prozent, also 7 Prozentpunkte höher als Jugendliche, deren Eltern bisher niemals arbeitslos waren.

Abbildung 10 dokumentiert eindrucksvoll die starken Folgen der elterlichen Arbeitslosigkeit für die Zukunftswahrnehmung der Kinder. Frühere Erfahrungen mit Arbeitslosigkeit verunsichern nicht nur die Personen selber, sondern trüben auch die Zukunftserwartungen ihrer Kinder. Es ist durchaus vorstellbar, dass es auf diese Art auch zu einer Ähnlichkeit von Eltern und Kindern hinsichtlich ihrer jeweiligen zukünftigen Arbeitsmarktchancen kommt. Ob intergenerationale Transmission subjektiver Arbeitsplatzunsicherheit „lediglich" auf diese Wirkung der Arbeitslosigkeit zurückgeht, kann jedoch nur mittels multivariater Analyseverfahren geprüft werden (vgl. dazu Abschnitt 5.2). Zunächst werden jedoch weitere Ergebnisse deskriptiver Analysen präsentiert, die Aufschluss über eine mögliche langfristige Wirkung der intergenerationalen Transmission liefern können.

5.1.3. Subjektive Arbeitsplatzunsicherheit junger Erwerbstätiger

Im Fokus dieses Abschnitts steht nun die subjektive Arbeitsplatzunsicherheit junger Erwerbstätiger im Alter von 18 bis 30 Jahren. Die Erwerbsbedingungen dieser Altersgruppe gelten einerseits als besonders unsicher, da sich die jungen Erwerbstätigen erst noch am Arbeitsmarkt etablieren müssen (vgl. beispielsweise Buchholz 2008: 90). Anderseits wird häufig argumentiert, dass sich junge Erwerbstätige trotz objektiv unsicherer Bedingungen nicht unbedingt auch mehr Sorgen um die Sicherheit ihres Arbeitsplatzes machen müssen, da sie im Falle eines Arbeitsplatzverlustes (noch) wenig zu verlieren haben und schnell einen neuen Arbeitsplatz finden können (Näswall & De Witte 2003: 194).

Die vorhergehenden deskriptiven Auswertungen im Abschnitt 5.1.1 haben gezeigt, dass sich die subjektive Arbeitsplatzunsicherheit der jungen Erwerbstätigen im zeitlichen Verlauf kaum von der der übrigen Beschäftigten unterscheidet. Im Schnitt machen sich zwischen 2000 und 2013 rund 51 Prozent der 18- bis 39-Jährigen keine Sorgen, rund 36 Prozent einige Sorgen und rund 13 Prozent große Sorgen um die Sicherheit ihres Arbeitsplatzes (vgl. auch Tabelle 12). Daraus wurde geschlossen, dass auch die Verunsicherung junger Erwerbstätiger mit gesamtgesellschaftlichen Entwicklungen (wie steigende und fallende Arbeitslosigkeit) zusammenhängt.

Neben diesen gesamtgesellschaftlichen Rahmenbedingungen gelten in der entsprechenden Forschungsliteratur die individuellen (aktuellen) Beschäftigungsbedingungen als wichtigste Determinanten subjektiver Arbeitsplatzunsicherheit. Wie der Forschungsüberblick in Kapitel 2 gezeigt hat, machen sich besonders häufig Personen in befristeten Arbeitsverhältnissen sowie Leiharbeiter Sorgen um ihren Arbeitsplatz. Bezüglich anderer Einflussfaktoren wie Branche und Betriebsgröße ist der Forschungsstand weniger eindeutig (vgl. hierzu noch einmal Abschnitt 2.2.2). Im Folgenden soll anhand deskriptiver Auswertungen aufgezeigt werden, welche Faktoren mit einer erhöhten Sorge um die Sicherheit des Arbeitsplatzes bei jungen Erwerbstätigen verbunden sind (die weitere Überprüfung dieser Zusammenhänge mittels multivariater Analysen folgt im Abschnitt 5.2.3).

In Tabelle 12 ist die subjektive Arbeitsplatzunsicherheit junger Erwerbstätiger in Abhängigkeit von sozio-demographischen Merkmalen und individuellen Beschäftigungsbedingungen dargestellt, die laut aktuellem Forschungsstand einen Einfluss auf die Wahrnehmung und Bewertung der Arbeitsplatzunsicherheit haben sollen. Ausgewiesen werden jeweils die Anteile der Beobachtungen im gepoolten Datensatz, zu denen sich die jungen Erwerbstätigen keine, einige und große Sorgen um die Sicherheit ihres Arbeitsplatzes machen.

Bezüglich des Geschlechts lassen sich deskriptiv keine nennenswerten Unterschiede in der subjektiven Arbeitsplatzunsicherheit feststellen. Sowohl rund 13 Prozent der Männer als auch der Frauen zeigen große Sorgen, rund 37 bzw. 36 Prozent einige Sorgen um die Sicherheit des Arbeitsplatzes. Bei der Betrachtung der subjektiven Arbeitsplatzunsicherheit in Abhängigkeit vom Bildungsstand fällt auf, dass Personen mit Ausbildungsabschluss mit knapp 15 Prozent der Beobachtungen besonders häufig von subjektiver Arbeitsplatzunsicherheit betroffen sind. Erwartungsgemäß sind einige und großen Sorgen bei Personen mit Fachhochschul- oder Hochschulabschluss seltener als bei den anderen Ausbildungsabschlüssen. Die Verbreitung der Arbeitsplatzsorgen in den drei ISEI-Gruppen bestätigt den Eindruck, dass höhere Bildung und die damit verbundenen Vorteile auf dem Arbeitsmarkt vor Sorgen um die Sicherheit des Arbeitsplatzes schützen. Keine deutlichen Unterschiede zeigen sich hingegen in Abhängigkeit vom Partnerschaftsstatus der jungen Erwerbstätigen.

Tabelle 12   Subjektive Arbeitsplatzunsicherheit junger Erwerbstätiger, differenziert nach sozio-demographischen Merkmalen und individuellen Beschäftigungsbedingungen

	Keine Sorgen (%)	Einige Sorgen (%)	Große Sorgen (%)
Gesamt	**50,5**	**36,4**	**13,1**
Sozio-demographische Merkmale			
Frau	50,8	36,2	13,1
Mann	50,3	36,7	13,1
Bildungsstand			
Kein Ausbildungsabschluss	56,7	31,5	11,8
Ausbildungsabschluss	43,4	41,7	14,9
Fach-/Hochschulabschluss	55,7	34,5	9,8
Sozioökonomischer Status			
Niedriger ISEI (0–34)	50,4	35,7	14,0
Mittlerer ISEI (35–50)	48,2	38,1	13,8
Hoher ISEI (51–90)	53,1	36,3	10,6
Familienstand			
Ohne Partner lebend	50,2	36,5	13,3
Mit Lebenspartner lebend	53,1	34,7	12,3
Mit Ehepartner lebend	49,0	39,0	12,0
Aktuelle Beschäftigungsbedingungen			
Erwerbsstatus			
Vollzeit	45,0	40,2	14,9
Teilzeit	47,4	37,9	14,8
Geringfügig beschäftigt	70,9	23,0	6,1
Befristet beschäftigt	43,4	37,1	19,5
Leiharbeit	35,4	37,7	26,9
Größe des Betriebes			
Unter 200 Beschäftigte	44,0	42,7	13,3
200 bis 2.000 Beschäftigte	49,3	37,3	13,4
Mehr als 2.000 Beschäftigte	56,4	31,5	12,1
Branche des Betriebes			
Sonstige	39,3	44,6	16,1
Produzierendes Gewerbe	53,2	34,1	12,7
Handel, Gastgewerbe und Verkehr	50,8	33,7	15,5
Beschäftigung im öffentlichen Dienst	58,3	31,6	10,1

Quelle: SOEP v30 (2000 bis 2013), eigene Berechnungen (ungewichtet)
Prozentangaben beziehen sich auf Beobachtungen und nicht auf Personen

Die größten Unterschiede in der Wahrnehmung und Bewertung der Arbeitsplatzunsicherheit zeigen sich in Tabelle 12 in Abhängigkeit von den individuellen Beschäftigungsbedingungen. Beobachtungen von Personen mit einem befristeten Arbeitsvertrag sind mit einem Anteil von fast 20 Prozent überdurchschnittlich häufig von großen Sorgen um die Sicherheit ihres Arbeitsplatzes betroffen. In der Gruppe der Leiharbeiter ist der Anteil an Beobachtungen mit knapp 27 Prozent sogar noch größer. Eine auffällige Ausnahme stellen geringfügig Beschäftigte dar, die sich mit einem Anteil von knapp über 70 Prozent sehr häufig keine Sorgen um die Sicherheit ihres Arbeitsplatzes machen. Dieser Befund könnte mit der Funktion dieser Beschäftigungsform als Nebentätigkeit zusammenhängen, der eventuell nicht so viel Bedeutung beigemessen wird wie einer Hauptbeschäftigung. Insgesamt gesehen bestätigt sich der Befund aus der Literatur, dass die Art des Arbeitsvertrages (als objektiver Indikator für die Stabilität des Arbeitsverhältnisses) einen großen Einfluss auf die subjektive Arbeitsplatzunsicherheit hat. Außerdem zeigt sich, dass mit steigender Betriebsgröße der Anteil an jungen Beschäftigten mit einigen Sorgen abnimmt und mit keinen Sorgen zunimmt. Ferner sind große Arbeitsplatzsorgen vor allem im Handel, Gastgewerbe und Verkehr verbreitet. Angestellte im öffentlichen Dienst machen sich erwartungsgemäß seltener Sorgen um die Sicherheit ihres Arbeitsplatzes.

Die bisherige deskriptive Betrachtung der subjektiven Arbeitsplatzunsicherheit junger Erwerbstätiger hat keine unerwarteten Zusammenhänge aufgedeckt. Auch in dieser Altersgruppe machen sich vor allem Personen Sorgen um die Sicherheit ihres Arbeitsplatzes, die sich in objektiv instabilen Beschäftigungssituationen befinden. Dazu zählen vor allem befristet Beschäftigte und Leiharbeiter. Doch wie bereits bei der Aufarbeitung des Forschungsstandes deutlich geworden ist, können diese objektiven Beschäftigungsbedingungen die Sorgen der Beschäftigten nicht vollständig erklären. Es ist beispielsweise keineswegs so, dass sich junge Erwerbstätige mit befristeten Arbeitsverträgen automatisch große Sorgen machen; rund 44 Prozent von ihnen machen sich sogar gar keine Sorgen. Gleichzeitig lassen sich Sorgen auch bei Personen beobachten, die eine unbefristete Stelle in einer vermeintlich krisensicheren Branche oder einem etablierten Unternehmen haben. In dieser Arbeit soll daher die Frage beantwortet werden, welche Rolle die vorberufliche Sozialisation innerhalb der Familien für die Wahrnehmung und Bewertung von Arbeitsplatzunsicherheit hat. Aus diesem Grund wird im Folgenden die subjektive Arbeitsplatzunsicherheit der jungen Erwerbstätigen in Abhängigkeit von den Sozialisationsbedingungen in ihrer Jugend betrachtet.

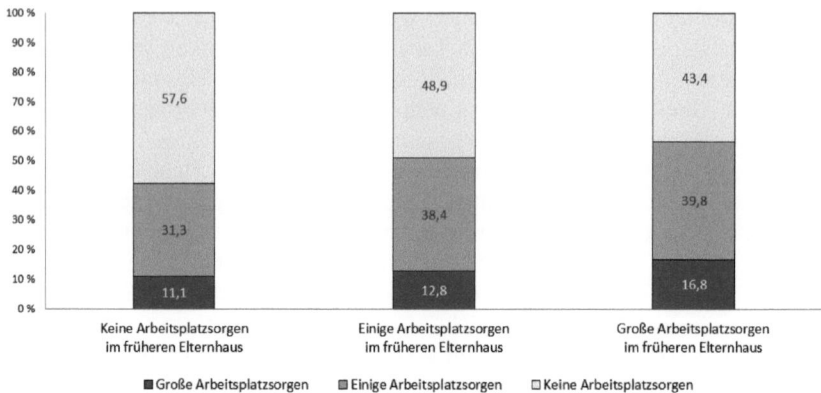

Abbildung 11   Arbeitsplatzsorgen junger Erwerbstätiger, differenziert nach der früheren subjektiven Arbeitsplatzunsicherheit ihrer Eltern
Quelle: SOEP v30, eigene Berechnungen (ungewichtet)
Prozentangaben beziehen sich auf Beobachtungen und nicht auf Personen

Als wichtigste Sozialisationsbedingung können die Erfahrungen der Eltern mit subjektiver Arbeitsplatzunsicherheit gelten, die die jungen Erwachsenen in ihrer Jugend beobachten konnten. Dazu wurden zuvor zwei Hypothesen aufgestellt. Zum einen wurde vermutet, dass Personen, deren Eltern sich früher Sorgen um die Sicherheit ihres Arbeitsplatzes gemacht haben, häufiger von subjektiver Arbeitsplatzunsicherheit betroffen sind als Personen, deren Eltern sich keine Sorgen gemacht haben. Zum anderen könnte es sein, dass sich Personen durch die frühen Erfahrungen im Elternhaus an die Unsicherheit auf dem Arbeitsmarkt gewöhnen oder anpassen können und sie sich deshalb nicht hinsichtlich ihrer Anfälligkeit für subjektive Arbeitsplatzunsicherheit in der frühen Erwerbsphase von denen unterscheiden – oder sogar weniger anfällig sind – als die, deren Eltern sich keine Arbeitsplatzsorgen gemacht haben. Eine deskriptive Annäherung an diese beiden (gegensätzlichen) Hypothesen bietet Abbildung 11, in der der bivariate Zusammenhang zwischen der subjektiven Arbeitsplatzunsicherheit junger Erwerbstätiger und den Sorgen, die sich ihre Eltern gemacht haben, als die Kinder 17 Jahre alt waren, dargestellt ist.

Wie bereits in der Jugendphase zeigt sich auch in der frühen Erwerbsphase der Kindergeneration ein deutlicher positiver Zusammenhang zwischen der Verunsicherung der Eltern und Kinder. Haben sich die Eltern keine Sorgen in der Jugendphase ihrer Kinder gemacht, dann machen sich knapp 58 Prozent der mittlerweile erwachsenen Kinder ebenfalls keine Sorgen. Hat sich hingegen mindestens ein Elternteil einige bzw. große Sorgen gemacht, sinkt dieser Wert auf rund 49 bzw. knapp 43 Prozent. Im Gegenzug steigt mit zunehmenden Sorgen der Eltern auch der Anteil an Beobachtungen von Personen, die sich einige oder große Sorgen machen. Während lediglich rund 11 Prozent der Beobachtungen von Kindern, die aus Elternhäusern ohne Arbeitsplatzsorgen stammen, durch große Sorgen um die Sicherheit des Arbeitsplatzes gekennzeichnet sind, ist dieser Anteil bei jungen Erwachsenen, deren Eltern sich in der Vergangenheit einige oder große Sorgen gemacht haben, deutlich erhöht. In der letzten Gruppe liegt der Anteil der jungen Erwachsenen, die sich große Sorgen machen, bei knapp 17 Prozent und damit rund 4 Prozentpunkte über dem Durchschnitt. Damit kann von einer intergenerationalen Transmission subjektiver Arbeitsplatzunsicherheit ausgegangen werden. Es stellt sich jedoch die Frage, worauf diese zurückgeht.

Neben der sozialisationsbedingten Weitergabe von subjektiver Arbeitsplatzunsicherheit könnten auch die Vererbung des sozioökonomischen Status oder die intergenerationalen Folgen von Arbeitslosigkeit für die intergenerationale Transmission subjektiver Arbeitsplatzunsicherheit verantwortlich sein. In Abbildung 12 zeigt sich, dass die Arbeitsplatzsorgen der jungen Erwerbstätigen auch mit der sozialen Herkunft zusammenhängen. Die subjektive Arbeitsplatzunsicherheit steht sowohl im negativen Zusammenhang mit dem (damaligen) Bildungsstand der Eltern als auch mit deren (damaligen) ISEI-Wert. Kinder aus Familien ohne Ausbildungsabschluss machen sich mit rund 26 Prozent als Erwachsene überdurchschnittlich häufig große Sorgen, Kinder aus Familien mit Ausbildungsabschluss machen sich zu rund 14 Prozent große Sorgen und Kinder aus Familien mit Fach- oder Hochschulabschluss nur noch zu rund 10 Prozent. Dieses Muster ist auch für den ISEI-Wert in Abbildung 12 klar erkennbar. Je höher der sozioökonomische Status der Eltern in der Jugendphase der Kinder war, desto seltener machen sich die Kinder als junge Erwerbstätige große bzw. einige Sorgen um die Sicherheit ihres Arbeitsplatzes.

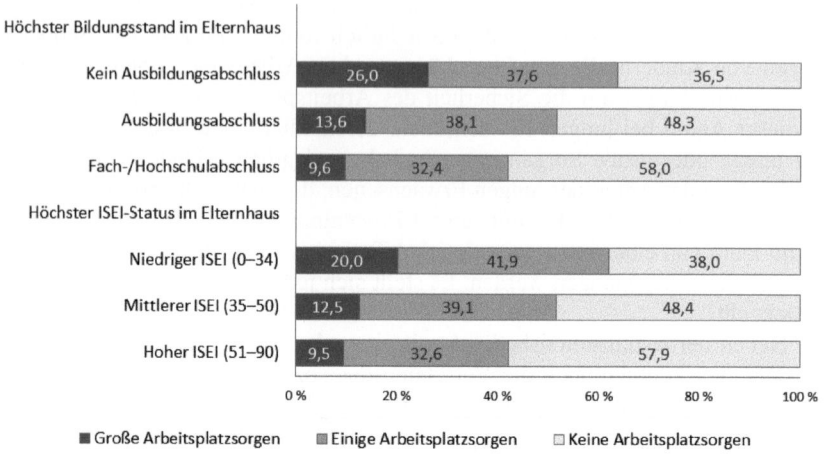

Höchster Bildungsstand im Elternhaus

Kein Ausbildungsabschluss: 26,0 | 37,6 | 36,5

Ausbildungsabschluss: 13,6 | 38,1 | 48,3

Fach-/Hochschulabschluss: 9,6 | 32,4 | 58,0

Höchster ISEI-Status im Elternhaus

Niedriger ISEI (0–34): 20,0 | 41,9 | 38,0

Mittlerer ISEI (35–50): 12,5 | 39,1 | 48,4

Hoher ISEI (51–90): 9,5 | 32,6 | 57,9

0 %   20 %   40 %   60 %   80 %   100 %

■ Große Arbeitsplatzsorgen   ■ Einige Arbeitsplatzsorgen   ☐ Keine Arbeitsplatzsorgen

Abbildung 12   Arbeitsplatzsorgen junger Erwerbstätiger, differenziert nach früheren sozioökonomischen Merkmalen ihrer Eltern
Quelle: SOEP v30, eigene Berechnungen (ungewichtet)
Prozentangaben beziehen sich auf Beobachtungen und nicht auf Personen

Ein ähnlich klares Bild zeigt sich in Abbildung 13. Die Arbeitsplatzsorgen der jungen Erwerbstätigen stehen im deutlichen Zusammenhang mit den zurückliegenden Arbeitslosigkeitserfahrungen der Eltern. Waren die Eltern bis zur Jugend der Kinder nie arbeitslos, berichten später lediglich 11 Prozent der Kinder von großen Sorgen um die Sicherheit ihres Arbeitsplatzes, rund 54 Prozent machen sich hingegen keine Sorgen. Arbeitslosigkeitserfahrungen der Eltern unter einem Jahr ändern an den Arbeitsplatzsorgen ihrer Kinder nicht viel. In dieser Gruppe ist der Anteil der jungen Erwerbstätigen, die sich keine Sorgen um die Sicherheit ihres Arbeitsplatzes machen, unverändert, lediglich der Anteil an großen Sorgen ist leicht erhöht. Waren die Eltern allerdings früher mehr als ein Jahr arbeitslos, nehmen die Sorgen ihrer Kinder als Erwachsene deutlich zu. In dieser Gruppe machen sich rund 16 Prozent große Sorgen und rund 40 Prozent einige Sorgen. Damit sind mehr als die Hälfte der jungen Erwerbstätigen verunsichert, deren Eltern zusammen mehr als ein Jahr arbeitslos waren.

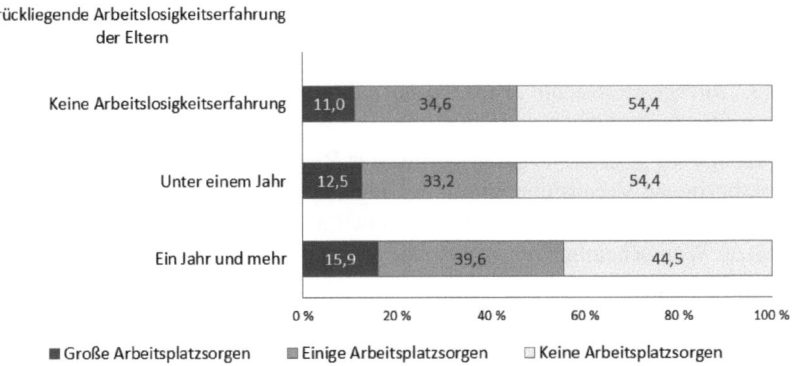

Abbildung 13 Arbeitsplatzsorgen junger Erwerbstätiger, differenziert nach den früheren Arbeitslosigkeitserfahrungen ihrer Eltern
Quelle: SOEP v30, eigene Berechnungen (ungewichtet)
Prozentangaben beziehen sich auf Beobachtungen und nicht auf Personen

Die deskriptiven Auswertungen zeigen, dass die Arbeitsplatzsorgen der jungen Erwerbstätigen nicht nur im Zusammenhang mit der subjektiven Arbeitsplatzunsicherheit ihrer Eltern stehen, sondern auch mit verschiedenen Merkmalen des sozioökonomischen Status und den zurückliegenden Arbeitslosigkeitserfahrungen der Eltern (jeweils gemessen zu dem Zeitpunkt, als die jungen Erwachsenen 17 Jahre alt waren). Im Folgenden gilt es zu klären, ob die intergenerationale Transmission subjektiver Arbeitsplatzunsicherheit ein Nebenprodukt der Statustransmission oder der elterlichen Arbeitsplatzunsicherheit ist oder ob es Hinweise auf sozialisationsbedingte Verunsicherung der jungen Erwerbstätigen gibt.

5.2. Multivariate Analysen

5.2.1. Intergenerationale Transmission subjektiver Arbeitsplatzunsicherheit in der Jugendphase

In Tabelle 13 sind die Ergebnisse linearer Regressionsmodelle für die arbeitsmarktbezogene Verunsicherung in der Jugendphase wiedergegeben. Die abhängige Variable ist die von den Jugendlichen auf einer 11-stufigen Skala eingeschätzte Wahrscheinlichkeit, später für längere Zeit arbeitslos zu sein. Je höher dabei die subjektive Arbeitslosigkeitserwartung ist, desto pessimistischer sehen die 17-jährigen Jugendlichen ihre berufliche Zukunft.

Es werden im Folgenden die Ergebnisse von drei Modellen berichtet, die jeweils schrittweise weitere Einflussfaktoren aufnehmen. In allen Modellen geht die subjektive Arbeitsplatzunsicherheit im Elternhaus als zentrale erklärende Variable ein. Modell 1 beinhaltet zudem sozio-demographische Merkmale und Informationen über die bisherigen Erfahrungen der Jugendlichen sowie Informationen über die Familien- und Erwerbskonstellation im Elternhaus als Kontrollvariablen. Außerdem werden Indikatoren für die gesamtgesellschaftlichen Rahmenbedingungen berücksichtigt. In Modell 2 wird des Weiteren für den jeweils höchsten Bildungsstand sowie für den sozioökonomischen Status der Eltern kontrolliert, um ausschließen zu können, dass der eventuelle Zusammenhang zwischen der subjektiven Arbeitslosigkeitserwartung der Kindergeneration und der subjektiven Arbeitsplatzunsicherheit ihrer Eltern auf den Prozess der Statustransmission zurückgeht. In Modell 3 gehen zusätzlich Informationen über die zurückliegenden Arbeitslosigkeitserfahrungen der Eltern ein, um auch diese als möglichen vermittelnden Mechanismus für die intergenerationale Transmission subjektiver Arbeitsplatzunsicherheit ausschließen zu können.

In Modell 1 zeigt sich, dass die Arbeitslosigkeitserwartungen der Kinder und die Arbeitsplatzsorgen ihrer Eltern in einem signifikant positiven Zusammenhang zueinander stehen. Macht sich mindestens ein Elternteil einige bzw. große Sorgen, schätzen die Jugendlichen ihre Wahrscheinlichkeit, längere Zeit arbeitslos zu sein, durchschnittlich höher ein, als wenn sich die Eltern keine Sorgen um die Sicherheit ihres Arbeitsplatzes machen. Die Regressionsmodelle bestätigen damit die Beobachtungen einer intergenerationalen Transmission subjektiver Arbeitsplatzunsicherheit aus den deskriptiven Analysen. Besonders stark und dabei hoch signifikant ist der Effekt für die „großen Arbeitsplatzsorgen" im Elternhaus, während „einige Sorgen" der Eltern nur leicht signifikant (auf dem 5-Prozent-Niveau) mit den Arbeitslosigkeitserwartungen der Jugendlichen zusammenhängen.

Tabelle 13   Lineare Regression zur Erklärung der Arbeitslosigkeitserwartung 17-jähriger Jugendlicher

	AV: Subjektive Wahrscheinlichkeit, später arbeitslos zu werden		
	Modell 1 B (SE)	Modell 2 B (SE)	Modell 3 B (SE)
Subjektive Arbeitsplatzunsicherheit im Elternhaus *(Ref.: Keine Sorgen)*			
Einige Arbeitsplatzsorgen	**1,83* (2,17)**	**2,02* (2,37)**	**1,88* (2,20)**
Große Arbeitsplatzsorgen	**4,20*** (3,76)**	**4,54*** (4,02)**	**4,29*** (3,77)**
Sozio-demographische Merkmale der Jugendlichen			
Geschlecht *(1 = weibl., 0 = männl.)*	**1,62* (2,24)**	**1,62* (2,24)**	**1,59* (2,19)**
Schulbesuch[1] *(Ref.: Realschulbesuch)*			
Kein Schulbesuch	**5,51* (2,21)**	**5,33* (2,17)**	**5,21* (2,11)**
Hauptschule	2,00 (1,14)	1,99 (1,14)	1,91 (1,09)
Gymnasium	**2,05* (2,03)**	1,68 (1,61)	1,78 (1,71)
Gesamtschule	-0,59 (0,35)	-0,86 (0,51)	-0,82 (0,49)
Berufliche Schule	0,14 (0,12)	0,08 (0,07)	0,11 (0,09)
Bisherige Erfahrungen der Jugendlichen			
Mathematiknote *(Ref.: befriedigend)[1]*			
Sehr gut bis gut	**-2,44** (2,83)**	**-2,52** (2,93)**	**-2,47** (2,87)**
Ausreichend bis ungenügend	0,61 (0,67)	0,55 (0,61)	0,51 (0,56)
Sitzenbleiben *(1 = ja, 0 = nein)*	**2,27* (2,19)**	**2,29* (2,19)**	**2,25* (2,16)**
Schülerjob *(1 = ja, 0 = nein)*	-0,24 (0,29)	-0,27 (0,33)	-0,26 (0,32)
Familien- und Erwerbskonstellation im Elternhaus			
Alter der Eltern *(metrisch)*	0,12 (1,50)	0,11 (1,29)	0,12 (1,42)
Ein-Eltern-Haushalt *(1 = ja, 0 = nein)*	**2,76* (2,10)**	0,29 (0,16)	0,42 (0,24)
Ältere Geschwister *(1 = ja, 0 = nein)*	-0,17 (0,23)	-0,19 (0,26)	-0,22 (0,29)
Erwerbstätigkeit *(Ref.: erwerbstätig)*			
Vater oder Mutter arbeitslos	**6,52*** (3,87)**	**7,10*** (4,06)**	**6,45*** (3,60)**
Vater oder Mutter nicht-erwerbstätig[2]	0,11 (0,12)	0,56 (0,53)	0,58 (0,55)
Höchster Bildungsstand im Elternhaus *(Ref.: kein Abschluss)*			
Ausbildungsabschluss		-2,03 (1,19)	-1,90 (1,13)
Fach-/Hochschulabschluss		-1,46 (0,78)	-1,26 (0,68)
Sozioökonomischer Status des Elternhauses[1] *(Ref.: mittlerer ISEI, 35–50)*			
Niedriger ISEI (0–34)		-0,36 (0,29)	-0,48 (0,39)
Hoher ISEI (51–90)		1,07 (1,07)	1,17 (1,17)
Zurückliegende Arbeitslosigkeitserfahrung der Eltern[1] *(Ref.: keine Arbeitslosigkeit)*			
Unter einem Jahr			1,33 (1,31)
Ein Jahr und mehr			1,76 (1,92)
Gesellschaftliche Rahmenbedingungen[3]			
Ostdeutschland *(Ref.: Westdtl.)*	**5,63*** (3,42)**	**5,79*** (3,49)**	**5,64*** (3,41)**
Regionale Arbeitslosenquote *(metrisch)*	-0,01 (0,08)	-0,03 (0,17)	-0,04 (0,27)
Konstante	**18,82*** (4,14)**	**20,57*** (4,15)**	**19,26*** (3,87)**
R^2	0,08	0,08	0,08
Anzahl Personen	3.504	3.504	3.504

Quelle: SOEP v30 (2000 bis 2013), eigene Berechnungen
B = unstandardisierter Regressionskoeffizient, SE = nach Elternhaus und Bundesland geclusterte Standardfehler, AV = abhängige Variable. [1]Es wird mit einer zusätzlichen Dummy-Variablen für fehlende Werte dieser unabhängigen Variablen kontrolliert. [2]Aber nicht arbeitslos. [3]In allen Modellen wird anhand von Dummy-Variablen für das Befragungsjahr (2000 bis 2013) kontrolliert.
* p < 0,05, ** p < 0,01, *** p < 0,001 (signifikante Werte sind fett gedruckt)

Der Zusammenhang zwischen der arbeitsmarktbezogenen Zukunftserwartung der Jugendlichen und der subjektiven Arbeitsplatzunsicherheit ihrer Eltern ist unter Kontrolle verschiedener individueller und elternhausbezogener Variablen signifikant, auf deren Effekte an dieser Stelle kurz eingegangen werden soll. Mit Blick auf die individuellen Merkmale der Jugendlichen bestätigt sich, dass Mädchen pessimistischer sind als Jungen, wenn es um die Einschätzung einer zukünftigen Arbeitslosigkeit geht. Solche geschlechtsspezifischen Unterschiede zeigen sich auch in anderen Untersuchungen wie beispielsweise der Shell-Jugendstudie, laut der Jungen und junge Männer zuversichtlicher als Mädchen und junge Frauen sind, ihre beruflichen Wünsche verwirklichen zu können (Leven et al. 2011: 116).

Mit zwei Ausnahmen zeigen sich keine signifikanten Zusammenhänge zwischen dem Schulbesuch und den Arbeitslosigkeitserwartungen der Jugendlichen. Die erste Ausnahme bezieht sich auf Jugendliche, die nicht mehr zur Schule gehen. Sie blicken besonders pessimistisch in die Zukunft, was sich auf ihre tatsächlich schlechteren Arbeitsmarktchancen zurückführen lässt. Verwunderlich ist allerdings die zweite Ausnahme: Im Vergleich zu Realschülern schätzen Gymnasiasten ihre zukünftigen Arbeitsmarktchancen deutlich pessimistischer ein. Das widerspricht zunächst einmal den objektiv besseren Erwerbschancen, die Gymnasiasten aufgrund ihrer höheren Bildung haben sollten. Zum anderen wäre zu erwarten gewesen, dass Gymnasiasten noch deutlich sorgloser in ihre berufliche Zukunft schauen als beispielsweise Real- und Hauptschüler (Nurmi 1991: 29). Aufgrund ihrer längeren Ausbildungszeit sind Themen wie Arbeitslosigkeit für sie noch nicht unmittelbar relevant. Dem Effekt sollte allerdings nicht allzu viel Beachtung geschenkt werden, da er in den folgenden Modellen unter Kontrolle des sozioökonomischen Status der Eltern nicht mehr signifikant ist.

Während der besuchte Schultyp an sich also nicht signifikant mit den Arbeitslosigkeitserwartungen der Jugendlichen zusammenhängt, sind die bisherigen Schulleistungen durchaus von Bedeutung. Das zeigt sich eindrucksvoll an den Schulnoten, welche hier beispielhaft anhand der letzten Mathematiknote erfasst werden. Jugendliche, die sehr gute bis gute Noten in Mathematik erreicht haben, sind deutlich optimistischer als Jugendliche, die befriedigende Ergebnisse in der Schule erzielen. Keinen signifikanten Unterschied gibt es hingegen zwischen Schülern mit ausreichenden bis ungenügenden Noten und solchen, die befriedigende Noten erreicht haben. Dennoch lässt sich festhalten, dass gute Leistungen in der Schule die subjektiv erwarteten Zukunftsaussichten verbessern. Das kann sowohl an den objektiv besseren Erwerbschancen liegen, die Jugendliche mit besseren Schulnoten haben. Das kann aber auch auf einen psychologischen Effekt zurückzuführen sein. Bisherige (schulische) Erfolge bestärken möglicherweise die Jugendlichen in ihren Fähigkeiten und lassen sie optimistischer und zuversichtlicher in die Zukunft schauen.

Die beiden Erklärungen lassen sich (in umgekehrter Logik) auch auf den nächsten signifikanten Effekt übertragen: Es zeigt sich, dass das Wiederholen einer Klasse signifikant positiv mit der subjektiven Arbeitslosigkeitserwartung der Jugendlichen verbunden ist. Der vergangene Misserfolg in der Schule trübt also die Zukunftserwartungen der Jugendlichen (auch unter Kontrolle ihrer aktuellen Schulnoten). Zusammenfassend kann daher festgehalten werden, dass eigene positive Erfahrungen der Jugendlichen insgesamt zu einer optimistischen Zukunftserwartung beitragen, negative Erfahrungen haben den gegenteiligen Effekt. Keinen signifikanten Zusammenhang gibt es allerdings zwischen der subjektiv wahrgenommenen Arbeitslosigkeitserwartung der Jugendlichen und dem Ausüben eines Schülerjobs. Diese erste eigene Erfahrung mit dem Arbeitsmarkt wirkt sich im Gegensatz zu den schulischen Erfahrungen also nicht auf die Zukunftserwartungen der Jugendlichen aus, allerdings liegen in den SOEP-Daten auch keine Informationen über die Bewertung des Schülerjobs (beispielsweise als Erfolg oder Misserfolg) durch die Jugendlichen vor.

Neben den individuellen Merkmalen der Jugendlichen gehen in Modell 1 Informationen über die Familien- und Erwerbskonstellation des Elternhauses als Kontrollvariablen ein. Dabei zeigt sich zum einen, dass Kinder aus Ein-Eltern-Haushalten pessimistischer sind als Kinder aus Elternhäusern mit zwei Elternteilen. Dieser Effekt scheint auf die häufig schlechte Arbeitsmarktsituation von Alleinerziehenden zurückzugehen, jedenfalls ist er in den folgenden Modellen unter Kontrolle des sozioökonomischen Status der Eltern nicht mehr signifikant. Zum anderen zeigt sich, dass Jugendliche eher davon ausgehen, später arbeitslos zu sein, wenn entweder die Mutter oder der Vater arbeitslos ist. Dieser Effekt weist auf starke intergenerationale Auswirkungen von Arbeitslosigkeit hin, die in dieser Arbeit jedoch nicht im Fokus des Interesses stehen. Wichtig ist hierbei nur, dass der Einfluss der subjektiven Arbeitsplatzunsicherheit der Eltern auch unter Kontrolle der (momentanen) Arbeitslosigkeit eines Elternteiles signifikant ist. Die Nicht-Erwerbstätigkeit eines Elternteils sowie das Vorhandensein von älteren Geschwistern sind hingegen nicht signifikant (diese Variablen ändern aber auch nichts am Effekt der subjektiven Arbeitsplatzunsicherheit im Elternhaus).

Außerdem wird für die gesamtgesellschaftlichen Rahmenbedingungen kontrolliert, unter denen die Jugendlichen aufwachsen. Dazu zählen neben der Wohnregion (Ost- vs. Westdeutschland) das Befragungsjahr und die regionale Arbeitslosenquote. Es bestätigt sich die Beobachtung aus den deskriptiven Analysen, dass Jugendliche in Ostdeutschland generell pessimistischer sind als Gleichaltrige in Westdeutschland. Dafür kann es viele Gründe geben. Es erscheint naheliegend anzunehmen, dass die düstereren Zukunftserwartungen der ostdeutschen Jugendlichen auf die nach wie vor schlechteren Arbeitsmarktbedingungen wie beispielsweise eine höhere Arbeitslosigkeit und geringere Löhne in den neuen Bundesländern zurückgehen. Allerdings wird in den Modellen obendrein für die regionale Arbeitslosenquote kontrolliert, durch die eigentlich die unterschiedlichen Arbeitsmarktbedingungen (zumindest zum Teil) erfasst werden sollten. Überraschenderweise ist der Effekt der regionalen Arbeitslosenquote (unter Kontrolle der beiden anderen Indikatoren für die gesamtgesellschaftlichen Rahmenbedingungen) nicht signifikant. Die Koeffizienten für die Befragungsjahre, die an dieser Stelle nicht im Detail vorgestellt werden sollen, bestätigen allerdings die zeitlichen Schwankungen der subjektiven Arbeitslosigkeitserwartungen von Jugendlichen, wie sie sich bereits in den deskriptiven Analysen gezeigt haben (vgl. hierzu noch einmal Abbildung 5).

Ein weiterer Grund für die größere Verunsicherung in Ostdeutschland wird in der zurückliegenden „Schock-Erfahrung" vermutet, die die Ostdeutschen in der Zeit nach der Wiedervereinigung gemacht haben (Erlinghagen 2010: 7). In den 1990er Jahren verloren viele Beschäftigte in den Neuen Bundesländern ihre Arbeitsplätze und mussten sich an die neuen Bedingungen der Marktwirtschaft anpassen. Diese Erfahrung könnte so nachhaltig gewesen sein, dass sie langfristig die Wahrnehmungs- und Deutungsmuster der Ostdeutschen in der Art beeinflusst haben, dass sie sich noch heute unter vergleichbaren (individuellen wie gesamtgesellschaftlichen) Umständen deutlich häufiger und mehr Sorgen machen als westdeutsche Beschäftigte, die diese Erfahrung nicht gemacht haben. Die 17-jährigen Jugendlichen, um die es in dieser Arbeit geht, sind nach der Wiedervereinigung geboren und haben die dramatischen Veränderungen nicht selber miterlebt, weshalb die vorgebrachte Erklärung zunächst nicht auf sie zutreffen kann. Es ist allerdings möglich, dass sich die stärker ausgeprägte Skepsis gegenüber dem Arbeitsmarkt der Ostdeutschen über Generationen fortsetzt, weil die Eltern ihren Kindern ihre Erfahrungen im Zuge der innerfamilialen Sozialisation weitergeben. Ob die intergenerationale Transmission subjektiver Arbeitsplatzunsicherheit für die größere Arbeitslosigkeitserwartung ostdeutscher Jugendlicher verantwortlich ist, kann mit den Ergebnissen aus Tabelle 13 nicht beantwortet werden. Da der Effekt der Befragungsregion allerdings unter Kontrolle der elterlichen Arbeitsplatzunsicherheit signifikant bleibt, scheint das zunächst nicht so zu sein. Um der Frage jedoch näher zu kommen, werden im weiteren Verlauf der Arbeit noch einmal getrennte Analysen für Ost- und Westdeutschland durchgeführt.

Als erstes Zwischenfazit lässt sich zunächst festhalten, dass es einen signifikanten Zusammenhang zwischen der subjektiven Arbeitslosigkeitserwartung 17-jähriger Jugendlicher und den (insbesondere großen) Arbeitsplatzsorgen gibt, die sie im Elternhaus beobachten können. Wie auch schon die deskriptiven Auswertungen bestätigen die Ergebnisse der multivariaten Analyse damit eine intergenerationale Transmission subjektiver Arbeitsplatzunsicherheit in der Jugendphase. Es stellt sich allerdings weiterhin die Frage, ob diese Ähnlichkeit tatsächlich auf die Lern- und Internalisierungsprozesse der familialen Sozialisation zurückgeht oder nicht andere Mechanismen dafür verantwortlich sind.

Eltern und Kinder können sich aus verschiedenen Gründen ähnlich sein. Neben der familialen Sozialisation ist eingangs die Statustransmission als wichtiger Mechanismus der intergenerationalen Transmission identifiziert worden. Demnach sind sich Eltern und ihre Kinder hinsichtlich ihrer Wahrnehmung und Bewertung arbeitsmarktbezogener Unsicherheit ähnlich, weil sie aufgrund der sozialen Vererbung des sozioökonomischen Status ähnliche objektive Erwerbschancen haben. Es ist unbestritten, dass Kinder, deren Eltern beispielsweise eine hohe Bildung haben, ebenfalls im Bildungswesen und später im Erwerbsleben erfolgreicher sind (was sich auch in der subjektiven Wahrnehmung widerspiegeln sollte).

Um auszuschließen, dass der soeben festgestellte intergenerationale Zusammenhang zwischen der subjektiven Arbeitsplatzunsicherheit der Eltern und der subjektiv wahrgenommenen Arbeitslosigkeitserwartung der Kinder ein Nebenprodukt der Statustransmission ist, wird in Modell 2 für Merkmale der sozialen Herkunft kontrolliert. Das sind zum einen der jeweils höchste Bildungsstand und der höchste ISEI-Wert des Elternhauses als Indikatoren für den sozioökonomischen Status der Familie.[17] Diese Variablen sind jedoch allesamt nicht signifikant und haben demnach keinen zusätzlichen Einfluss auf die subjektive Arbeitslosigkeitserwartung der 17-jährigen Jugendlichen. Für die vorliegende Arbeit ist es jedoch vor allem von Bedeutung, dass es trotz der Kontrolle für diese (herkunftsspezifischen) Statusvariablen keine nennenswerte Veränderung in den Effekten der subjektiven Arbeitsplatzunsicherheit der Eltern gibt. Die Koeffizienten für die Sorgen der Eltern werden sogar in Modell 2 im Vergleich zu Modell 1 etwas größer, was darauf hindeuten könnte, dass die Sozialisati-

---

[17]   In einem weiteren Modell, das hier nicht präsentiert wird, wurde zudem für die berufliche Klasse der Eltern anhand des EGP-Klassenschemas kontrolliert. Auch in diesem Modell bleibt der Einfluss der subjektiven Arbeitsplatzunsicherheit im Elternhaus auf die subjektive Arbeitslosigkeitserwartung der Jugendlichen nahezu unverändert.

onswirkung der subjektiven Arbeitsplatzunsicherheit von der sozialen Herkunft abhängt. Die Statustransmission ist demnach nicht für die beobachtete Ähnlichkeit in der Wahrnehmung und Bewertung der Arbeitsplatzunsicherheit von Eltern und ihren jugendlichen Kindern verantwortlich. Daraus kann im Umkehrschluss gefolgert werden, dass die Zukunftserwartung der Kinder von der im Elternhaus beobachteten und verinnerlichten Verunsicherung abhängt.

Bevor jedoch endgültig der Schluss gezogen werden kann, dass sich die subjektive Arbeitsplatzunsicherheit durch familiale Sozialisationsprozesse von Eltern auf ihre Kinder überträgt, muss eine weitere alternative Erklärung ausgeschlossen werden. Wie in Abschnitt 3.5.1 dargestellt, kann auch vermutet werden, dass nicht die Erfahrungen mit subjektiver Arbeitsplatzunsicherheit selber, sondern die damit häufig verbundene Arbeitslosigkeitserfahrung der Eltern die Zukunftserwartungen der Kinder beeinflusst. Deshalb wird im Modell 3 (in Tabelle 13) für die zurückliegende Arbeitslosigkeitserfahrung der Eltern kontrolliert (zusätzlich zur bereits kontrollierten aktuellen Arbeitslosigkeit eines Elternteils). Der Effekt der elterlichen Arbeitslosigkeit ist jedoch weder signifikant noch ändert die Aufnahme dieser Variablen irgendetwas an dem Effekt der subjektiven Arbeitsplatzunsicherheit der Eltern in dem Modell. Aus diesem Grund kann diese Alternativerklärung ebenfalls ausgeschlossen werden.

Insgesamt bestätigen die Ergebnisse demnach die Sozialisationshypothese für die Jugendphase, die davon ausgeht, dass sich innerhalb von Familien bestimmte Wahrnehmungs- und Bewertungsmuster übertragen, die zu einer ähnlichen Einschätzung der zukünftigen Arbeitsmarktchancen führen.

Exkurs: Intergenerationale Transmission in Ost- und Westdeutschland

Die bisherigen Analysen haben gezeigt, dass die Verunsicherung der Beschäftigten in Ostdeutschland nach wie vor stärker ausgeprägt ist als in Westdeutschland und dass genauso wie die Beschäftigten auch Jugendliche in Ostdeutschland deutlich pessimistischer sind als Jugendliche in Westdeutschland. Das wirft die Frage auf, ob für diese Ost-West-Unterschiede alleine die schlechteren Arbeitsmarktbedingungen in den Neuen Bundesländern verantwortlich sind oder ob dieser Befund auch darauf zurückgeht, dass die ostdeutschen Jugendlichen die „schlechten" Erfahrungen ihrer Eltern in der Nachwendezeit verinnerlicht haben und deshalb bis heute sensibler auf Anzeichen von Unsicherheit am Arbeitsmarkt reagieren. Um einer Antwort auf diese Frage näher zu kommen, werden im Folgenden getrennte Modelle für die Arbeitslosigkeitserwartungen ostdeutscher und westdeutscher Jugendliche berechnet und präsentiert.

In den Modellen in Tabelle 14 wird für sämtliche Kontrollvariablen aus den vorherigen Modellen für Gesamtdeutschland kontrolliert. Dazu gehören neben den sozio-demographischen Merkmalen der Jugendlichen Informationen über ihre bisherigen Erfahrungen, über die Familien- und Erwerbskonstellation im Elternhaus sowie Indikatoren für die gesamtgesellschaftlichen Rahmenbedingungen. Außerdem wird für den Bildungsstand, den sozioökonomischen Status und die zurückliegenden Arbeitslosigkeitserfahrungen der Eltern kontrolliert. Berichtet werden jedoch nur die Effekte der subjektiven Arbeitsplatzunsicherheit im Elternhaus auf die von den Jugendlichen subjektiv eingeschätzte Wahrscheinlichkeit, später für längere Zeit arbeitslos zu sein.

Zunächst lässt sich festhalten, dass sich in Modellen ohne weitere Kontrollvariablen sowohl in Ostdeutschland als auch in Westdeutschland ein signifikanter Zusammenhang zwischen der subjektiven Arbeitslosigkeitserwartung der Jugendlichen und der subjektiven Arbeitsplatzunsicherheit ihrer Eltern zeigt (Ergebnisse nicht dargestellt). In Ostdeutschland wird dieser Zusammenhang allerdings unter Kontrolle der sozialen Herkunft und der gesamtgesellschaftlichen Rahmenbedingungen insignifikant (vgl. Modell 1 in Tabelle 14). Damit lässt sich in Ostdeutschland keine intergenerationale Transmission subjektiver Arbeitsplatzunsicherheit nachweisen, die auf innerfamiliale Sozialisationsprozesse zurückgehen könnte.

Tabelle 14   Lineare Regression zur Erklärung der Arbeitslosigkeitserwartung 17-jähriger Jugendlicher – Intergenerationale Transmission in Ost- und Westdeutschland

	AV: Subjektive Wahrscheinlichkeit, arbeitslos zu werden	
Subjektive Arbeitsplatzunsicherheit im Elternhaus *(Ref.: Keine Sorgen)*	*Modell 1:* *Ostdeutschland* *B (SE)*	*Modell 2:* *Westdeutschland* *B (SE)*
Einige Arbeitsplatzsorgen	2,08 (1,31)	1,62 (1,41)
Große Arbeitsplatzsorgen	1,72 (1,33)	**4,75*** (4,91)**
R^2	0,09	0,07
Anzahl Personen	742	2.762

Quelle: SOEP v30 (2000 bis 2013), eigene Berechnungen
B = unstandardisierter Regressionskoeffizient, SE = nach Elternhaus und Bundesland geclusterte Standardfehler, AV = abhängige Variable. In allen Modellen wird kontrolliert für die sozio-demographischen Merkmale der Jugendlichen (Geschlecht, Schulbesuch und Schülerjob), den bisherigen Schulerfolg der Jugendlichen (Mathematiknote und Sitzenbleiben), die Familien- und Erwerbskonstellation im Elternhaus (Alter der Eltern, Ein-Eltern-Haushalt, ältere Geschwister und Erwerbstätigkeit der Eltern), Bildungsstand und sozioökonomischer Status der Eltern, zurückliegende Arbeitslosigkeitserfahrungen der Eltern sowie für die gesamtgesellschaftlichen Rahmenbedingungen (Befragungsjahr und regionale Arbeitslosenquote).
* p < 0,05, ** p < 0,01, *** p < 0,001 (signifikante Werte sind fett gedruckt)

Für Westdeutschland bestätigen sich hingegen die bisherigen Ergebnisse für Gesamtdeutschland: Es gibt hier unter Kontrolle sowohl individueller Merkmale der Jugendlichen als auch der sozioökonomischen Merkmale ihrer Eltern immer noch einen signifikant positiven Effekt der subjektiven Arbeitsplatzunsicherheit im Elternhaus auf die arbeitsmarktbezogene Verunsicherung der Kinder (vgl. Modell 2 in Tabelle 14). Machen sich die Eltern große Sorgen um die Sicherheit ihres Arbeitsplatzes, schätzen die Jugendlichen ihre Wahrscheinlichkeit, später arbeitslos zu sein, deutlich höher ein.

Dass für Ostdeutschland keine sozialisationsbedingte Transmission subjektiver Arbeitsplatzunsicherheit von Eltern auf ihre Kinder nachweisbar ist, deckt sich durchaus mit Befunden aus anderen Forschungsarbeiten zur intergenerationalen Transmission. So zeigen Studien zur Scheidungs- und Fertilitätstransmission ebenfalls keine bzw. geringere Effekte in Ostdeutschland, während die Effekte in Westdeutschland jeweils relativ stark sind (Engelhardt et al. 2002; Fasang 2015).

In der Transmissionsforschung wird angenommen, dass bestimmte soziohistorische Umstände den Einfluss der Eltern auf bestimmte Aspekte der Persönlichkeitsentwicklung ihrer Kinder aufheben bzw. abschwächen können. Die Forschung zur Wertetransmission geht davon aus, dass tiefgreifende soziale Veränderungen, wie beispielsweise die Emanzipation der Frau, den Einfluss der Eltern auf ihre Kinder bezüglich des entsprechenden Merkmals (hier Einstellung zur Rollenverteilung von Mann und Frau) überdecken können (Min et al. 2012: 119). Aufgrund der gesellschaftlichen Veränderungen orientieren sich die Kinder an den neuen Gegebenheiten, während die Eltern bei ihren früher erlernten Werten bleiben. Die Sozialisationswirkung außerfamilialer Sozialisationsinstanzen ist in diesem Fall einfach stärker als die innerfamiliale Sozialisation.

Auch bezüglich der Ost-West-Unterschiede in der intergenerationalen Transmission des Scheidungsrisikos kann man in ähnlicher Art und Weise argumentieren. Die Scheidungstransmission könnte beispielsweise in Ostdeutschland schwächer ausfallen als in Westdeutschland, weil Scheidungen in den Neuen Bundesländern aufgrund höherer Scheidungsraten normativ akzeptierter und damit „normaler" sind als in Westdeutschland (Fasang 2015: 20). Es gibt demnach auch außerhalb der Familie zahlreiche Beispiele von Scheidungen, die auf die Kinder einwirken und so die Bedeutung der Familie abschwächen. Das trifft auch auf die subjektive Arbeitsplatzunsicherheit zu. Die Sorgen um die Sicherheit des Arbeitsplatzes sind in Ostdeutschland (noch immer) deutlich häufiger als in Westdeutschland. Auch das könnte den Einfluss der Familie auf die Herausbildung von arbeitsmarktbezogenen Zukunftserwartungen ihrer Kinder aushebeln. Selbst wenn sich die Eltern keine Sorgen um die Sicherheit des Arbeitsplatzes machen, gibt es dafür für die Kinder in ihrem Umfeld wahrscheinlich zahlreiche andere Beispiele für die unsicheren Bedingungen am Arbeitsmarkt. Dieser Argumentation folgend wäre die anhaltend höhere Verunsicherung in Ostdeutschland nicht das Ergebnis der intergenerationalen (innerfamilialen) Transmission, durch die die Wendeerfahrungen der (eigenen) Eltern an ihre Kinder weitergegeben werden, sie wäre vielmehr eine Nachwirkung eines allgemeinen Klimas der Verunsicherung, welches auch auf die Jugendlichen übergeht.

5.2.2. Einfluss der Mütter und Väter auf ihre Töchter und Söhne in der Jugendphase

In den bisherigen Analysen wurde der Zusammenhang der subjektiven Arbeitslosigkeitserwartung der Jugendlichen mit der subjektiven Arbeitsplatzunsicherheit im Elternhaus untersucht. Es wurde dabei lediglich erfasst, ob und welche Sorgen die Kinder zuhause beobachten können. Es wurde jedoch nicht berücksichtigt, ob sich die Mutter oder der Vater diese Sorgen macht. Wie in Abschnitt 3.5.3 dargestellt, gibt es jedoch gute Gründe anzunehmen, dass das zu kurz greifen könnte und sich der Einfluss der Mütter und Väter auf ihre Töchter und Söhne unterscheiden kann.

Im Folgenden soll deshalb überprüft werden, ob die festgestellte sozialisatorische Wirkung der subjektiven Arbeitsplatzunsicherheit vom Geschlecht der Eltern und von dem der Kinder abhängt. Dazu werden in Tabelle 15 und Tabelle 16 die Ergebnisse linearer Regressionsmodelle für die Arbeitslosigkeitserwartung 17-jähriger Jugendlicher präsentiert, die nicht mehr die subjektive Arbeitsplatzunsicherheit im Elternhaus, sondern die Arbeitsplatzsorgen der Mütter und Väter getrennt als erklärende Variablen berücksichtigen. Außerdem werden die Modelle getrennt für Töchter und Söhne gerechnet. In allen Modellen wird dabei jeweils für die sozio-demographischen Merkmale der Jugendlichen, ihre bisherigen Erfahrungen, die Familien- und Erwerbskonstellation im Elternhaus sowie für die gesamtgesellschaftlichen Rahmenbedingungen kontrolliert. Außerdem gehen der Bildungsstand, der sozioökonomische Status und die zurückliegenden Arbeitslosigkeitserfahrungen der Eltern in die Modelle ein. Berichtet und vorgestellt werden jedoch auch hier wieder nur die Koeffizienten für den Einfluss der (mütterlichen und väterlichen) Arbeitsplatzsorgen.

In Tabelle 15 sind zunächst die Ergebnisse von Regressionsmodellen abgetragen, mit denen der Einfluss der Mütter auf ihre Töchter und Söhne geschätzt wird. Die Arbeitsplatzsorgen der Mütter wirken sich dabei sowohl auf die Arbeitslosigkeitserwartungen ihrer Töchter als auch Söhne aus, allerdings sind im

Modell für die Töchter der Effekt der großen Sorgen der Mütter und im Modell für die Söhne der Effekt einiger Arbeitsplatzsorgen der Mutter signifikant.

Tabelle 15   Lineare Regression zur Erklärung der Arbeitslosigkeitserwartung 17-jähriger Jugendlicher – Einfluss der Mutter

Subjektive Arbeitsplatzunsicherheit der Mutter *(Ref.: Keine Sorgen)*	*AV: Subjektive Wahrscheinlichkeit, arbeitslos zu werden*	
	Modell 1: Töchter B (SE)	*Modell 2: Söhne* B (SE)
Einige Arbeitsplatzsorgen	0,98 (0,78)	**1,10** (3,09)**
Große Arbeitsplatzsorgen	**4,93** (2,75)**	0,27 (0,18)
R^2	0,09	0,09
Anzahl Personen	1.722	1.782

Quelle: SOEP v30 (2000 bis 2013), eigene Berechnungen
B = unstandardisierter Regressionskoeffizient, SE = nach Elternhaus und Bundesland geclusterte Standardfehler, AV = abhängige Variable. In allen Modellen wird kontrolliert für die sozio-demographischen Merkmale der Jugendlichen (Schulbesuch und Schülerjob), den bisherigen Schulerfolg der Jugendlichen (Mathematiknote und Sitzenbleiben), die Familien- und Erwerbskonstellation im Elternhaus (Alter der Eltern, Ein-Eltern-Haushalt, ältere Geschwister und Erwerbstätigkeit der Eltern), Bildungsstand und sozioökonomischer Status der Eltern, zurückliegende Arbeitslosigkeitserfahrungen der Eltern sowie für die gesamtgesellschaftlichen Rahmenbedingungen (Befragungsjahr, Wohnregion und regionale Arbeitslosenquote).
* p < 0,05, ** p < 0,01, *** p < 0,001 (signifikante Werte sind fett gedruckt)

Analog dazu sind in Tabelle 16 die Ergebnisse von Regressionsmodellen abgetragen, mit denen der Einfluss der Väter auf ihre Kinder geschätzt wird. Der Einfluss der Väter auf ihre Töchter unterscheidet sich nicht wesentlich vom Einfluss der Mütter. In beiden Fällen schätzen die Mädchen ihre Wahrscheinlichkeit, später längere Zeit arbeitslos zu sein, deutlich höher ein, wenn sich Mutter oder Vater große Sorgen um die Arbeitsplatzunsicherheit macht. Wie auch bereits bei den Müttern sind einige Arbeitsplatzsorgen des Vaters nicht signifikant mit der Zukunftserwartung der Töchter verbunden. Außerdem haben die Sorgen der Väter einen signifikanten Einfluss auf die Arbeitslosigkeitserwartung ihrer Söhne. Macht sich der Vater einige oder große Sorgen, sind die 17-jährigen Söhne deutlich pessimistischer, was ihre berufliche Zukunft angeht.

Es lässt sich kein klares geschlechtsspezifisches Muster ableiten. Die Hypothese, dass sich nur die Sorgen der Mutter (als Hauptverantwortliche für die Familienarbeit) oder des Vaters (als Hauptverdiener) auf die Kinder übertragen, bewahrheitet sich nicht. Auch bestätigt sich nicht, dass sich eine intergenerationale Transmission nur zwischen gleichgeschlechtlichen Eltern-Kind-Paaren beobachten lässt. Auffällig ist hingegen, dass Jungen im Gegensatz zu Mädchen bereits auf einige Sorgen ihrer Eltern mit verstärktem Pessimismus reagieren. Das gilt sowohl für einige Arbeitsplatzsorgen der Mutter als auch des Vaters.

Die Arbeitslosigkeitserwartung der Mädchen steht stattdessen nur im signifikanten Zusammenhang mit den großen Sorgen der Mutter und des Vaters.

Tabelle 16   Lineare Regression zur Erklärung der Arbeitslosigkeitserwartung 17-jähriger Jugendlicher – Einfluss des Vaters

Subjektive Arbeitsplatzunsicherheit des Vaters *(Ref.: Keine Sorgen)*	*AV: Subjektive Wahrscheinlichkeit, arbeitslos zu werden*	
	Modell 1: Töchter *B (SE)*	*Modell 2: Söhne* *B (SE)*
Einige Arbeitsplatzsorgen	0,30 (0,26)	**3,66** (3,19)**
Große Arbeitsplatzsorgen	**4,03* (2,15)**	**6,70** (3,63)**
R²	0,09	0,10
Anzahl Personen	1.722	1.782

Quelle: SOEP v30 (2000 bis 2013), eigene Berechnungen
B = unstandardisierter Regressionskoeffizient, SE = nach Elternhaus und Bundesland geclusterte Standardfehler, AV = abhängige Variable. In allen Modellen wird kontrolliert für die soziodemographischen Merkmale der Jugendlichen (Schulbesuch und Schülerjob), den bisherigen Schulerfolg der Jugendlichen (Mathematiknote und Sitzenbleiben), die Familien- und Erwerbskonstellation im Elternhaus (Alter der Eltern, Ein-Eltern-Haushalt, ältere Geschwister und Erwerbstätigkeit der Eltern), Bildungsstand und sozioökonomischer Status der Eltern, zurückliegende Arbeitslosigkeitserfahrungen der Eltern sowie für die gesamtgesellschaftlichen Rahmenbedingungen (Befragungsjahr, Wohnregion und regionale Arbeitslosenquote).
* p < 0,05, ** p < 0,01, *** p < 0,001 (signifikante Werte sind fett gedruckt)

Reagieren Jungen sensibler als Mädchen auf arbeitsmarktbezogene Sorgen? Dieser Eindruck bestätigt sich, wenn die Analysen aus dem vorhergehenden Abschnitt zum Einfluss der subjektiven Arbeitsplatzunsicherheit im Elternhaus noch einmal getrennt für Mädchen und Jungen durchgeführt werden (Ergebnisse nicht präsentiert). Auch in diesem Modell zeigt sich, dass die Stärke der Sorgen für die intergenerationale Transmission der subjektiven Arbeitsplatzunsicherheit von Eltern auf ihre Söhne eine untergeordnete Rolle spielen. 17-jährige Jungen schätzen ihre Wahrscheinlichkeit, später für längere Zeit arbeitslos zu sein, dann höher ein, wenn sich die Eltern einige oder große Sorgen um die Sicherheit des Arbeitsplatzes gemacht haben (jeweils im Vergleich zu keinen Sorgen im Elternhaus). In dem Modell für die Mädchen sind hingegen nur die großen Sorgen der Eltern für die subjektive Arbeitslosigkeitserwartung ihrer Töchter signifikant. Machen sich die Eltern also nur einige Sorgen, wirkt sich das nicht signifikant auf die Zukunftserwartungen der Mädchen, jedoch auf die der Jungen aus.

Zu einem ähnlichen Ergebnis kommen beispielsweise auch Schoon et al. (2007). Sie untersuchen im Längsschnitt die Auswirkungen wirtschaftlicher Schwierigkeiten in der Herkunftsfamilie auf die Herausbildung von schulischen und beruflichen Aspirationen mit repräsentativen Daten aus Großbritannien. Dabei zeigt sich, dass die wirtschaftlichen Schwierigkeiten der Eltern einen größeren Einfluss auf die Aspirationen der Söhne als auf die der Töchter haben. Eine Erklärung liefern die Autoren dafür nicht. Es könnte aber möglicherweise damit zusammenhängen, dass Jungen und junge Männer aufgrund ihrer erwarteten späteren Rolle als Hauptverdiener der Erwerbsarbeit und damit der Studien- und Berufswahl eine größere Bedeutung für ihre zukünftige Lebensplanung beimessen als Mädchen und junge Frauen und daher sensibler auf mögliche Bedrohungen reagieren.

5.2.3. Langfristige Sozialisationswirkung der elterlichen Arbeitsplatzunsicherheit auf die arbeitsmarktbezogene Verunsicherung der Kinder in der frühen Erwerbsphase

In diesem Abschnitt werden nun die Ergebnisse generalisierter ordinaler logistischer Regressionen präsentiert, mit denen die Einflussfaktoren auf die subjektive Arbeitsplatzunsicherheit junger Erwerbstätiger untersucht werden. Wie bereits ausgeführt, bezieht sich diese Analyse ausschließlich auf abhängig Beschäftigte im Alter von 18 bis 30 Jahren, die die Sicherheit ihres aktuellen Arbeitsplatzes anhand der Ausprägungen „keine", „einige" oder „große" Sorgen bewerten. Für jede unabhängige Variable in den folgenden Modellen werden zwei Koeffizienten geschätzt. Der erste Koeffizient bezieht sich auf den Übergang von keinen Sorgen zu (einigen oder großen) Sorgen (erste Schwelle), der zweite Koeffizient bezieht sich auf die Stärke der Sorgen, also darauf, ob sich eine Person große Sorgen macht im Vergleich zu einigen oder keinen Sorgen (zweite Schwelle).

Positive Koeffizienten an der ersten Schwelle geben an, dass mit höheren Werten der unabhängigen Variablen die Übergänge zu einige und große Sorgen wahrscheinlicher werden, an der zweiten Schwelle werden entsprechend große Sorgen (im Vergleich zu keinen und einigen) wahrscheinlicher. Negative Koeffizienten an der ersten Schwelle zeigen an, dass mit höherer Kategorie der unabhängigen Variablen die Wahrscheinlichkeit abnimmt, dass sich die Person überhaupt Sorgen um die Sicherheit ihres Arbeitsplatzes macht, an der zweiten Schwelle bedeutet ein negativer Koeffizient darauf hin, dass die Stärke der Sorgen in Abhängigkeit von der unabhängigen Variablen abnimmt, dass also die Wahrscheinlichkeit abnimmt, dass sich die Person große Sorgen macht.

Die zentrale unabhängige Variable ist auch hier wieder die subjektive Arbeitsplatzunsicherheit der Eltern. Diese wurde zu dem Zeitpunkt gemessen, als die jungen Erwerbstätigen 17 Jahre alt waren. Zwischen der Erfassung der subjektiven Arbeitsplatzunsicherheit der Eltern (als unabhängige) und der der Kindergeneration (als abhängige Variable) liegen also mindestens 1 bis maximal 13 Jahre. Auch die weiteren Informationen über das Elternhaus (beispielsweise der sozioökonomische Status und die Arbeitslosigkeitserfahrungen der Eltern) stammen aus der zurückliegenden Jugendphase der jungen Erwerbstätigen. Ähnlich wie im ersten Analyseschritt gehen die Merkmale der Eltern auch hier wieder schrittweise[18] in die Analyse ein. In Modell 1 (in Tabelle 17) sind neben der subjektiven Arbeitsplatzunsicherheit der Eltern zusätzlich Informationen über die Familien- und Erwerbskonstellation im ehemalige Elternhaus als Kontrollvariablen enthalten. In Modell 2 wird zudem für den jeweils höchsten Bildungsstand der Eltern, ihren sozioökonomischen Status sowie ihre damals gemachte Arbeitslosigkeitserfahrung kontrolliert.[19] In beiden Modellen wird zudem für sozio-demographische Merkmale der jungen Erwerbstätigen, ihre aktuellen Beschäftigungsbedingungen und bisherigen Arbeitsmarkterfahrungen sowie die aktuellen gesamtgesellschaftlichen Rahmenbedingungen kontrolliert.

In Modell 1 in Tabelle 17 zeigt sich, dass die subjektive Arbeitsplatzunsicherheit der Eltern signifikant positiv mit der subjektiven Arbeitsplatzunsicherheit ihrer mittlerweile erwachsenen Kinder zusammenhängt. Haben sich die Eltern in der Jugendphase ihrer Kinder Sorgen um die Sicherheit ihres Arbeitsplatzes gemacht, berichten später ihre erwachsenen Kinder ihrerseits deutlich häufiger von Sorgen um die Sicherheit des Arbeitsplatzes. Einige Arbeitsplatzsorgen der Eltern wirken dabei „lediglich" im ersten Modell auf die Sorgen überhaupt, sie haben aber keinen signifikanten Einfluss mehr darauf, ob sich die jungen Erwerbstätigen der Kindergeneration große Sorgen im Vergleich zu einigen oder keinen Sorgen machen. Große Arbeitsplatzsorgen der Eltern während der Jugendphase ihrer Kinder haben sowohl einen signifikant positiven Effekt auf das Auftreten von Sorgen in der Kindergeneration als auch auf deren Stärke. Damit sprechen die Ergebnisse für eine langfristig wirksame intergenerationale Transmission subjektiver Arbeitsplatzunsicherheit. Wie bereits in der Jugendphase sind es vor allem die großen Sorgen der Eltern, die sich auf die Kinder übertragen.

---

[18]   Der schrittweise Aufbau der Modelle dient dazu, die Signifikanz der früher im Elternhaus erfahrenen subjektiven Arbeitsplatzunsicherheit unter Kontrolle verschiedener anderer herkunftsspezifischer Merkmale zu testen. Die Stärke der Koeffizienten wird dabei nicht über die verschiedenen Modelle hinweg verglichen, da dies nicht zulässig (Mood 2010), aber für die Forschungsfrage auch nicht notwendig ist.

[19]   Anders als im vorherigen Abschnitt wird darauf verzichtet, den sozioökonomischen Status und die zurückliegende Arbeitslosigkeitserfahrung der Eltern ebenfalls schrittweise in das Modell aufzunehmen, da dies nichts an den Ergebnissen ändern würde.

Tabelle 17   Generalisierte ordinale logistische Regression zur Erklärung der subjektiven Arbeitsplatzunsicherheit in der frühen Erwerbsphase

| | AV: Sorgen um die Sicherheit des Arbeitsplatzes | | | |
| | Modell 1 B (SE) | | Modell 2 B (SE) | |
	Einige Sorgen	Große Sorgen	Einige Sorgen	Große Sorgen
Frühere subjektive Arbeitsplatzunsicherheit im Elternhaus *(Ref.: Keine Sorgen)*				
Einige Arbeitsplatzsorgen	**0,30* (0,12)**	0,17 (0,17)	0,23 (0,12)	0,07 (0,17)
Große Arbeitsplatzsorgen	**0,49** (0,15)**	**0,54** (0,19)**	**0,38* (0,15)**	**0,43* (0,19)**
Sozio-demographische Merkmale der jungen Erwerbstätigen				
Geschlecht *(1 = weibl., 0 = männl.)*	**0,23* (0,11)**	0,16 (0,15)	**0.24* (0.11)**	0,18 (0,16)
Alter *(18 bis 30 Jahre)*	0,03 (0,03)	0,00 (0,04)	0.04 (0.03)	0,00 (0,04)
Bildung *(Ref.: kein Abschluss)*				
Ausbildungsabschluss	0,06 (0,12)	-0,04 (0,16)	0,05 (0,12)	-0,05 (0,17)
Fach-/Hochschulabschluss	-0,09 (0,20)	0,05 (0,32)	-0,03 (0,20)	0,06 (0,31)
Sozioökonomischer Status[1] *(Ref.: mittlerer ISEI, 35–50)*				
Niedriger ISEI (0–34)	0,01 (0,12)	0,03 (0,16)	-0,03 (0,12)	-0,01 (0,16)
Hoher ISEI (51–90)	0,04 (0,13)	-0,11 (0,17)	0,09 (0,13)	-0,06 (0,17)
Familienstand *(Ref.: ohne Partner)*				
Mit Lebenspartner lebend	-0,14 (0,13)	-0,07 (0,18)	-0,14 (0,13)	-0,04 (0,18)
Mit Ehepartner lebend	0,31 (0,23)	0,12 (0,28)	0,25 (0,22)	0,01 (0,29)
Aktuelle Beschäftigungsbedingungen der jungen Erwerbstätigen				
Erwerbsstatus *(Ref.: Vollzeit)*				
Teilzeit	-0,14 (0,15)	-0,21 (0,19)	-0,09 (0,14)	-0,15 (0,19)
Geringfügig beschäftigt	**-1,20*** (0,14)**	**-1,23*** (0,22)**	**-1,12*** (0,14)**	**-1,14*** (0,22)**
Befristet beschäftigt *(1 = ja, 0 = nein)*[1]	**0,48*** (0,10)**	**0,82*** (0,14)**	**0,49*** (0,10)**	**0,84*** (0,14)**
Leiharbeit *(1 = ja, 0 = nein)*[1]	**0,56*** (0,16)**	**0,74*** (0,16)**	**0,56*** (0,16)**	**0,75*** (0,16)**
Größe des Betriebes *(Ref.: 200 bis 2.000 Beschäftigte)*[1]				
Unter 200 Beschäftigte	-0,15 (0,12)	0,08 (0,17)	-0,19 (0,12)	0,06 (0,17)
Mehr als 2.000 Beschäftigte	**-0,52*** (0,14)**	-0,08 (0,19)	**-0,55*** (0,14)**	-0,10 (0,19)
Branche des Betriebes *(Ref.: Sonstiges)*[1]				
Produzierendes Gewerbe	**0,42** (0,14)**	0,13 (0,21)	**0,42 (0,15)****	0,15 (0,22)
Handel, Gastgewerbe und Verkehr	0,09 (0,11)	0,17 (0,16)	0,04 (0,12)	0,12 (0,16)
Öffentlicher Dienst[1] *(1 = ja, 0 = nein)*	**-0,45*** (0,13)**	**-0,45* (0,18)**	**-0,43*** (0,13)**	**-0,43* (0,18)**
Bisherige Arbeitsmarkterfahrung der jungen Erwerbstätigen				
Arbeitserfahrung *(in Jahren)*	-0,06 (0,04)	0,04 (0,05)	**-0,07* (0,04)**	0,04 (0,05)
Betriebszugehörigkeit *(in Jahren)*	0,00 (0,03)	-0,01 (0,04)	0,01 (0,03)	-0,00 (0,04)
Arbeitslosigkeitserfahrung *(in Jahren)*	**0,23* (0,09)**	0,16 (0,12)	**0,21* (0,09)**	0,12 (0,12)

Fortsetzung Tabelle 17

Familien- und Erwerbskonstellation im Elternhaus in der Jugendphase (17 Jahre)				
Damaliges Alter der Eltern *(metrisch)*	0,00 (0,01)	-0,00 (0,02)	0,00 (0,01)	0,01 (0,02)
Ein-Eltern-Haushalt *(1 = ja, 0 = nein)*	-0,20 (0,18)	0,09 (0,26)	-0,36 (0,28)	-0,36 (0,42)
Ältere Geschwister *(1 = ja, 0 = nein)*	0,16 (0,10)	0,16 (0,14)	0,13 (0,10)	0,11 (0,15)
Vater oder Mutter arbeitslos *(1 = ja, 0 = nein)*	0,15 (0,19)	0,33 (0,22)	-0,06 (0,20)	0,11 (0,24)
Vater oder Mutter nichterwerbstätig[2] *(1 = ja, 0 = nein)*	0,02 (0,15)	0,00 (0,19)	-0,08 (0,16)	-0,15 (0,21)
Höchster Bildungsstand im Elternhaus *(Ref.: kein Abschluss)*				
Ausbildungsabschluss			-0,31 (0,24)	**-0,55* (0,26)**
Fach-/Hochschulabschluss			-0,42 (0,27)	**-0,65* (0,30)**
Sozioökonomischer Status des Elternhauses[1] *(Ref.: mittlerer ISEI, 35–50)*				
Niedriger ISEI (0–34)			0,27 (0,16)	0,40 (0,21)
Hoher ISEI (51–90)			-0,15 (0,13)	-0,08 (0,18)
Zurückliegende Arbeitslosigkeitserfahrung der Eltern[1] (Ref.: keine Arbeitslosigkeit)				
Unter einem Jahr			-0,12 (0,14)	0,07 (0,20)
Ein Jahr und mehr			0,18 (0,12)	0,20 (0,18)
Aktuelle gesellschaftliche Rahmenbedingungen[3]				
Ostdeutschland *(Ref.: Westdtl.)*	0,29 (0,19)	0,19 (0,27)	0,37 (0,20)	0,26 (0,27)
Regionale Arbeitslosenquote	-0,01 (0,03)	-0,02 (0,03)	-0,01 (0,03)	-0,01 (0,04)
Konstante	-0,87 (0,68)	-2,20* (0,97)	-0,64 (0,72)	-1,71 (0,96)
Pseudo-R² nach McFadden	0,08		0,09	
Anzahl Beobachtungen (Personen)	3.614 (1.331)		3.614 (1.331)	

Quelle: SOEP v30 (2000 bis 2013), eigene Berechnungen
B = Regressionskoeffizient, SE = nach Personen und Bundesland geclusterte Standardfehler, AV = abhängige Variable, [1]Es wird mit einer zusätzlichen Dummy-Variablen für fehlende Werte dieser unabhängigen Variablen kontrolliert. [2]Aber nicht arbeitslos. [3]In allen Modellen wird anhand von Dummy-Variablen für das Befragungsjahr (2000 bis 2013) kontrolliert.
* p < 0,05, ** p < 0,01, *** p < 0,001 (signifikante Werte sind fett gedruckt)

Der positive, langfristig unsicherheitsverstärkende Effekt der großen Arbeitsplatzsorgen der Eltern auf die subjektive Arbeitsplatzunsicherheit ihrer erwachsenen Kinder ist sowohl unter Kontrolle individueller Merkmale der jungen Erwerbstätigen als auch unter Kontrolle der sozialen Herkunft signifikant (Letztere wird in Modell 2 aufgenommen). Zunächst soll kurz Bezug auf die Effekte der individuellen Merkmale genommen werden, bevor anschließend die Bedeutung der sozialen Herkunft besprochen wird.

In den Regressionsmodellen für die subjektive Arbeitsplatzunsicherheit junger Erwerbstätiger zeigt sich erneut, dass Frauen pessimistischer und sorgenvoller in die Zukunft schauen als Männer. Junge Frauen machen sich signifikant häufiger, aber nicht automatisch auch stärkere Sorgen um die Sicherheit ihres Arbeitsplatzes als junge Männer (nur der erste Koeffizient für das Geschlecht ist in den Modellen signifikant). Worauf dieser geschlechtsspezifische Effekt zurück geht, kann nicht ohne Weiteres gesagt werden. Frauen könnten sich sowohl aufgrund ihrer tatsächlich schlechteren Erwerbschancen als auch aufgrund anderer Wahrnehmungs- und Bewertungsmuster häufiger Sorgen um die Sicherheit des Arbeitsplatzes machen. Dass der Effekt des Geschlechts in den Modellen in Tabelle 17 auch unter Kontrolle der aktuellen Beschäftigungsbedingungen signifikant ist, deutet jedoch auf Letzteres hin. Das stünde jedoch im Widerspruch zu der verbreiteten Annahme, dass sich Männer häufiger und stärker Sorgen um die Sicherheit ihres Arbeitsplatzes machen, weil sie sich mehr mit der Erwerbsarbeit identifizieren und daher einen möglichen Verlust des Arbeitsplatzes als bedrohlicher wahrnehmen (Charles & James 2003a).

Die weiteren sozio-demographischen Merkmale der jungen Erwerbstätigen in Tabelle 17 sind allesamt nicht signifikant. Dass der Alterseffekt nicht signifikant ist, war aufgrund der hier untersuchten kurzen Altersspanne von 18 bis 30 Jahren zu erwarten. Unerwartet ist jedoch, dass weder der Ausbildungsabschluss noch der ISEI-Wert als Indikatoren für den sozioökonomischen Status der jungen Erwerbstätigen einen signifikanten Effekt auf die subjektive Arbeitsplatzunsicherheit hat. Es wäre aufgrund des Forschungsstandes zu vermuten gewesen, dass sich Personen mit höherer Bildung (und höherem sozioökonomischen Status) aufgrund ihrer besseren objektiven Erwerbschancen seltener Sorgen um die Sicherheit ihres Arbeitsplatzes machen als Personen mit geringerer Bildung (und geringerem sozioökonomischen Status). Das gilt jedoch offensichtlich nicht für die frühe Erwerbsphase, was daran liegen mag, dass der Berufseinstieg in dieser Zeit für alle Bildungsgruppen mit besonderen Risiken verbunden ist.

Ferner kann kein signifikanter Zusammenhang der subjektiven Arbeitsplatzunsicherheit mit dem Familienstand der 18- bis 30-Jährigen nachgewiesen werden. Der Familienstand ist ein häufig angeführter Faktor, durch den sich Beschäftigte in ihren Arbeitsplatzsorgen unterscheiden können. Es wird vermutet, dass Personen, die für eine Familie verantwortlich sind, stärker vom aktuellen Arbeitsplatz abhängig sind und sich deshalb schneller darum sorgen. Diese Hypothese kann mit dem vorliegenden Befund zum Familienstand weder bestätigt noch widerlegt werden. Dafür wäre es notwendig, Informationen über die Einkommenssituation der Familie (beispielsweise Allein- oder Doppelverdiener-Haushalt) und über finanzielle Verpflichtungen (beispielsweise für Kinder) zu berücksichtigen. Darauf wurde an dieser Stelle verzichtet, da es lediglich darum geht, für die Familiensituation der Beschäftigten als weiteren möglichen Einflussfaktor auf die subjektive Arbeitsplatzunsicherheit zu kontrollieren. Außerdem wird für die aktuellen Beschäftigungsbedingungen der jungen Erwerbstätigen kontrolliert. Die entsprechenden Effekte in Modell 1 und Modell 2 (in Tabelle 17) fallen größtenteils wie erwartet aus. Wie auch in der übrigen Literatur zu den Determinanten subjektiver Arbeitsplatzunsicherheit erweisen sich ein befristeter Arbeitsvertrag und Leiharbeit als hoch signifikante Determinanten subjektiver Arbeitsplatzunsicherheit. Personen mit einem befristeten Arbeitsvertrag machen sich nicht nur signifikant häufiger Sorgen, sie machen sich auch deutlich häufiger große Sorgen um die Sicherheit ihres Arbeitsplatzes. Das Gleiche gilt für Leiharbeit. Dieser Befund ist weder überraschend noch weiter erklärungsbedürftig. Ferner macht es keinen signifikanten Unterschied, ob eine Person in Voll- oder Teilzeit beschäftigt ist.

Auf den ersten Blick bemerkenswert ist allerdings, dass geringfügig Beschäftigte sich seltener Sorgen machen als Personen mit einer Vollzeitbeschäftigung. Schaut man sich allerdings an, welche Funktion geringfügige Beschäftigung (in dieser Altersspanne) haben kann, lässt sich der Befund leicht aufklären. Unter den Personen, die zwischen 18 bis 30 Jahren geringfügig beschäftigt sind, sind vermutlich viele „Nebenjobber", die sich beispielsweise Geld zur Finanzierung ihres Studiums dazu verdienen wollen. Die Stabilität dieser Jobs ist zwar eher gering, allerdings können sie auch sehr leicht ersetzt werden und es kommt ihnen für den weiteren Erwerbsverlauf nicht die gleiche Bedeutung zu wie beispielsweise eine Einstiegsposition, an welche konkrete Zukunftserwartungen gestellt werden.

Als weitere Indikatoren für die aktuellen Beschäftigungsbedingungen werden in Tabelle 17 die Branche und die Größe des Betriebes berücksichtigt, die laut Forschungsstand ebenfalls mit der subjektiven Arbeitsplatzunsicherheit zusammenhängen. Sowohl die Größe als auch die Branche gelten dabei als „objektive" Indikatoren, wobei vermutet (und teilweise empirisch bestätigt) wird, dass bestimmte krisensichere Branchen und vor allem größere Betriebe ihren Mitarbeitern mehr Stabilität und Sicherheit bieten können. Zumindest der Zusammenhang mit der Betriebsgröße kann auch für junge Erwerbstätige bestätigt werden: Personen, die in Unternehmen mit mehr als 2.000 Beschäftigten arbeiten, machen sich seltener Sorgen um die Sicherheit des Arbeitsplatzes. Allerdings ist hierbei nur der erste Koeffizient signifikant, d. h., dass die Größe des Betriebes zwar einen Einfluss darauf hat, ob sich jemand Sorgen macht oder nicht, auf die Stärke der Sorgen hat das jedoch keinen Einfluss.

Ferner gibt es einen signifikant positiven Zusammenhang zwischen der subjektiven Arbeitsplatzunsicherheit junger Erwerbstätiger und der Beschäftigung im produzierenden Gewerbe (zumindest für die erste Schwelle). Die Beschäftigung im Dienstleistungsbereich (Handel, Gastgewerbe und Verkehr) steht jedoch in keinem signifikanten Zusammenhang mit der subjektiven Arbeitsplatzunsicherheit junger Erwerbstätiger. Das ist insofern überraschend, als die Beschäftigungsverhältnisse im produzierenden Gewerbe in Deutschland als verhältnismäßig stabil und die im Dienstleistungsbereich als verhältnismäßig unsicher gelten. Das trifft aber offensichtlich nicht auf junge Erwerbstätige am Beginn ihrer Erwerbskarriere zu. Eine Erklärung dafür lässt sich vielleicht aus der Insider-Outsider-Theorie ableiten. Gemäß der Insider-Outsider-Theorie haben Berufseinsteiger (sogenannte Entrants) eine schwächere Verhandlungsposition als Insider, die viele Jahre im Unternehmen beschäftigt sind. In der Einarbeitungsphase ist aus der Sicht der Arbeitgeber eine Entlassung (beispielsweise aufgrund konjunktureller Schwankungen) noch verhältnismäßig kostengünstig, während diese Kosten bei den Insidern aufgrund ihres hohen betriebsspezifischen Kapitals deutlich höher ausfallen (Sesselmeier 2004: 126). Dieser Mechanismus sollte vor allem im produzierenden Gewerbe mit seinen relativ hohen Löhnen und hohen Anforderungen an betriebsspezifisches Kapital zum Tragen kommen (und die Sorgen der Berufseinsteiger als Entrants verstärken). Im Dienstleistungsgewerbe sind die Löhne sowie die Anforderungen an die Qualifikation der Beschäftigten hingegen eher gering, weshalb der Einstieg und die Etablierung im Dienstleistungsgewerbe für die jungen Beschäftigten leichter sein (und damit seltener Sorgen bereiten) dürfte.

Erwartungsgemäß erweist sich eine Beschäftigung im öffentlichen Dienst auch für junge Erwerbstätige als großer Schutz vor Arbeitsplatzunsicherheit. Personen zwischen 18 und 30 Jahren, die im öffentlichen Dienst beschäftigt sind, machen sich nicht nur seltener, sondern auch weniger starke Sorgen um die Sicherheit ihres Arbeitsplatzes.

Als weitere Kontrollvariablen enthält Modell 1 (wie auch Modell 2 in Tabelle 17) drei Indikatoren für die zurückliegenden Arbeitserfahrungen der jungen Erwerbstätigen. Dazu zählt die bisherige Arbeitserfahrung, die Dauer der aktuellen Betriebszugehörigkeit sowie die bisherigen Arbeitslosigkeitserfahrungen (jeweils in Jahren). Wie in Abschnitt 2.2.4 ausführlich dargestellt, hängt die Interpretation einer Situation als Bedrohung für den eigenen Arbeitsplatz auch davon ab, welche Erfahrungen eine Person in der Vergangenheit gemacht hat. Auf Grundlage des Forschungsstandes lässt sich erwartet, dass eine längere Arbeitserfahrung sowie Betriebszugehörigkeit unsicherheitsreduzierend wirken, während zurückliegende Arbeitslosigkeitserfahrungen die Anfälligkeit von Sorgen um den Arbeitsplatz erhöhen. Im ersten Modell besteht jedoch lediglich ein positiver Zusammenhang zwischen der subjektiven Arbeitsplatzunsicherheit der jungen Erwerbstätigen und ihren bisherigen Arbeitslosigkeitserfahrungen (an der ersten Schwelle). Damit bestätigt sich der gut dokumentierte Scarring-

Effekt von Arbeitslosigkeit auf die Wahrnehmung und Bewertung von Arbeitsplatzunsicherheit bereits für junge Erwerbstätige (vgl. hierzu noch einmal Abschnitt 2.2.4). Allerdings wirkt sich die Arbeitslosigkeitserfahrung lediglich auf die Sorgen im Allgemeinen, nicht jedoch auf ihre Stärke aus. Wie erwartet steht auch eine längere Arbeitserfahrung im signifikant negativen Zusammenhang mit den Arbeitsplatzsorgen der jungen Beschäftigten. Je länger eine Person bereits erwerbstätig ist, desto seltener macht sie sich Sorgen um die Sicherheit ihres Arbeitsplatzes (was wiederum nur für die erste Schwelle gilt, aber keinen Einfluss auf die Stärke hat). Allerdings wird dieser Effekt erst im Modell 2 unter Kontrolle der Merkmale der sozialen Herkunft signifikant.

Wie bereits in den Regressionsanalysen zur Verunsicherung der Kindergeneration in der Jugendphase wird auch in den Modellen für die subjektive Arbeitsplatzunsicherheit in der frühen Erwerbsphase für verschiedenen Indikatoren der gesamtgesellschaftlichen Rahmenbedingungen kontrolliert. Dazu zählt neben der Wohnregion (Ostdeutschland vs. Westdeutschland) wieder das Befragungsjahr und die jeweilige regionale Arbeitslosenquote. Auf diese Art und Weise soll für die bekannten konjunkturellen Schwankungen in den Arbeitsplatzsorgen kontrolliert werden. Anders als in vielen anderen Studien zur subjektiven Arbeitsplatzunsicherheit zeigt sich in den vorliegenden Analysen jedoch kein signifikanter Einfluss der Arbeitslosenquote, auch kann (jeweils unter Kontrolle des Befragungsjahres) kein signifikanter Unterschied zwischen Ost- und Westdeutschland festgestellt werden. Das mag an der teilweise doch recht geringen Fallzahl für die einzelnen Befragungsjahre liegen. In den deskriptiven Analysen haben sich die bekannten Muster der Entwicklung der subjektiven Arbeitsplatzunsicherheit im Zeitverlauf auch für die jungen Erwerbstätigen gezeigt.

Mit Blick auf die individuellen Determinanten subjektiver Arbeitsplatzunsicherheit lässt sich zusammenfassend festhalten, dass diese sich für junge Erwerbstätige im Alter von 18 bis 30 Jahren nicht wesentlich von denen der übrigen Beschäftigten zu unterscheiden scheinen. Das größte Risiko, sich (große) Sorgen um die Sicherheit des Arbeitsplatzes zu machen, haben Erwerbstätige mit einem befristeten Arbeitsvertrag und Leiharbeiter. Hingegen schützt eine Beschäftigung in großen Betrieben und im öffentlichen Dienst vor arbeitsmarktbezogener Verunsicherung. Ferner konnte ein weiteres Mal der bekannte Scarring-Effekt der Arbeitslosigkeit für die subjektive Arbeitsplatzunsicherheit nachgewiesen werden, der auf die große Bedeutung der zurückliegenden Erfahrungen für die Wahrnehmung und Bewertung der zukünftigen Arbeitsmarktchancen hinweist.

Das eigentliche Interesse dieser Arbeit gilt jedoch der intergenerationalen Transmission subjektiver Arbeitsplatzunsicherheit. Zu Beginn dieses Abschnitts ist bereits darauf aufmerksam gemacht worden, dass auch (noch) in der frühen Erwerbsphase ein signifikanter Zusammenhang zwischen der subjektiven Arbeitsplatzunsicherheit der Kindergeneration und der früher im Elternhaus „miterlebten" Arbeitsplatzunsicherheit besteht. Um sicherzustellen, dass dieser Effekt wirklich auf innerfamiliale Sozialisationsprozesse zurückgeht, deren Wirkung bis in die Erwerbsphase anhält, müssen auch hier wieder alternative Erklärungen für die Ähnlichkeit der (inzwischen erwachsenen) Kinder mit ihren Eltern ausgeschlossen werden. Die Modelle in Tabelle 17 enthalten dazu eine Reihe von Kontrollvariablen über das Elternhaus, die, wie bereits dargestellt, in der Jugendphase der jungen Erwerbstätigen erhoben wurden.

In Modell 1 wird zunächst für die Familien- und Erwerbskonstellation im damaligen Elternhaus kontrolliert. Erwähnenswert ist, dass die damalige Arbeitslosigkeit eines Elternteils keinen signifikanten Einfluss mehr auf die subjektive Arbeitsplatzunsicherheit der jungen Erwerbstätigen mehr hat. Auch spielt es nun keine Rolle mehr, ob die Personen in einem Ein-Eltern- oder Zwei-Eltern-Haushalt aufgewachsen sind. Ebenfalls nicht signifikant ist der Effekt des Alters der Eltern, das Vorhandensein von älteren Geschwistern und die Nicht-Erwerbstätigkeit eines Elternteils.

Anders als in den Modellen zur Arbeitslosigkeitserwartung in der Jugendphase lassen sich in Modell 2 signifikante Effekte der sozialen Herkunft finden. Und zwar machen sich jungen Erwachsenen, deren Eltern einen Ausbildungsabschluss oder einen Fach-/Hochschulabschluss haben im Vergleich zu Kindern aus Elternhäusern ohne Ausbildungsabschluss signifikant seltener große Sorgen. Das könnte vielleicht daran liegen, dass Elternhäuser mit mittlerer und hoher Bildung ihren erwachsenen Kindern eine gewisse (finanzielle) Absicherung im Fall einer Arbeitslosigkeit bieten können (in dem die jungen Erwachsenen beispielsweise, wenn nötig, wieder zuhause einziehen könnten), während junge Erwachsene aus Elternhäusern ohne Ausbildungsabschluss (und damit vermutlich auch mit schlechteren ökonomischen Ressourcen) völlig auf sich alleine gestellt sind. Der sozioökonomische Status sowie die zurückliegende Arbeitslosigkeitserfahrung haben wie schon in den Modellen zur Verunsicherung in der Jugendphase jedoch keinen zusätzlichen signifikanten Einfluss auf die Kindergeneration.

Für die Forschungsfrage der vorliegenden Arbeit sind jedoch nicht die einzelnen Effekte der sozialen Herkunft von zentralem Interesse. Es geht vielmehr darum, für mögliche alterative Erklärungen für die intergenerationale Transmission zu kontrollieren. Da die Koeffizienten für die subjektive Arbeitsplatzunsicherheit im Elternhaus auch unter Kontrolle der sozialen Herkunft signifikant bleiben, ist davon auszugehen, dass die beobachtete Ähnlichkeit von Eltern und ihren (erwachsenen) Kinder bezüglich der Wahrnehmung und Bewertung von

Arbeitsplatzunsicherheit auf innerfamiliale Sozialisation zurückgeht. Damit bestätigt sich die Hypothese, dass sich in der Jugend nicht nur bestimmte Wahrnehmungs- und Bewertungsmuster von Eltern auf ihre Kinder übertragen, sondern dass diese auch einen langfristen Einfluss darauf haben, ob und wie stark sich junge Erwerbstätige Sorgen um die Sicherheit ihres Arbeitsplatzes machen.

Die empirischen Befunde zeigen eindeutig, dass sich junge Erwerbstätige, deren Eltern sich Sorgen um die Sicherheit ihres Arbeitsplatzes gemacht haben, häufiger und stärkere Sorgen um die Sicherheit ihres Arbeitsplatzes machen als junge Erwerbstätige, deren Eltern sich keine Sorgen gemacht haben. Hinweise darauf, dass sich die jungen Erwerbstätigen an die im Elternhaus erlernte Unsicherheit anpassen, finden sich hingegen nicht.

Tabelle 18 Generalisierte ordinale logistische Regression zur Erklärung der subjektiven Arbeitsplatzunsicherheit in der frühen Erwerbsphase – Intergenerationale Transmission in Ost- und Westdeutschland Ostdeutschland und Westdeutschland

Frühere subjektive Arbeitsplatzunsicherheit im Elternhaus *(Ref.: Keine Sorgen)*	AV: Sorgen um die Sicherheit des Arbeitsplatzes			
	Modell 1: Ostdeutschland *B (SE)*		*Modell 2: Westdeutschland* *B (SE)*	
	Einige Sorgen	*Große Sorgen*	*Einige Sorgen*	*Große Sorgen*
Einige Arbeitsplatzsorgen	0,62 (0,35)	0,55 (0,52)	0,14 (0,13)	-0,04 (0,18)
Große Arbeitsplatzsorgen	0,62 (0,38)	0,43 (0,54)	**0,41* (0,17)**	**0,45* (0,21)**
Pseudo-R² nach McFadden	0,14		0,10	
Anzahl Beobachtungen (Personen)	770 (280)		2.844 (1051)	

Quelle: SOEP v30 (2000 bis 2013), eigene Berechnungen
B = Regressionskoeffizient, SE = nach Personen und Bundesland geclusterte Standardfehler, AV = abhängige Variable. In allen Modellen wird kontrolliert für sozio-demographische Merkmale der jungen Erwerbstätigen (Geschlecht, Alter, Bildung, ISEI-Wert und Familienstand) sowie ihre aktuellen Beschäftigungsbedingungen (Erwerbsstatus, befristete Beschäftigung, Leiharbeit sowie Größe und Branche des Betriebes, Beschäftigung im öffentlichen Dienst). Ferner werden die bisherigen Arbeitserfahrungen der jungen Erwerbstätigen (Arbeitserfahrung, Betriebszugehörigkeit und Arbeitslosigkeitserfahrung) sowie Indikatoren für die gesamtgesellschaftlichen Rahmenbedingungen kontrolliert (Befragungsjahr und regionale Arbeitslosenquote). Außerdem gehen folgende Informationen über das Elternhaus in der Jugendphase in die Analyse ein: damaliges Alter der Eltern, Arbeitslosigkeit und Nicht-Erwerbstätigkeit im Haushalt, ältere Geschwister, Ausbildungsabschluss und ISEI-Wert der Eltern in der Jugendphase der Kinder.
* $p < 0,05$, ** $p < 0,01$, *** $p < 0,001$ (signifikante Werte sind fett gedruckt)

Die bisherigen Analysen werden noch einmal getrennt für junge Erwerbstätige in Ost- und Westdeutschland wiederholt (vgl. Tabelle 18). Wie bereits in den Analysen zur intergenerationalen Transmission subjektiver Arbeitsplatzunsicherheit in der Jugendphase lässt sich auch in der frühen Erwerbsphase (unter Kontrolle individueller und herkunftsbezogener Merkmale) kein signifikanter Zusammenhang zwischen der subjektiven Arbeitsplatzunsicherheit der Eltern und ihrer Kinder in Ostdeutschland nachweisen. Das ist eigentlich auch nur folgerichtig und bestätigt nur den Befund aus dem ersten Analyseschritt: In Ostdeutschland übertragen sich die Sorgen der Eltern nicht auf ihre Kinder. Für Westdeutschland lässt sich eine langfristige Wirkung der intergenerationalen Transmission nachweisen.

5.2.4. Einfluss der Mütter und Väter auf ihre erwachsenen Töchter und Söhne

Wie bereits in den Analysen zur intergenerationalen Transmission in der Jugendphase sollen auch an dieser Stelle die Modelle noch einmal getrennt für Mütter und Väter sowie für Töchter und Söhne berechnet werden. Die Ergebnisse der entsprechenden generalisierten ordinalen logistischen Regressionen sind in Tabelle 19 und Tabelle 20 dargestellt (unter Kontrolle verschiedenster individueller und gesellschaftlicher Beschäftigungsbedingungen). Es wäre zu erwarten gewesen, dass sich die Befunde aus der Jugendphase in der frühen Erwerbsphase fortsetzen, allerdings weichen die Befunde teilweise stark von denen aus der Jugendphase ab.

Wie aus Tabelle 19 hervorgeht, ist der Einfluss der subjektiven Arbeitsplatzunsicherheit der Mutter auf arbeitsmarktbezogene Verunsicherung ihre Töchter auch noch in der frühen Erwerbsphase der Töchter nachweisbar. Haben sich die Mütter in der Jugend ihrer Töchter einige oder große Sorgen um die Sicherheit ihres Arbeitsplatzes gemacht, machen sich ihrerseits ihre Töchter im Alter von 18 bis 30 Jahren ebenfalls häufiger Sorgen um die Sicherheit ihres Arbeitsplatzes. Einige Arbeitsplatzsorgen der Mutter wirken sich sowohl auf die Prävalenz für Arbeitsplatzsorgen im Allgemeinen als auch auf ihre Stärke aus (Koeffizient ist an beiden Schwellen signifikant). Die großen Sorgen der Mutter sind hingegen nur auf der ersten Schwelle signifikant, beeinflussen also nur, ob sich die Töchter Sorgen machen oder nicht. Auf die Arbeitsplatzsorgen der Söhne haben die früheren Sorgen der Mütter jedoch keinen signifikanten Einfluss (mehr).

Tabelle 19   Generalisierte ordinale logistische Regression zur Erklärung der subjektiven Arbeitsplatzunsicherheit in der frühen Erwerbsphase – Einfluss der Mutter

	AV: Sorgen um die Sicherheit des Arbeitsplatzes			
	Modell 1: Töchter		*Modell 2: Söhne*	
Frühere subjektive Arbeitsplatzunsicherheit der Mutter *(Ref.: Keine Sorgen)*	*B (SE)*		*B (SE)*	
	Einige Sorgen	*Große Sorgen*	*Einige Sorgen*	*Große Sorgen*
Einige Arbeitsplatzsorgen	**0,47** (0,18)**	**0,58* (0,23)**	0,09 (0,18)	-0,02 (0,29)
Große Arbeitsplatzsorgen	**0,56* (0,26)**	0,57 (0,30)	0,24 (0,22)	0,37 (0,33)
Pseudo-R² nach McFadden	0,11		0,12	
Anzahl Beobachtungen (Personen)	1.754 (664)		1.860 (667)	

Quelle: SOEP v30 (2000 bis 2013), eigene Berechnungen
B = Regressionskoeffizient, SE = nach Personen und Bundesland geclusterte Standardfehler, AV = abhängige Variable. In allen Modellen wird kontrolliert für sozio-demographische Merkmale der jungen Erwerbstätigen (Alter, Bildung, ISEI-Wert und Familienstand) sowie ihre aktuellen Beschäftigungsbedingungen (Erwerbsstatus, befristete Beschäftigung, Leiharbeit sowie Größe und Branche des Betriebes, Beschäftigung im öffentlichen Dienst). Ferner werden die bisherigen Arbeitserfahrungen der jungen Erwerbstätigen (Arbeitserfahrung, Betriebszugehörigkeit und Arbeitslosigkeitserfahrung) sowie Indikatoren für die gesamtgesellschaftlichen Rahmenbedingungen kontrolliert (Befragungsjahr, Wohnregion und regionale Arbeitslosenquote). Außerdem gehen folgende Informationen über das Elternhaus in der Jugendphase in die Analyse ein: damaliges Alter der Eltern, Arbeitslosigkeit und Nicht-Erwerbstätigkeit im Haushalt, ältere Geschwister, Ausbildungsabschluss und ISEI-Wert der Eltern in der Jugendphase der Kinder.
* $p < 0,05$, ** $p < 0,01$, *** $p < 0,001$ (signifikante Werte sind fett gedruckt)

Tabelle 20   Generalisierte ordinale logistische Regression zur Erklärung der subjektiven Arbeitsplatzunsicherheit in der frühen Erwerbsphase – Einfluss des Vaters

	AV: Sorgen um die Sicherheit des Arbeitsplatzes			
	Modell 1: Töchter		Modell 2: Söhne	
Frühere subjektive Arbeits-	B (SE)		B (SE)	
platzunsicherheit des Vaters	*Einige*	*Große*	*Einige*	*Große*
(Ref.: Keine Sorgen)	*Sorgen*	*Sorgen*	*Sorgen*	*Sorgen*
Einige Arbeitsplatzsorgen	0,01 (0,18)	-0,25 (0,24)	0,31 (0,18)	0,00 (0,25)
Große Arbeitsplatzsorgen	0,32 (0,25)	**0,58* (0,29)**	0,45 (0,25)	0,07 (0,32)
Pseudo-R^2 nach McFadden	0,11		0,12	
Anzahl Beobachtungen (Personen)	1.754 (664)		1.860 (667)	

Quelle: SOEP v30 (2000 bis 2013), eigene Berechnungen
B = Regressionskoeffizient, SE = nach Personen und Bundesland geclusterte Standardfehler, AV = abhängige Variable. In allen Modellen wird kontrolliert für sozio-demographische Merkmale der jungen Erwerbstätigen (Alter, Bildung, ISEI-Wert und Familienstand) sowie ihre aktuellen Beschäftigungsbedingungen (Erwerbsstatus, befristete Beschäftigung, Leiharbeit sowie Größe und Branche des Betriebes, Beschäftigung im öffentlichen Dienst). Ferner werden die bisherigen Arbeitserfahrungen der jungen Erwerbstätigen (Arbeitserfahrung, Betriebszugehörigkeit und Arbeitslosigkeitserfahrung) sowie Indikatoren für die gesamtgesellschaftlichen Rahmenbedingungen kontrolliert (Befragungsjahr, Wohnregion und regionale Arbeitslosenquote). Außerdem gehen folgende Informationen über das Elternhaus in der Jugendphase in die Analyse ein: damaliges Alter der Eltern, Arbeitslosigkeit und Nicht-Erwerbstätigkeit im Haushalt, ältere Geschwister, Ausbildungsabschluss und ISEI-Wert der Eltern in der Jugendphase der Kinder.
* p < 0,05, ** p < 0,01, *** p < 0,001 (signifikante Werte sind fett gedruckt)

In Tabelle 20 wird der Einfluss der subjektiven Arbeitsplatzunsicherheit der Väter auf ihre mittlerweile erwachsenen und erwerbstätigen Töchter und Söhne geschätzt. Anders als in der Jugendphase lässt sich kein signifikanter Effekt für die Väter nachweisen. Es gibt weder für die Töchter noch für die Söhne einen signifikanten Zusammenhang zwischen ihrer subjektiven Arbeitsplatzunsicherheit und den Arbeitsplatzsorgen, die sie in der Jugend bei ihren Vätern beobachten konnten.

Die Ergebnisse lassen keine abschließende Bewertung zur geschlechtsspezifischen Rolle von Müttern und Vätern für die vorberufliche Sozialisation ihrer Töchter und Söhne zu. Sie werfen eher neue Fragen auf. Warum lässt sich in der frühen Erwerbsphase nur noch ein Einfluss der Mütter auf die Zukunftserwartungen ihrer Töchter nachweisen? Warum wirkt der Einfluss der Väter aus der Jugendphase nicht mehr, wenn die Töchter und Söhne erwachsen geworden sind?

Eine mögliche Erklärung dafür könnte sein, dass Jungen zwar in der Jugendphase deutlich stärker als Mädchen von den Sorgen ihrer Eltern beeinflusst werden, sie es aber (vielleicht gerade deshalb) schaffen, später selber unsichere Beschäftigungen zu vermeiden. Sie könnten sich beispielsweise ganz bewusst für einen sicheren Arbeitsplatz entscheiden (beispielsweise im öffentlichen Dienst oder einem großen etablierten Unternehmen), um der ihnen gut bekannten Gefahr von Arbeitsplatzunsicherheit aus dem Weg zu gehen.

Eine andere Erklärung könnte sein, dass die Wirkung der Eltern mit zunehmenden Erfahrungen der Kinder am Arbeitsmarkt nachlässt und irgendwann nicht mehr nachweisbar ist. Während die jungen Männer im Altern von 18 bis 30 Jahren sich bereits soweit am Arbeitsmarkt etabliert haben, dass die frühen Erfahrungen im Elternhaus keine Rolle mehr für ihre subjektive Arbeitsplatzunsicherheit spielen, könnte dieser Prozess der Abnabelung bei den jungen Frauen im gleichen Alter noch andauern (weswegen für sie immer noch ein Effekt der mütterlichen Arbeitsplatzsorgen auf die subjektive Arbeitsplatzunsicherheit nachweisbar ist). Es ist bekannt, dass Frauen nach dem Verlassen des Bildungssystems länger brauchen, bis sie sich am Arbeitsmarkt etabliert haben (Buchholz 2008: 69). Das erklärt jedoch nicht, warum die Arbeitsplatzsorgen der Väter nicht mehr auf die Zukunftswahrnehmungen der Töchter wirken.

5.2.5. Zusammenfassung der Ergebnisse

Im Anschluss an die Präsentation der Ergebnisse der deskriptiven und multivariaten Analysen sollen an dieser Stelle die zentralen Befunde der vorliegenden Arbeit mit Bezug auf die aufgestellten Hypothesen zur intergenerationalen Transmission subjektiver Arbeitsplatzunsicherheit zusammengefasst werden.

Die Ergebnisse der deskriptiven und multivariaten Analysen mit den Daten des sozio-oekonomischen Panels bestätigen zunächst die Ausgangshypothese von einer intergenerationalen Transmission subjektiver Arbeitsplatzunsicherheit *(Hypothese 1)*. Eltern und ihre Kinder ähneln sich hinsichtlich der Wahrnehmung und Bewertung ihrer jeweiligen Arbeitsmarktchancen und -risiken. Kinder im Alter von 17 Jahren, deren Eltern sich große oder auch nur einige Sorgen um die Sicherheit ihres Arbeitsplatzes machen, schätzen ihre Wahrscheinlichkeit, später längere Zeit arbeitslos zu sein, deutlich höher ein als Kinder, die in Elternhaushalten aufwachsen, in denen sich die Eltern keine Sorgen um ihren Arbeitsplatz machen. Darüber hinaus zeigt sich der intergenerationale Zusammenhang im arbeitsmarktbezogenem Unsicherheitsempfinden obendrein dann noch, wenn die Kinder einige Jahre später in den Arbeitsmarkt eingetreten sind und einer eigenen Erwerbstätigkeit nachgehen. Junge Erwerbstätige im Alter von 18 bis 30 Jahren, die in ihrer Jugendphase subjektive Arbeitsplatzunsicherheit bei ihren Eltern beobachten konnten, machen sich häufiger und stärker

Sorgen um die Sicherheit ihres Arbeitsplatzes als junge Erwerbstätige, deren Eltern sich früher keine Sorgen um ihre Arbeitsplatzsicherheit gemacht haben.

Neben der Frage, ob sich überhaupt eine (langfristige) intergenerationale Transmission nachweisen lässt, ging es in der vorliegenden Arbeit vor allem um den dahinterliegenden Mechanismus. Es wurde davon ausgegangen, dass sich Eltern und Kinder bezüglich ihrer subjektiven Arbeitsplatzunsicherheit aufgrund von innerfamilialen Sozialisationsprozessen ähnlich sind. Mithilfe der vorliegenden Datenbasis war es jedoch nicht möglich, diese angenommenen Sozialisationsprozesse direkt zu untersuchen. Stattdessen mussten alternative Erklärungen zunächst ausgeschlossen werden, um Rückschlüsse über die Bedeutung der Sozialisation für die intergenerationale Transmission subjektiver Arbeitsplatzunsicherheit zu ziehen. Es wurden insgesamt drei solcher alternativen Erklärungen identifiziert: Es musste erstens ausgeschlossen werden, dass sich Eltern und ihre (erwachsenen) Kinder bezüglich ihrer Arbeitsplatzsorgen ähnlich sind, weil sie aufgrund eines ähnlichen, von den Eltern an die Kinder weitergegebenen sozioökonomischen Status ähnliche Beschäftigungsbedingungen haben, die sich in ihrer jeweiligen subjektiven Wahrnehmung und Bewertung der Arbeitsplatzunsicherheit niederschlagen (*Hypothese 2a*). Zweitens musste sichergestellt werden, dass ähnliche subjektive Arbeitsplatzunsicherheit von Eltern und Kinder nicht auf die mit den Arbeitsplatzsorgen häufig einhergehende Arbeitslosigkeitserfahrungen der Eltern zurückzuführen sind, die anstelle und zusätzlich zu den Arbeitsplatzsorgen die Wahrnehmungs- und Bewertungsmuster der Kinder nachhaltig beeinflussen könnten (*Hypothese 2b*). Drittens musste ausgeschlossen werden, dass die ähnlichen Sorgen der Eltern und Kinder nicht eine gemeinsame Reaktion auf gesamtgesellschaftliche Rahmenbedingungen darstellen (*Hypothese 2c*). Eltern und Kinder könnten sich ähnlich stark um ihre jeweilige berufliche Zukunft sorgen, weil sie bspw. eine steigende Arbeitslosigkeit als Bedrohung für ihren Arbeitsplatz wahrnehmen.

Alle drei alternativen Erklärungen, die aus dem bestehenden Forschungsstand zu den Determinanten subjektiver Arbeitsplatzunsicherheit abgeleitet wurden, konnten als Hauptursache für die festgestellte intergenerationale Transmission subjektiver Arbeitsplatzunsicherheit ausgeschlossen werden. Dieser festgestellte intergenerationale Zusammenhang zwischen der subjektiven Arbeitsplatzunsicherheit der Eltern und dem Unsicherheitsempfinden der Kinder bleibt sowohl unter Kontrolle individueller und gesamtgesellschaftlicher Beschäftigungsbedingungen als auch unter Kontrolle verschiedener Merkmale der sozialen Herkunft bestehen. Daraus wurde geschlussfolgert, dass die Ähnlichkeit von Eltern und ihren (erwachsenen) Kindern bezüglich der Wahrnehmung und Bewertung ihrer jeweiligen Arbeitsplatzunsicherheit nicht alleine ein Nebenprodukt der intergenerationalen Statustransmission oder bestimmter historischer Umstände ist, durch die sich Eltern und ihre Kinder hinsichtlich ihrer objektiven Arbeitsmarktchancen ähnlich sind. Vielmehr lässt sich die nachgewiesene intergenerationale Transmission subjektiver Arbeitsplatzunsicherheit auf innerfamilialen Lern- und Internalisierungsprozesse der vorberuflichen Sozialisation in der Jugendphase zurückführen, durch die die Kinder bestimmte Wahrnehmung- und Bewertungsmuster herausbilden, welche ihre spätere Interpretation ihrer objektiven (individuellen wie gesamtgesellschaftlichen) Erwerbsbedingungen beeinflussen.

Wie bereits deutlich wurde, zeigt sich die Wirkung dieser vorberuflichen Sozialisation auch dann noch, wenn die Kinder erwachsen geworden sind und einer eigenen Erwerbstätigkeit nachgehen. Diese langfristige Verunsicherung der Kinder durch die subjektive Arbeitsplatzunsicherheit der Eltern steht im Einklang mit der Sozialisationsforschung, die prinzipiell davon ausgeht, dass die in der Kindheit und Jugend erlernten Handlungs- und Wahrnehmungsmuster langfristig stabil bleiben. Die daraus abgeleitete *Hypothese 3a* konnte demnach bestätigt werden. Alternativ dazu ist jedoch auch diskutiert worden, ob die elterliche Arbeitsplatzunsicherheit aufgrund von Anpassungs- und Gewöhnungseffekten nicht vielleicht langfristig zu einem anderen, eventuell sogar gegensätzlichen Ergebnis führen könnte. Denkbar wäre gewesen, dass Kinder aus verunsicherten Elternhäusern gerade aufgrund dieser frühen Erfahrungen mit unsicheren Arbeitsplätzen besonders viel Wert auf einen sicheren Arbeitsplatz legen und sich deshalb bewusst für Berufe entscheiden, die sie gut vor Arbeitsplatzsorgen schützen. In den vorliegenden deskriptiven wie multivariaten Analysen könnten jedoch keine Hinweise gefunden werden, die die *Hypothese 3b* stützen würden.

Des Weiteren wurde vermutet, dass das Geschlecht der Kinder und Eltern eine Rolle für die intergenerationale Transmission subjektiver Arbeitsplatzunsicherheit spielen könnte. Allerdings liefern die Befunde der vorliegenden Arbeit kein klares geschlechtsspezifisches Muster. Weder konnten *Hypothese 4a* und *4b* bestätigt werden, die der Mutter bzw. dem Vater aufgrund ihrer jeweiligen typischen Rolle im Haushalt eine wichtige Rolle für die Sozialisation zu sprechen, noch bestätigt sich *Hypothese 4c*, wonach die Transmission insbesondere zwischen gleichgeschlechtlichen Eltern-Kind-Paaren am stärksten ist. Festgehalten werden kann an dieser Stelle jedoch, dass Mädchen und junge Frauen generell pessimistischer und sorgenvoller ihre beruflichen Chancen bewerten.

6. Schlussfolgerung und Ausblick

Das Ziel der vorliegenden Arbeit war es, die Bedeutung zurückliegender Erfahrungen im Lebensverlauf für die individuelle Wahrnehmung und Bewertung der Arbeitsplatzunsicherheit zu untersuchen. Unsichere Zukunftserwartungen, insbesondere bezüglich der Stabilität des eigenen Arbeitsplatzes, schränken die individuelle Planungsfähigkeit ein und beeinflussen damit langfristig bindende Entscheidungen wie die Familiengründung (Blossfeld et al. 2007). Aus diesem Grund ist das individuelle Unsicherheitsempfinden immer wieder Gegenstand der soziologischen Forschung (Beck 1986; Blossfeld et al. 2007; Castel 2009, Erlinghagen 2008). Allerdings beschränkt sich die bisherige Forschung zu den Determinanten subjektiver Arbeitsplatzunsicherheit darauf, die Arbeitsplatzsorgen der Beschäftigten auf ihre jeweiligen objektiven Beschäftigungsbedingungen zurückzuführen. Dabei hat sich gezeigt, dass die arbeitsmarktbezogenen Sorgen der Menschen einerseits mit gesamtgesellschaftlichen Rahmenbedingungen wie der Entwicklung der Arbeitslosenquote und anderseits mit den individuellen Beschäftigungsbedingungen wie bspw. der Art ihres Arbeitsvertrages (befristet vs. unbefristet) zusammenhängen. Darüber hinaus gibt es jedoch große individuelle Unterschiede in der Wahrnehmung und Bewertung der eigenen Arbeitsplatzunsicherheit, die bisher nicht erklärt werden können.

Ausgehend von der Lebensverlaufsperspektive und der Sozialisationstheorie ging die vorliegende Arbeit davon aus, dass der Grundstein für das individuelle Unsicherheitsempfinden bezüglich der beruflichen Zukunft bereits in der Jugendphase gelegt wird. In dieser Lebensphase findet die sogenannte vorberufliche Sozialisation statt, durch die Kinder u. a. erstmals konkrete Vorstellungen von ihren Chancen und Risiken am Arbeitsmarkt entwickeln (Heinz 2010). Dabei werden die Kinder durch die tägliche Interaktion und Kommunikation innerhalb von Familien auch von den arbeitsmarktbezogenen Einstellungen und Erfahrungen beeinflusst. Dieser Prozess ist Teil der intergenerationalen Transmission und führt langfristig meist dazu, dass sich Eltern und ihre erwachsenen Kinder hinsichtlich verschiedenster Merkmale ähnlich sind. Auf diesem Weg könnten sich auch die Sorgen der Eltern um ihren Arbeitsplatz auf ihre Kinder übertragen und ihre Wahrnehmungs- und Bewertungsmuster so prägen, dass sie sich als Erwachsene ebenfalls deutlich häufiger und stärker Sorgen um ihren Arbeitsplatz machen als Kinder, deren Eltern sich keine Sorgen um ihren Arbeitsplatz machen.

Die Mehrheit der bisherigen Studien zu den Determinanten subjektiver Arbeitsplatzunsicherheit beruht auf Querschnittsdaten und kann daher diese Lebensverlaufsperspektive nicht angemessen berücksichtigen. An diesem Punkt setzte die vorliegende Arbeit an und ging der Frage nach, ob und wie die individuelle Verunsicherung im Lebensverlauf mit der subjektiven Arbeitsplatzunsicherheit der Eltern zusammenhängt. Die Analysen erfolgten mit den Daten des sozio-oekonomischen Panels, mit denen es möglich war, die hohen Anforderungen an die empirische Erforschung von intergenerationalen Transmissionsprozessen weitestgehend zu erfüllen (vgl. dazu Baier und Hadjar 2004: 159–160; Acock 1984). Um Verzerrungen durch Fremdangaben zu verhindern, sind zunächst Daten unabdingbar, die unabhängig voneinander erhobene Informationen von Kindern und ihren beiden Eltern enthalten. Das SOEP stellt diese Informationen aufgrund seiner Struktur als Haushaltsbefragung zur Verfügung. Ferner musste der Prozesscharakter der Sozialisation berücksichtigt werden. Die vorliegende Arbeit ging deshalb über eine statische Analyse von Ähnlichkeiten zwischen Eltern und ihren Kindern hinaus, indem sie die Personen der Kindergeneration zu zwei Zeitpunkten bzw. Phasen in ihrem Lebensverlauf untersucht: in ihrer Jugendphase mit 17 Jahren und in ihrer frühen Erwerbsphase im Alter von 18 bis 30 Jahren. Die zentrale erklärende Variable, die Sorgen der Eltern um die Sicherheit ihres Arbeitsplatzes, stammte jedes Mal aus dem Jahr, in dem die Kinder 17 Jahre alt waren.

Eine weitere wichtige Aufgabe der empirischen Analysen der vorliegenden Arbeit war es, innerfamilialen Sozialisationsprozesse als den zentralen Mechanismus der intergenerationalen Transmission subjektiver Arbeitsplatzunsicherheit zu untersuchen. Dabei war eine direkte Überprüfung der Sozialisationshypothese nicht möglich, da die Lern- und Internalisierungsprozesse der Sozialisation sich zumindest mit den verwendeten quantitativen Daten nicht beobachten lassen. In dieser Arbeit wurde deshalb versucht, alternative Erklärungen für eine Ähnlichkeit von Kindern und ihren Eltern anhand des Forschungsstandes zu identifizieren (wie die Ähnlichkeit aufgrund von Statustransmission) und mithilfe von Kontrollvariablen in den multivariaten Analysen weitestgehend auszuschließen. Ferner wurden die Analysen getrennt für Mütter und Väter und ihre Töchter und Söhne sowie für Ost- und Westdeutsche durchgeführt.

In der Gesamtschau bestätigen die Ergebnisse der vorliegenden Arbeit die Ausgangshypothese von einer intergenerationalen Transmission subjektiver Arbeitsplatzunsicherheit. Eltern und ihre Kinder ähneln sich hinsichtlich der Wahrnehmung und Bewertung ihrer jeweiligen Arbeitsmarktchancen und -risiken. Kinder im Alter von 17 Jahren, deren Eltern sich große oder auch nur einige Sorgen um die Sicherheit ihres Arbeitsplatzes machen, schätzen ihre Wahrscheinlichkeit, später längere Zeit arbeitslos zu sein, deutlich höher ein als Kinder, die in Elternhaushalten aufwachsen, in denen sich die Eltern keine Sorgen um ihren Arbeitsplatz machen. Obendrein zeigt sich der intergenerationale Zusammenhang im arbeitsmarktbezogenem Unsicherheitsempfinden auch dann noch, wenn die Kinder einige Jahre später in den Arbeitsmarkt eingetreten sind und einer eigenen Erwerbstätigkeit nachgehen. Junge Erwerbstätige im Alter von 18 bis 30 Jahren, die in ihrer Jugendphase subjektive Arbeitsplatzunsicherheit bei ihren Eltern beobachten konnten, machen sich häufiger und stärker Sorgen um die Sicherheit ihres Arbeitsplatzes als junge Erwerbstätige, deren Eltern sich früher keine Sorgen um ihre Arbeitsplatzsicherheit gemacht haben. Dieser intergenerationale Zusammenhang besteht auch dann noch, wenn in den Analysen für eine Reihe von alternativen Erklärungen kontrolliert wurde. Er ist bspw. unabhängig von dem sozioökonomischen Status der Eltern und Kinder und gesamtgesellschaftlichen Rahmenbedingungen nachweisbar. Daraus wurde die Schlussfolgerung gezogen, dass die nachgewiesene intergenerationale Transmission subjektiver Arbeitsplatzunsicherheit auf innerfamiliale Sozialisationsprozesse in der Jugendphase der Kinder zurückgehen, durch die die Wahrnehmungs- und Bewertungsmuster der Kinder langfristig beeinflusst werden.

Die vorliegende Arbeit leistet mit ihren theoretischen Ausführungen und empirischen Analysen zur intergenerationalen Transmission subjektiver Arbeitsplatzunsicherheit einen wichtigen Beitrag zu unterschiedlichen Forschungsfeldern. Erstens liefert sie wesentliche neue Einsichten bezüglich der Determinanten subjektiver Arbeitsplatzunsicherheit. Es hat sich zunächst gezeigt, dass Jugendliche und junge Erwerbstätige nicht generell stärker verunsichert sind als die übrigen Beschäftigten. Wie bereits in der letzten Shell-Jugendstudie konstatiert wurde, erweisen sich Jugendliche sogar als recht optimistisch, wenn es darum geht ihre beruflichen Zukunftschancen zu bewerten (Albert et al. 2015). Die subjektive Arbeitsplatzunsicherheit junger Erwerbstätiger unterscheidet sich in der Gesamtschau nicht wesentlich von der der älteren Beschäftigen. Der Anteil an Erwerbstätigen im Alter zwischen 18 und 30 Jahren, die sich im jeweiligen Jahr einige oder große Sorgen um die Sicherheit ihres Arbeitsplatzes machen, ähnelt im Zeitverlauf stark der Entwicklung der subjektiven Arbeitsplatzunsicherheit der übrigen Beschäftigten im Alter von 31 bis 65 Jahren. Die größten Risikofaktoren für Arbeitsplatzsorgen sind dabei genauso wie bei den älteren Beschäftigten ein befristeter Arbeitsvertrag und Leiharbeit; eine Beschäftigung im öffentlichen Dienst und in einem großen Unternehmen schützt hingegeben auch junge Erwerbstätige vor subjektiver Arbeitsplatzunsicherheit.

Diese Beobachtung steht im scheinbaren Widerspruch zu der verbreiteten Ansicht, dass Berufseinsteiger und junge Erwerbstätige als Verlierer der Globalisierung besonders stark von Unsicherheit am Arbeitsmarkt betroffen sind (Buchholz 2008; Blossfeld et al. 2007). Zumindest in Bezug auf die subjektiv empfundene Arbeitsplatzunsicherheit hat sich das in dieser Arbeit nicht bewahrheitet. Das heißt nicht, dass die Erwerbseinstiegsphase im Vergleich zum Erwerbsverlauf älterer Beschäftigter nicht objektiv turbulenter ist. Berufseinsteiger und junge Erwerbstätige haben nachweisbar tendenziell häufiger befristete Beschäftigungen und damit objektiv ein größeres Risiko den Arbeitsplatz zu verlieren. Diese häufig objektiv instabileren Beschäftigungsverhältnisse führen jedoch offenbar nicht automatisch zu mehr und stärkeren Sorgen um die Sicherheit des Arbeitsplatzverlustes bei jungen Beschäftigten (vgl. dazu auch die Ergebnisse von Erlinghagen und Lübke (2015), die mithilfe von Sequenzmusteranalyse die Häufigkeit von Arbeitsplatzsorgen in verschiedenen Phasen des Lebensverlaufes vergleichen).

Aus der Lebensverlaufsperspektive lassen sich mögliche Erklärungen für diesen zunächst paradox wirkenden Befund ableiten. Es kann beispielsweise angenommen werden, dass Berufseinsteiger und junge Erwerbstätige die Folgen eines möglichen Arbeitsplatzverlustes tendenziell als nicht so gravierend einzuschätzen als ältere Beschäftigte (und sich deshalb auch weniger Sorgen machen). Junge Erwerbstätige sind meist noch alleinlebend und haben keine Kinder, sie sind damit weniger stark von einem (kontinuierlichen) Einkommen abhängig und außerdem auf dem Arbeitsmarkt (auch räumlich) mobiler. Es gilt in weiteren Untersuchungen solche Erklärungen zu prüfen, indem beispielsweise der Zusammenhang zwischen subjektiver Arbeitsplatzunsicherheit und bestimmten Ereignissen im Lebensverlauf wie der Geburt eines (ersten) Kindes untersucht wird.

Die Ergebnisse der vorliegenden Arbeit weisen jedoch in noch eine andere Richtung: Die Wahrnehmung und Bewertung von subjektiver Arbeitsplatzunsicherheit ist weniger eine Frage des Alters (und den damit verbundenen Arbeitsmarktrisiken und familialen Verpflichtungen), ob und wie stark sich Beschäftigte (unter vergleichbaren individuellen und gesamtgesellschaftlichen Beschäftigungsbedingungen) Sorgen um die Sicherheit ihres Arbeitsplatzes machten, hängt vielmehr mit den Erfahrungen in der Herkunftsfamilie zusammen. Es ist demnach so, dass bestimmte Personengruppen *von Anfang an verunsichert* sind und es ist nicht unwahrscheinlich, dass sich diese Verunsicherung im Lebensverlauf weiter verfestigt und damit zu einem anhaltenden (bzw. wiederkehrenden) Zustand wird.

Die vorliegende Arbeit hat damit deutlich gemacht, dass die Wahrnehmung und Bewertung von Arbeitsplatzunsicherheit nur aus der längsschnittlichen Perspektive des Lebensverlaufes vollständig verstanden werden kann. Bisher wird ein solche Lebensverlaufsperspektive in der Forschung zu den Determinanten subjektiver Arbeitsplatzunsicherheit allerdings noch sehr selten eingenommen. Empirische Studien (zumeist mit Querschnittdaten) beschränken sich meistens darauf, die zurückliegenden Arbeitslosigkeitserfahrungen der Beschäftigten als Indikator für ihre bisherigen Erfahrungen zu berücksichtigen (Campbell et al. 2007; Erlinghagen 2008; Green et al. 2001; Lengfeld & Hirschle 2009). Dabei zeigt sich übereinstimmend, dass Beschäftigte, die in den zurückliegenden Jahren arbeitslos waren, eine deutlich erhöhte Wahrscheinlichkeit haben, ihren Arbeitsplatz als unsicher wahrzunehmen und sich Sorgen um die Beschäftigung zu machen. Dieser Befund wurde im Übrigen auch in der vorliegenden Arbeit für die Arbeitsplatzsorgen von jungen Erwerbstätigen reproduziert. Darüber hinaus zeigt die vorliegende Arbeit erstmalig, dass es nicht alleine die eigenen Erfahrungen sind, die die Wahrnehmung und Bewertung von Arbeitsplatzunsicherheit beeinflussen, sondern ebenso solche Erfahrungen eine langfristig unsicherheitsverstärkende Wirkung haben können, die die Personen in ihrer Jugendphase bei ihren Eltern beobachtet, sozusagen „miterlebt" haben. Die arbeitsmarktbezogene Verunsicherung beginnt also schon lange bevor die Personen in den Arbeitsmarkt eintreten. Dieses Ergebnis unterstreicht damit auch die Bedeutung der Lebensverlaufsperspektive für die Untersuchung der Determinanten subjektiver Arbeitsplatzunsicherheit.

Darüber hinaus liefert die vorliegende Arbeit einen wichtigen Beitrag zur Erforschung intergenerationaler Transmissionsprozesse. Der langfristig prägende Einfluss der Eltern auf die Werten, Einstellungen und Verhaltensweisen ihrer (erwachsenen) Kinder ist in der Forschung seit jeher unbestritten; die vorliegende Arbeit ergänzt den Forschungsstand zur intergenerationalen Transmission allerdings um einen weiteren Transmissionsbereich, der bisher kaum untersucht wurde. Neben dieser neuen inhaltlichen Erkenntnis macht die Arbeit auf die große Bedeutung von innerfamilialen Sozialisationsprozessen für die individuelle Entwicklung im Lebensverlauf aufmerksam. Bisher werden die Sozialisationsprozesse jedoch in der Soziologie, insbesondere in der soziologischen Ungleichheitsforschung, nur selten explizit berücksichtigt. Es ist eine wichtige Erkenntnis der vorliegenden Arbeit, dass eine stärkere Verknüpfung mit der Sozialisationsforschung für die Soziologie sehr fruchtbar sein kann.

Die Ergebnisse der vorliegenden Arbeit sind insbesondere aus ungleichheitssoziologischer Perspektive relevant. Es wurde gezeigt, dass Eltern ihren Kindern nicht nur (ökonomische, kulturelle und soziale) Ressourcen, sondern ebenfalls bestimmte Wahrnehmungs- und Bewertungsmuster mitgeben, die kurz- und langfristig ihre Sicht auf die Chancen und Risiken am Arbeitsmarkt beeinflussen. Diese intergenerationale Transmission subjektiver Arbeitsplatzunsicherheit kann auf verschiedene Arten auch zur Reproduktion sozialer Ungleichheit beitragen. Zunächst einmal hat die Aufbereitung des Forschungsstandes zu den Folgen subjektiver Arbeitsplatzunsicherheit eindrucksvoll gezeigt, dass Arbeitsplatzsorgen krank und unzufrieden machen können; Arbeitsplatzsorgen sind damit per se ein wichtiges Thema. Subjektive Arbeitsplatzunsicherheit steht darüber hinaus in Verbindung mit individuellen Entscheidungen im Lebensverlauf, mit denen in der Jugendphase die Weichen für den beruflichen (sowie privaten) Lebensverlauf gelegt werden. Jugendliche und junge Erwachsene könnten sich aufgrund der früh erlernten Verunsicherung bewusst oder unbewusst für weniger risikoreiche Bildungswege und Berufe entscheiden und damit langfristig die Chance auf beruflichen Erfolg aufgeben. Die vorliegende Arbeit hat solche Zusammenhänge nicht geprüft, das bleibt Aufgabe zukünftiger Forschung. Sie versteht sich vielmehr als ein Versuch, den Blick der Ungleichheitsforschung wieder verstärkt auf die Rolle nicht-kognitiver Merkmale wie den individuellen Arbeitserfahrungen zu lenken (vgl. dazu die Argumentation von Kaiser & Diewald 2014 zur Bedeutung von nicht-kognitiven Merkmalen für die soziale Ungleichheit). Dabei geht es nicht darum, einen konkurrierenden Erklärungsansatz für die Reproduktion sozialer Ungleichheiten durch die intergenerationale Statustransmission zu entwickeln. Vielmehr soll auf einen weiteren Mechanismus der intergenerationalen Transmission aufmerksam gemacht werde, der eigenständig oder in Wechselwirkung mit der Statustransmission zur Reproduktion sozialer Ungleichheit beitragen könnte.

Die Ergebnisse dieser Arbeit sind ferner von hoher arbeitsmarkt- und sozialpolitischer Relevanz. Eine wichtige, auch selbst gestellte Aufgabe der (europäischen) Sozialpolitik ist es, „größere Flexibilität [auf dem Arbeitsmarkt] mit größtmöglicher Sicherheit für alle" zu vereinbaren (Kommission der Europäischen Gemeinschaft 2006: 3). Die Flexibilität, die vor allem von den Arbeitgebern gefordert wird, wurde in den letzten Jahrzehnten auch in Deutschland durch vielfältige Deregulierungsmaßnahmen (beispielsweise die Lockerung des Kündigungsschutzes) erhöht. Die Konsequenz für die Arbeitnehmer ist vor allem ein Anstieg atypischer, insbesondere befristeter Arbeitsverhältnisse und damit eine Zunahme individueller Arbeitsmarktrisiken (auch wenn von einer Erosion des Normalarbeitsverhältnisses nicht die Rede sein kann) und subjektiver Arbeitsplatzunsicherheit mit all den genannten negativen Konsequenzen. Als Lösung für das Spannungsverhältnis zwischen Flexibilität und Arbeitsmarktsicherheit wird das Konzept der „Flexicurity" diskutiert, dass der Verunsicherung der Beschäftigten entgegenwirken soll (Keller & Seifert 2002; Wilthagen & Tros 2004). Es enthält beispielsweise Maßnahmen zur Förderung der Beschäftigungsfähigkeit, durch die die (objektiven wie subjektiven) Wiederbeschäftigungschancen im Fall eines Arbeitsplatzes erhöht werden sollen (sogenannte aktive Arbeitsmarktpolitik). Diskutiert werden ferner Maßnahmen, die die finanziellen Folgen eines Arbeitsplatzverlustes mildern (passive Arbeits-

marktpolitik) und somit den Beschäftigten die Sorge um die arbeitsmarktbezogene Zukunft nehmen sollen. Die verschiedenen Flexicurity-Maßnahmen scheinen jedoch nur beschränkt die Sorgen der Beschäftigten um die Sicherheit ihres
Arbeitsplatzes eindämmen zu können. Burchell (2009) kann jedenfalls keine
Hinweise darauf finden, dass die negativen Folgen (kognitiver) Arbeitsplatzunsicherheit für das Wohlbefinden in solchen Ländern geringer ausfallen, in denen
verschiedene Flexicurity-Maßnahmen implementiert wurden. Für die geringe
unsicherheitsreduzierende Wirkung der Flexicurity-Maßnahmen sprechen zudem die gemischten, in Abschnitt 2.2.1 ausführlich dargelegten Befunde zur
Wirkung der verschiedenen sozialstaatlichen Sicherungsmechanismen auf die
subjektive Arbeitsplatzunsicherheit im internationalen Vergleich. Eine mögliche
Erklärung dafür lässt sich aus den neuen Ergebnissen der vorliegenden Arbeit
ableiten: Die Sorgen der Menschen um ihren Arbeitsplatz beruhen nicht alleine
auf ihren aktuellen Beschäftigungsbedingungen; sie spiegeln ebenso individuelle Wahrnehmungs- und Bewertungsmuster wieder. Letztere werden durch vergangene Erfahrungen im Lebensverlauf geprägt und können daher nicht so
schnell wie die aktuellen Beschäftigungsbedingungen von sozialpolitischen
Reformen beeinflusst werden. Es braucht mit anderen Worten Zeit, bis die Beschäftigten sich beispielsweise an neue Kündigungsschutzregeln gewöhnen und
Vertrauen in die versprochene Sicherheit in flexiblen Arbeitsmärkten gewinnen
können. Das heißt nicht nur, dass die Flexicurity-Programme nicht von heute
auf morgen ihre Wirkung entfalten können, das heißt auch, dass die Folgen
beispielsweise von Wirtschaftskrisen auf das Unsicherheitsempfinden von (zumindest einigen) Beschäftigten noch Jahre, ja sogar über Generationen nachwirken können.

Die vorliegende Arbeit hat einen bedeutsamen intergenerationalen Zusammenhang in der Wahrnehmung und Bewertung von Arbeitsplatzunsicherheit
aufgedeckt; sie unterliegt allerdings gewissen Einschränkungen, auf die an dieser Stelle näher eingegangen werden soll. Eine erste Einschränkung ergibt sich
aus der Natur der subjektiven Arbeitsplatzunsicherheit. Sorgen um die Sicherheit des Arbeitsplatzes können sich per Definition nur Erwerbstätige machen,
alle anderen haben keinen Arbeitsplatz, um den sie sich sorgen könnten (was
jedoch nicht heißt, dass sich Nicht-Erwerbstätige keine Sorgen um ihre berufliche Zukunft machen können). Mit Blick auf die subjektive Arbeitsplatzunsicherheit beschränkte sich die Analyse der vorliegenden Arbeit deshalb zum
einen auf junge Erwerbstätige; Studenten, Arbeitslose und Hausfrauen konnten
dabei nicht berücksichtigt werden. Zum anderen wurden Personen ausgeschlossen, deren Eltern in der entscheidenden Jugendphase ihrer Kinder nicht erwerbstätig sind und für die daher keine Informationen über ihre Arbeitsplatzsorgen
vorliegen. Damit können keine Rückschlüsse auf die Vererbung solcher Sorgen

gezogen werden, die nicht direkt in Verbindung mit der Sicherheit des aktuellen Arbeitsplatzes stehen. Das war allerdings auch nicht das Ziel dieser Arbeit und verbleibt Aufgabe zukünftiger Forschung.

Ferner könnte eingewendet werden, dass die nachgewiesenen Effekte der elterlichen Arbeitsplatzunsicherheit auf ihre Kinder in den vorliegenden Analysen nicht besonders stark und teilweise nur auf einem geringen Niveau signifikant sind. Moderate Effektstärken sind in der Transmissionsforschung jedoch keine Seltenheit und hängen auch mit der methodischen Vorgehensweise zusammen (Pinquart & Silbereisen 2004: 85). Im vorliegenden Fall muss bei der Interpretation der Befunde insbesondere berücksichtigt werden, dass die subjektive Arbeitsplatzunsicherheit der Eltern nur zu einem Zeitpunkt gemessen wurde (und zwar in dem Jahr, in dem die Kinder 17 Jahre alt sind bzw. waren). Die Herausbildung von arbeitsmarktbezogenen Wahrnehmungs- und Bewertungsmustern im Zuge der vorberuflichen Sozialisation, die die spätere subjektive Arbeitsplatzunsicherheit der Kindergeneration beeinflusst, ist allerdings ein Prozess, der sich über einen längeren Zeitraum hinzieht. Wie ausführlich in dieser Arbeit diskutiert, beginnt die vorberufliche Sozialisation bereits in der Kindheit und erreicht ihren Höhepunkt kurz vor dem Verlassen der Schule, wenn die Kinder „gezwungen" sind, sich mit ihren Chancen und Risiken am Arbeitsmarkt auseinanderzusetzen. Während dieses Prozesses können sich die Erfahrungen der Eltern natürlich verändern. In dem einen Jahr machen sie sich vielleicht große Sorgen, im nächsten nur noch einige oder gar keine Sorgen mehr (vgl. Erlinghagen & Lübke 2015 zur Entwicklung der subjektiven Arbeitsplatzunsicherheit im Lebensverlauf). Arbeitsplatzsorgen in den vorhergehenden Jahren könnten auch dann noch auf die Jugendlichen nachwirken, wenn sich die Eltern längst keine Sorgen mehr machen, allerdings werden diese in der vorliegenden Arbeit nicht berücksichtigt. Außerdem ist anzunehmen, dass die intergenerationale Transmission subjektiver Arbeitsplatzunsicherheit davon abhängt, wie lange bzw. häufig sich die Eltern Sorgen um die Sicherheit ihres Arbeitsplatzes machen. Würde man daher die zurückliegenden Erfahrungen der Eltern mit subjektiver Arbeitsplatzunsicherheit berücksichtigen (indem beispielsweise zwischen chronischer und sporadischer Arbeitsplatzunsicherheit im Elternhaus unterschieden wird), sollten die Effekte der intergenerationalen Transmission subjektiver Arbeitsplatzunsicherheit stärker ausfallen.

Außerdem kann kritisiert werden, dass eine direkte Überprüfung der Sozialisationshypothese nicht stattgefunden hat und damit weitestgehend offenbleibt, wie sich die Sorgen der Eltern auf ihre Kinder übertragen. Diese Einschränkung geht darauf zurück, dass die Lern- und Internalisierungsprozesse der Sozialisation sich mit quantitativen Daten nicht direkt beobachten lassen. In dieser Arbeit wurde deshalb versucht, mögliche alternative Erklärungen mithilfe von Kontrollvariablen in den multivariaten Analysen weitestgehend auszuschließen. Um mehr über den Mechanismus der intergenerationalen Transmission subjektiver Arbeitsplatzunsicherheit zu erfahren, wäre es wünschenswert, wenn zukünftige Forschung zur intergenerationalen Transmission subjektiver Arbeitsplatzunsicherheit die Bedeutung von sogenannten Transmissionsriemen berücksichtigt (Schönpflug 2001). Transmissionsriemen sind Moderatorenvariablen wie Erziehungsziele oder -stile der Eltern, die den sozialisationsbedingten Einfluss der Eltern erhöhen oder verringern können. Interessant zu wissen wäre hier beispielsweise, ob die soziale Vererbung der subjektiven Arbeitsplatzunsicherheit auf unbewusste „Spill-Over"-Prozesse zurückgeht oder das Ergebnis von bewussten Erziehungsverhalten der Eltern beispielsweise in Form von Ratschlägen zur Studien- und Berufswahl sind.

Weiterer Forschungsbedarf besteht außerdem hinsichtlich der Frage, ob und wie die Jugendlichen und jungen Erwerbstätigen mit der arbeitsmarktbezogenen Unsicherheit, die sie bei ihren Eltern beobachten, umgehen. Es wurde eingangs als durchaus schlüssige Hypothese formuliert, dass Kinder aus verunsicherten Elternhäusern sich vielleicht an die Unsicherheit am Arbeitsmarkt gewöhnt könnten, sie es nicht anders kennen und sie deshalb auch nichts Anderes erwarten. Möglicherweise entwickeln sie aber auch gewissen Strategien im Umgang mit der subjektiven Arbeitsplatzunsicherheit, die letztlich dazu führen, dass sich Kinder aus verunsicherten Elternhäusern als Erwachsene sogar weniger Sorgen um die Sicherheit ihres Arbeitsplatzes machen müssen (weil ihre Arbeitsplätze stabiler sind). In dieser Arbeit konnten keine Hinweise auf solche Gewöhnungs- oder Anpassungseffekte gefunden werden, allerdings können sie dadurch nicht gänzlich ausgeschlossen werden. Es könnte beispielsweise eine kleine Gruppe von Kinder geben, die es „schaffen", die Arbeitsmarktprobleme der Eltern zu vermeiden, indem sie beispielsweise bewusst Studiengänge oder Ausbildungen wählen, die ihnen eine hohe Sicherheit versprechen (beispielsweise im öffentlichen Dienst oder etablierten Unternehmen). Um eine solche Gruppe zu identifizieren, wären zum einen differenziertere Subgruppenvergleiche (beispielsweise in Abhängigkeit von anderen Merkmalen der sozialen Herkunft) sinnvoll. Zum anderen scheint es vielversprechend, sich die Auswirkung der subjektiven Arbeitsplatzunsicherheit der Eltern auf den schulischen und beruflichen Erfolg der Kinder genauer anzuschauen. Wenn, wie in dieser Arbeit gesehen, die Arbeitsplatzsorgen der Eltern auf die Zukunftswahrnehmungen ihrer Kinder (kurz- wie langfristig) wirken, ist es nur wahrscheinlich, dass sie auch Auswirkungen auf das Verhalten der Kinder haben.

Literaturverzeichnis

Acock, A.C., 1984: Parents and Their Children: The Study of Inter-Generational Influence. Sociology & Social Research 68: 151–171.

Acock, A.C. & V.L. Bengtson, 1978: On the Relative Influence of Mothers and Fathers: A Covariance Analysis of Political and Religious Socialization. Journal of Marriage and the Family 40: 519–530.

Albert, M., K. Hurrelmann, G. Quenzel & TNS Infratest Sozialforschung, 2015: Jugend 2015: Eine pragmatische Generation im Aufbruch. (Shell Deutschland Holding GmbH, Hrsg.). Frankfurt am Main: Fischer-Taschenbuch-Verlag.

Amato, P.R., 1996: Explaining the Intergenerational Transmission of Divorce. Journal of Marriage and Family 58: 628–640.

Anderson, C.J. & J. Pontusson, 2007: Workers, Worries and Welfare States: Social Protection and Job Insecurity in 15 OECD Countries. European Journal of Political Research 46: 211–235.

Anger, S., 2012a: Die Weitergabe von Persönlichkeitseigenschaften und intellektuellen Fähigkeiten von Eltern an ihre Kinder. DIW-Wochenbericht 79: 3–12.

Anger, S., 2012b: Intergenerational Transmission of Cognitive and Noncognitive Skills. S. 393–421 in: J. Ermisch, M. Jäntti & T.M. Smeeding (Hrsg.), From Parents to Children: The Intergenerational Transmission of Advantage. New York: Russell Sage Foundation.

Arránz Becker, O., D. Lois & A. Steinbach, 2014: Kontexteffekte in Familien – Angleichung von Paaren und intergenerationale Transmission am Beispiel Religiosität. KZfSS Kölner Zeitschrift für Soziologie und Sozialpsychologie 66: 417–444.

Asendorpf, J.B., 2008: Genetische Grundlagen der Sozialisation. S. 70–81 in: Handbuch Sozialisationsforschung. Weinheim und Basel: Beltz Verlag.

Ashby, J.S. & I. Schoon, 2010: Career Success: The Role of Teenage Career Aspirations, Ambition Value and Gender in Predicting Adult Social Status and Earnings. Journal of Vocational Behavior 77: 350–360.

Ashford, S.J., C. Lee & P. Bobko, 1989: Content, Cause, and Consequences of Job Insecurity: A Theory-Based Measure and Substantive Test. Academy of Management Journal 32: 803–829.

Baier, D. & A. Hadjar, 2004: Wie wird Leistungsorientierung von den Eltern auf die Kinder übertragen? Ergebnisse einer Längsschnittstudie. Zeitschrift für Familienforschung 15: 156–177.

Bandura, A., 1977: Social Learing Theory. Englewood Cliffs, N.J.: Prentice-Hall.

Bandura, A., 1997: Self-Efficacy: The Exercise of Control. New York: Freeman.

Barber, J.S., 2001: The Intergenerational Transmission of Age at First Birth among Married and Unmarried Men and Women. Social Science Research 30: 219–247.

Barling, J., K.E. Dupre & C.G. Hepburn, 1998: Effects of Parents Job Insecurity on Children's Work Beliefs and Attitudes. Journal of Applied Psychology 83: 112–118.

Barling, J. & M.B. Mendelson, 1999: Parents Job Insecurity Affects Children´s Grade Performance through the Indirect Effects of Beliefs in an Unjust World and Negative Mood. Journal of Occupational Health Psychology 4: 347–355.

Barling, J., A. Zacharatos & C.G. Hepburn, 1999: Parents' Job Insecurity Affects Children's Academic Performance through Cognitive Difficulties. Journal of Applied Psychology 84: 437–444.

Barrech, A., J. Baumert, R.T. Emeny, H. Gündel & K.-H. Ladwig, 2016: Mid-Life Job Insecurity Associated with Subjective Well-Being in Old Age: Results from the Population-Based MONICA/KORA Study. Scandinavian Journal of Work, Environment & Health 42: 170–174.

Bauer, U., 2012: Sozialisation und Ungleichheit: Eine Hinführung. Wiesbaden: Springer VS.

Bauer, U. & M. Grundmann, 2007: Sozialisation und Selektion. Die Wiederentdeckung sozialer Ungleichheit in der Sozialisationsforschung. Zur Einführung in den Themenschwerpunkt. Zeitschrift für Soziologie der Erziehung und Sozialisation 27: 115–127.

Beck, U., 1986: Risikogesellschaft. Auf dem Weg in eine andere Moderne. Frankfurt a. M.: Suhrkamp.breen

Becker, G.S., 1962: Investment in Human Capital: A Theoretical Analysis. Journal of Political Economy 70: 9–49.

Becker, G.S., 1981: A Treatise on the Family. Cambridge, Mass: Harvard University Press.

Becker, R., 2009: Entstehung und Reproduktion dauerhafter Bildungsungleichheiten. S. 85–129 in: R. Becker (Hrsg.), Lehrbuch der Bildungssoziologie. Wiesbaden: VS Verlag für Sozialwissenschaften.

Beinke, L., 2002: Grundlegung. S. 7–33 in: L. Beinke (Hrsg.), Familie und Berufswahl. Bad Honnef: Bock.

Bekkers, R., 2007: Intergenerational Transmission of Volunteering. Acta Sociologica 50: 99–114.

Bengtson, V.L., T.J. Biblarz & R.E.L. Roberts, 2002: How Families Still Matter: A Longitudinal Study of Youth in Two Generations. Cambridge u. a.: Cambridge University Press.

Bengtson, V.L., C.E. Copen, N.M. Putney & M. Silverstein, 2009: A Longitudinal Study of the Intergenerational Transmission of Religion. International Sociology 24: 325–345.

Berger, D.F., 2009: Intergenerationale Transmission von Scheidung – Vermittlungsprozesse und Scheidungsbarrieren. S. 267–303 in: H. Fend, F. Berger & U. Grob (Hrsg.), Lebensverläufe, Lebensbewältigung, Lebensglück. Ergebnisse der LifE-Studie. Wiesbaden: VS Verlag für Sozialwissenschaften.

Berglund, T., B. Furaker & P. Vulkan, 2014: Is Job Insecurity Compensated for by Employment and Income Security? Economic and Industrial Democracy 35: 165–184.

Bernardi, L., S. Keim & H. von der Lippe, 2007: Social Influences on Fertility: A Comparative Mixed Methods Study in Eastern and Western Germany. Journal of Mixed Methods Research 1: 23–47.

Bernardi, L., A. Klärner & H. von der Lippe, 2008: Job Insecurity and the Timing of Parenthood: A Comparison between Eastern and Western Germany. European Journal of Population 24: 287–313.

Bernhard, S. & K. Kurz, 2007: Familie und Arbeitsmarkt: Eine Längsschnittstudie zum Einfluss beruflicher Unsicherheiten auf die Familienerweiterung. IAB-Discussion Paper 10/2007: 1–35.

Bertram, H., 1976: Probleme einer sozialstrukturell orientierten Sozialisationsforschung. Zeitschrift für Soziologie 5: 103–117.

Best, H. & C. Wolf, 2010: Logistische Regression. S. 827–854 in: C. Wolf & H. Best (Hrsg.), Handbuch der sozialwissenschaftlichen Datenanalyse. Wiesbaden: VS Verlag für Sozialwissenschaften.

Best, H. & C. Wolf, 2012: Modellvergleich und Ergebnisinterpretation in Logit- und Probit-Regressionen. KZfSS Kölner Zeitschrift für Soziologie und Sozialpsychologie 64: 377–395.

Bisin, A. & T. Verdier, 2001: The Economics of Cultural Transmission and the Dynamics of Preferences. Journal of Economic Theory 97: 298–319.

Blossfeld, H.-P., 1985: Berufseintritt und Berufsverlauf. Mitteilungen aus der Arbeitsmarkt- und Berufsforschung 18: 177–197.

Blossfeld, H.-P., S. Buchholz, D. Hofäcker, H. Hofmeister, K. Kurz & M. Mills, 2007: Globalisierung und die Veränderung sozialer Ungleichheiten in modernen Gesellschaften. KZfSS Kölner Zeitschrift für Soziologie und Sozialpsychologie 59: 667–691.

Blossfeld, H.-P., D. Hofäcker, H. Hofmeister & K. Kurz, 2008: Globalisierung, Flexibilisierung und der Wandel von Lebensverläufen in modernen Gesellschaften. S. 23–46 in: M. Szydlik (Hrsg.), Flexibilisierung: Folgen für Arbeit und Familie. Wiesbaden: VS Verlag für Sozialwissenschaften.

Blossfeld, H.-P. & H. Hofmeister (Hrsg.), 2006: Globalization, Uncertainty and Women's Careers: An International Comparison. Cheltenham: Elgar.

Blossfeld, H.-P. & J. Huinink, 2001: Lebensverlaufsforschung als sozialwissenschaftliche Forschungsperspektive Themen, Konzepte, Methoden und Probleme. Zeitschrift für Biographieforschung, Oral History und Lebensverlaufsanalysen 14: 5–31.

Böckerman, P., 2004: Perception of Job Instability in Europe. Social Indicators Research 67: 283–314.

Boehnke, K. & A. Hajar, 2008: Die empirische Analyse von Sozialisationsprozessen. S. 92–102 in: K. Hurrelmann (Hrsg.), Handbuch Sozialisationsforschung. Weinheim und Basel: Beltz.

Bonß, W. & J. Zinn, 2005: Erwartbarkeit, Glück und Vertrauen – Zum Wandel biographischer Sicherheitskonstruktionen in der Moderne. Soziale Welt 56: 183–202.

Booth, A.L. & H.J. Kee, 2009: Intergenerational Transmission of Fertility Patterns. Oxford Bulletin of Economics and Statistics 71: 183–208.

Borg, I. & D. Elizur, 1992: Job Insecurity: Correlates, Moderators and Measurement. International Journal of Manpower 13: 13–26.

Bourdieu, P., 2000: Die zwei Gesichter der Arbeit: Interdependenzen von Zeit- und Wirtschaftsstrukturen am Beispiel einer Ethnologie der algerischen Übergangsgesellschaft. Konstanz: UVK.

Bowles, S. & H. Gintis, 1976: Schooling in Capitalist America: Educational Reform and the Contradictions of Economic Life. New York: Basic Books.

Bowles, S. & H. Gintis, 2002: The Inheritance of Inequality. The Journal of Economic Perspectives 16: 3–30.

Brant, R., 1990: Assessing Proportionality in the Proportional Odds Model for Ordinal Logistic Regression. Biometrics 46: 1171–1178.

Brauns, H., S. Steinmann & D. Haun, 2000: Die Konstruktion des Klassenschemas nach Erikson, Goldthorpe und Portocarero (EGP) am Beispiel nationaler Datenquellen aus Deutschland, Großbritannien und Frankreich. Zuma-Nachrichten 46: 7–42.

Breen, R., 1997: Risk, Recommodification and Stratification. Sociology 31: 473–489.

Breen, R. & J.H. Goldthorpe, 1997: Explaining Educational Differentials Towards a Formal Rational Action Theory. Rationality and Society 9: 275–305.

Breen, R., R. Luijkx, W. Müller & R. Pollak, 2009: Nonpersistent Inequality in Educational Attainment: Evidence from Eight European Countries. American Journal of Sociology 114: 1475–1521.

Brose, N., 2008: Entscheidung unter Unsicherheit – Familiengründung und -erweiterung im Erwerbsverlauf. KZfSS Kölner Zeitschrift für Soziologie und Sozialpsychologie 60: 34–56.

Brown, D., 2002: The Role of Work and Cultural Values in Occupational Choice, Satisfaction, and Success: A Theoretical Statement. Journal of Counseling & Development 80: 48–56.

Brussig, M. & M. Erlinghagen, 2005: Austritte aus Beschäftigung in Ostdeutschland. Entlassungen und Befristungen dominieren, deutscher Arbeitsmarkt nach wie vor gespalten. IAT-Report 2005–2: 1–8.

Buchholz, S., 2008: Die Flexibilisierung des Erwerbsverlaufs: Eine Analyse von Einstiegs- und Ausstiegsprozessen in Ost- und Westdeutschland. Wiesbaden: VS Verlag für Sozialwissenschaften.

Bucx, F., Q. Raaijmakers & F. van Wel, 2010: Life Course Stage in Young Adulthood and Intergenerational Congruence in Family Attitudes. Journal of Marriage and Family 72: 117–134.

Bundesagentur für Arbeit, 2014: Arbeitslosigkeit im Zeitverlauf. Nürnberg.

Burchell, B.J., 1990: The Effects of Labour Market Position, Job Insecurity and Unemployment on Psychological Health (Working Paper No. 19). Oxford: The Economic and Social Research Council (ESRC).

Burchell, B.J., 1999: The Unequal Distribution of Job Insecurity, 1966-86. International Review of Applied Economics 13: 437–458.

Burchell, B.J., 2009: Flexicurity as a Moderator of the Relationship between Job Insecurity and Psychological Well-Being. Cambridge Journal of Regions, Economy and Society 2: 365–378.

Burchell, B.J., 2011: A Temporal Comparison of the Effects of Unemployment and Job Insecurity on Wellbeing. Sociological Research Online 16: 1–9.

Burgard, S.A., J.E. Brand & J.S. House, 2009: Perceived Job Insecurity and Worker Health in the United States. Social Science & Medicine 69: 777–785.

Burt, C.H. & R.L. Simons, 2014: Pulling Back the Curtain on Heritability Studies: Biosocial Criminology in the Postgenomic Era. Criminology 52: 223–262.

Burzan, N., S. Kohrs & I. Küsters, 2014: Die Mitte der Gesellschaft: Sicherer als erwartet? Weinheim und Basel: Beltz Juventa.

Busch, A., 2013: Die Geschlechtersegregation beim Berufseinstieg – Berufswerte und ihr Erklärungsbeitrag für die geschlechtstypische Berufswahl. Berliner Journal für Soziologie 23: 145–179.

Byrd, A.L. & S.B. Manuck, 2014: MAOA, Childhood Maltreatment, and Antisocial Behavior: Meta-analysis of a Gene-Environment Interaction. Biological Psychiatry 75: 9–17.

Campbell, D., A. Carruth, A. Dickerson & F. Green, 2007: Job Insecurity and Wages. The Economic Journal 117: 544–566.

Carr, E. & H. Chung, 2014: Employment Insecurity and Life Satisfaction: The Moderating Influence of Labour Market Policies Across Europe. Journal of European Social Policy 24: 383–399.

Caspi, A., J. McClay, T.E. Moffitt, J. Mill, J. Martin, I.W. Craig, A. Taylor & R. Poulton, 2002: Role of Genotype in the Cycle of Violence in Maltreated Children. Science 297: 851–854.

Castel, R., 2009: Die Wiederkehr der sozialen Unsicherheit. S. 21–34 in: R. Castel & K. Dörre (Hrsg.), Prekarität, Abstieg, Ausgrenzung: Die soziale Frage am Beginn des 21. Jahrhunderts. Campus Verlag Frankfurt.

Cavalli-Sforza, L.L., M.W. Feldman, K.-H. Chen & S.M. Dornbusch, 1982: Theory and Observation in Cultural Transmission. Science 218: 19–27.

Charles, N. & E. James, 2003a: The Gender Dimensions of Job Insecurity in a Local Labour Market. Work, Employment & Society 17: 531–552.

Charles, N. & E. James, 2003b: Gender and Work Orientations in Conditions of Job Insecurity. The British Journal of Sociology 54: 239–257.

Charles, N. & E. James, 2005: „He earns the bread and butter and I earn the cream": Job Insecurity and the Male Breadwinner Family in South Wales. Work, Employment & Society 19: 481–502.

Choi, F., 2009: Leistungsmilieus und Bildungszugang: Zum Zusammenhang von sozialer Herkunft und Verbleib im Bildungssystem. Wiesbaden: VS Verlag für Sozialwissenschaften.

Chung, H. & S. Mau, 2014: Subjective Insecurity and the Role of Institutions. Journal of European Social Policy 24: 303–318.

Chung, H. & W. van Oorschot, 2010: Employment Insecurity of European Individuals during the Financial Crisis: A Multi-Level Approach (Working Paper No. 14/2010). Edinburg: RECWOWE Publications, Dissemination and Dialogue Centre.

Chung, H. & W. van Oorschot, 2011: Institutions Versus Market Forces: Explaining the Employment Insecurity of European Individuals during (the Beginning of) the Financial Crisis. Journal of European Social Policy 21: 287–301.

Clark, A., Y. Georgellis & P. Sanfey, 2001: Scarring: The Psychological Impact of Past Unemployment. Economica 68: 221–241.

Clarke, E.J., M. Preston, J. Raksin & V.L. Bengtson, 1999: Types of Conflicts and Tensions between Older Parents and Adult Children. The Gerontologist 39: 261–270.

Coleman, J.S., 1986: Social Theory, Social Research, and a Theory of Action. American Journal of Sociology 91: 1309–1335.

Cunningham, M., 2001: Parental Influences on the Gendered Division of Housework. American Sociological Review 66: 184–203.

De Witte, H. & K. Näswall, 2003: 'Objective' vs 'Subjective' Job Insecurity: Consequences of Temporary Work for Job Satisfaction and Organizational Commitment in Four European Countries. Economic and Industrial Democracy 24: 149–188.

De Witte, H., J. Pienaar & N. De Cuyper, 2016: Review of 30 Years of Longitudinal Studies on the Association between Job Insecurity and Health and Well-Being: Is There Causal Evidence? Australian Psychologist 51: 18–31.

Dekker, S.W.A. & W.B. Schaufeli, 1995: The Effects of Job Insecurity on Psychological Health and Withdrawal: A Longitudinal Study. Australian Psychologist 30: 57–63.

Dias, B.G. & K.J. Ressler, 2014: Parental Olfactory Experience Influences Behavior and Neural Structure in Subsequent Generations. Nature Neuroscience 17: 89–96.

Dickerson, A. & F. Green, 2012: Fears and Realisations of Employment Insecurity. Labour Economics 19: 198–210.

Diekmann, A. & H. Engelhardt, 1995: Die soziale Vererbung des Scheidungsrisikos. Eine empirische Untersuchung der Transmissionshypothese mit dem deutschen Familiensurvey. Zeitschrift für Soziologie 24: 215–228.

Diewald, M., 2010: Zur Bedeutung genetischer Variation für die soziologische Ungleichheitsforschung. Zeitschrift für Soziologie 39: 4–21.

Diewald, M. & A. Sørensen, 1996: Erwerbsverläufe und soziale Mobilität von Frauen und Männern in Ostdeutschland: Makrostrukturelle Umbrüche und Kontinuitäten im Lebensverlauf. S. 63–88 in: M. Diewald & K.U. Mayer (Hrsg.), Zwischenbilanz der Wiedervereinigung. Strukturwandel und Mobilität im Transformationsprozeß. Wiesbaden: VS Verlag für Sozialwissenschaften.

DiPrete, T.A. & G.M. Eirich, 2006: Cumulative Advantage as a Mechanism for Inequality: A Review of Theoretical and Empirical Developments. Annual Review of Sociology 32: 271–297.

Dixon, J.C., A.S. Fullerton & D.L. Robertson, 2013: Cross-National Differences in Workers' Perceived Job, Labour Market, and Employment Insecurity in Europe: Empirical Tests and Theoretical Extensions. European Sociological Review 29: 1053–1067.

Dohmen, T., A. Falk, D. Huffman & U. Sunde, 2012: The Intergenerational Transmission of Risk and Trust Attitudes. The Review of Economic Studies 79: 645–677.

Drobnič, S., H.-P. Blossfeld & G. Rohwer, 1999: Dynamics of Women's Employment Patterns over the Family Life Course: A Comparison of the United States and Germany. Journal of Marriage and Family 61: 133–146.

Duncan, L.E., A.R. Pollastri & J.W. Smoller, 2014: Mind the Gap: Why Many Geneticists and Psychological Scientists Have Discrepant Views about Gene–Environment Interaction (G×E) Research. American Psychologist 69: 249–268.

Düntgen, A. & M. Diewald, 2008: Auswirkungen der Flexibilisierung von Beschäftigung auf eine erste Elternschaft. S. 213–231 in: M. Szydlik (Hrsg.), Flexibilisierung: Folgen für Arbeit und Familie. Wiesbaden: VS Verlag für Sozialwissenschaften.

Dütsch, M., 2011: Wie prekär ist Zeitarbeit? Eine Analyse mit dem Matching-Ansatz. Zeitschrift für Arbeitsmarktforschung 43: 299–318.

Dütsch, M. & O. Struck, 2014: Employment Trajectories in Germany: Do Firm Characteristics and Regional Disparities Matter? Journal for Labour Market Research 47: 107–127.

Ebralidze, E., 2010: Labour Market Regulation and Perceived Job Insecurities in the Early Career - Do Danish Employees Worry Less? S. 93–120 in: H.-P. Blossfeld, D. Hofäcker & S. Bertolini (Hrsg.), Youth on Globalised Labour Markets: Rising Uncertainty and Its Effects on Early Employment and Family Lives in Europe. Leverkusen: Budrich.

Eder, D. & S. Nenga, 2006: Socialization in Adolescence. S. 157–182 in: J. DeLamater (Hrsg.), Handbook of Social Psychology. New York: Springer.

Elder, G.H., 1994: Time, Human Agency, and Social Change: Perspectives on the Life Course. Social Psychology Quarterly 57: 4–15.

Elder, G.H., 1998: The Life Course as Developmental Theory. Child Development 69: 1–12.

Elder, G.H. & M.K. Johnson, 2003: The Life Course and Aging: Challenges, Lessens, and New Directions. S. 49–81 in: R.A. Settersten (Hrsg.), Invitation to the Life Course: Toward New Understandings of Later Life. Amityville, N.Y: Baywood Pub. Co.

Elder, G.H., M.K. Johnson & R. Crosnoe, 2003: The Emergence and Development of Life Course Theory. S. 3–19 in: J.T. Mortimer & M.J. Shanahan (Hrsg.), Handbook of the Life Course. Springer US.

Emirbayer, M. & A. Mische, 1998: What Is Agency? American Journal of Sociology 103: 962–1023.

Engelhardt, H., H. Trappe & J. Dronkers, 2002: Differences in Family Policies and the Intergenerational Transmission of Divorce: A Comparison between the Former East and West Germany. Demographic Research 6: 295–324.

Erikson, R. & J.H. Goldthorpe, 1992: The Constant Flux: A Study of Class Mobility in Industrial Societies. Oxford u. a.: Clarendon Press.

Erlinghagen, M., 2004: Die Restrukturierung des Arbeitsmarktes - Arbeitsmarktmobilität und Beschäftigungsstabilität im Zeitverlauf. Wiesbaden: VS Verlag für Sozialwissenschaften.

Erlinghagen, M., 2005: Entlassungen und Beschäftigungssicherheit im Zeitverlauf. Zur Entwicklung unfreiwilliger Arbeitsmarktmobilität in Deutschland. Zeitschrift für Soziologie 34: 147–168.

Erlinghagen, M., 2008: Self-Perceived Job Insecurity and Social Context: A Multi-Level Analysis of 17 European Countries. European Sociological Review 24: 183–197.

Erlinghagen, M., 2010: Mehr Angst vor Arbeitsplatzverlust seit Hartz?: Lang-fristige Entwicklung der Beschäftigungsunsicherheit in Deutschland. IAQ-Report: 1–12.

Erlinghagen, M. & C. Lübke, 2015: Arbeitsplatzunsicherheit im Erwerbsverlauf. Eine Sequenzmusteranalyse westdeutscher Paneldaten. Zeitschrift für Soziologie 44: 407–425.

Ermisch, J., M. Jantti & T.M. Smeeding, 2012: From Parents to Children: The Intergenerational Transmission of Advantage. New York: Russell Sage Foundation.

Farkas, G., 2003: Cognitive Skills and Noncognitive Traits and Behaviors in Stratification Processes. Annual Review of Sociology 29: 541–562.

Fasang, A.E., 2015: Intergenerationale Fertilitätstransmission in Ost- und West-deutschland. KZfSS Kölner Zeitschrift für Soziologie und Sozialpsychologie 67: 11–40.

Fend, H., 2005: Entwicklungspsychologie des Jugendalters. Wiesbaden: VS Verlag für Sozialwissenschaften.

Fend, H., 2009: Was die Eltern ihren Kindern mitgeben – Generationen aus Sicht der Erziehungswissenschaft. S. 81–103 in: H. Künemund & M. Szydlik (Hrsg.), Generationen. Multidisziplinäre Perspektiven. Wiesbaden: VS Verlag für Sozialwissenschaften.

Ferrie, J.E., M.J. Shipley, K. Newman, S.A. Stansfeld & M. Marmot, 2005: Self-Reported Job Insecurity and Health in the Whitehall II Study: Potential Explanations of the Relationship. Social Science & Medicine 60: 1593–1602.

Ferrie, J.E., M.J. Shipley, S.A. Stansfeld & M.G. Marmot, 2002: Effects of Chronic Job Insecurity and Change in Job Security on Self Reported Health, Minor Psychiatric Morbidity, Physiological Measures, and Health Related Behaviours in British Civil Servants: The Whitehall II Study. Journal of Epidemiology and Community Health 56: 450–454.

Flossmann, A.L., R. Piatek & L. Wichert, 2007: Going Beyond Returns to Education: The Role of Noncognitive Skills on Wages in Germany. (Working Paper). Konstanz: Universität.

Friedman, D., M. Hechter & S. Kanazawa, 1994: A Theory of the Value of Children. Demography 31: 375–401.

Fullerton, A.S. & M. Wallace, 2007: Traversing the Flexible Turn: US Workers' Perceptions of Job Security, 1977–2002. Social Science Research 36: 201–221.

Gallie, D., A. Felstead, F. Green & H. Inanc, 2016: The Hidden Face of Job Insecurity. Work, Employment & Society O: 1–18.

Gangl, M., 2006: Scar Effects of Unemployment: An Assessment of Institutional Complementarities. American Sociological Review 71: 986–1013.

Ganzeboom, H.B.G., P.M. De Graaf & D.J. Treiman, 1992: A Standard International Socio-Economic Index of Occupational Status. Social Science Research 21: 1–56.

Gebel, M. & J. Giesecke, 2009: Ökonomische Unsicherheit und Fertilität. Die Wirkung von Beschäftigungsunsicherheit und Arbeitslosigkeit auf die Familiengründung in Ost- und Westdeutschland. Zeitschrift für Soziologie 38: 399–417.

Geulen, D. & K. Hurrelmann, 1980: Zur Programmatik einer umfassenden Sozialisationstheorie. 51–67 in: K. Hurrelmann & D. Ulich (Hrsg.), Handbuch der Sozialisationsforschung. Weinheim und Basel: Beltz.

Giesecke, J., 2006: Arbeitsmarktflexibilisierung und soziale Ungleichheit: Sozio-ökonomische Konsequenzen befristeter Beschäftigungsverhältnisse in Deutschland und Großbritannien. Wiesbaden: VS Verlag für Sozialwissenschaften.

Glass, J., V.L. Bengtson & C.C. Dunham, 1986: Attitude Similarity in Three-Generation Families: Socialization, Status Inheritance, or Reciprocal Influence? American Sociological Review 51: 685–698.

Goldthorpe, J.H., 1996: Class Analysis and the Reorientation of Class Theory: The Case of Persisting Differentials in Educational Attainment. British Journal of Sociology 47: 481–505.

Green, F., 2009: Subjective Employment Insecurity around the World. Cambridge Journal of Regions, Economy and Society 2: 343–363.

Green, F., A. Dickerson, A. Carruth & D. Campbell, 2001: An Analysis of Subjective Views of Job Insecurity (Department of Economics Working Paper No. 01/08). University of Kent.

Green, F., A. Felstead & B.J. Burchell, 2000: Job Insecurity and the Difficulty of Regaining Employment: An Empirical Study of Unemployment Expectations. Oxford Bulletin of Economics and Statistics 62: 855–883.

Greenhalgh & Rosenblatt, 1984: Job Insecurity: Toward Conceptual Clarity. Academy of Management Review 9: 438–448.

Griep, Y., U. Kinnunen, J. Nätti, N. De Cuyper, S. Mauno, A. Mäkikangas & H. De Witte, 2015: The Effects of Unemployment and Perceived Job Insecurity: A Comparison of Their Association with Psychological and Somatic

Complaints, Self-Rated Health and Life Satisfaction. International Archives of Occupational and Environmental Health 89: 147–162.

Grob, U., 2005: Kurz- und langfristige intergenerationale Transmission von Ausländerablehnung. Zeitschrift für Soziologie der Erziehung und Sozialisation 25: 32–51.

Grob, U. & K. Stuhlmann, 2009: Arbeitsteilung in der Partnerschaft – Zur geschlechtsspezifischen Bedeutung früher Sozialisationserfahrungen und aktueller Gelegenheitsstrukturen. S. 305–326 in: H. Fend, F. Berger & U. Grob (Hrsg.), Lebensverläufe, Lebensbewältigung, Lebensglück. Ergebnisse der LifE-Studie. Wiesbaden: VS Verlag für Sozialwissenschaften.

Groves, M.O., 2005: How Important Is Your Personality? Labor Market Returns to Personality for Women in the US and UK. Journal of Economic Psychology 26: 827–841.

Grunow, D., 2013: Zwei Schritte vor, eineinhalb Schritte zurück. Geschlechtsspezifische Arbeitsteilung und Sozialisation aus Perspektive des Lebensverlaufs. Zeitschrift für Soziologie der Erziehung und Sozialisation 33: 384–398.

Hartley, J., D. Jackson, B. Klandermans & T. Van Vuuren, 1991: Job Insecurity. Coping with Jobs at Risk. London u. a.: Sage Publications.

Havighurst, R.J., 1958: Developmental Tasks and Education. New York u. a.: Longmans, Green and Co.

Heaney, C.A., B.A. Israel & J.S. House, 1994: Chronic Job Insecurity among Automobile Workers: Effects on Job Satisfaction and Health. Social Science & Medicine 38: 1431–1437.

Heckman, J.J., 2008: Schools, Skills, and Synapses. Economic Inquiry 46: 289–324.

Heineck, G. & S. Anger, 2010: The Returns to Cognitive Abilities and Personality Traits in Germany. Labour Economics 17: 535–546.

Heinz, W.R., 1995: Arbeit, Beruf und Lebenslauf: Eine Einführung in die berufliche Sozialisation. Weinheim und München: Juventa-Verlag.

Heinz, W.R., 2010: Jugend, Ausbildung und Beruf. S. 661–681 in: H.-H. Krüger & C. Grunert (Hrsg.), Handbuch Kindheits- und Jugendforschung. Wiesbaden: VS Verlag für Sozialwissenschaften.

Hellgren, J., M. Sverke & K. Isaksson, 1999: A Two-Dimensional Approach to Job Insecurity: Consequences for Employee Attitudes and Well-Being. European Journal of Work and Organizational Psychology 8: 179–195.

Herrnstein, R.J. & C.A. Murray, 1994: The Bell Curve: Intelligence and Class Structure in American Life. New York u. a.: Free Press.

Hess, M., A. Ittel & P. Kuhl, 2006: Innerfamiliale Transmission von Geschlechterrollenorientierungen bei Jugendlichen: Die Bedeutung des Erziehungsverhaltens und des Familienzusammenhalts. S. 107–129 in: A. Ittel, L. Stecher, H. Merkens & J. Zinnecker (Hrsg.), Jahrbuch Jugendforschung. Wiesbaden: VS Verlag für Sozialwissenschaften.

Hillmert, D.S., 2005: Bildungsentscheidungen und Unsicherheit. Zeitschrift für Erziehungswissenschaft 8: 173–186.

Hirschle, J. & H. Lengfeld, 2011: Perceived Job Insecurity and Employment Systems: Paradoxical Effects in International Comparison. Hamburg Reports on Contemporary Societies 02/2911: 1–31.

Hitlin, S. & M.K. Johnson, 2015: Reconceptualizing Agency Within the Life Course: The Power of Looking Ahead. American Journal of Sociology 120: 1429–1472.

Hofäcker, D. & H.-P. Blossfeld, 2011: Globalization, Uncertainty and Its Effects on Early Family and Employment Lives – An Introduction. S. 9–38 in: H.-P. Blossfeld, D. Hofäcker & S. Bertolini (Hrsg.), Youth on Globalised Labour Markets: Rising Uncertainty and Its Effects on Early Employment and Family Lives in Europe. Leverkusen: Budrich.

Hofäcker, D. & S. König, 2013: Flexibility and Work-Life Conflict in Times of Crisis: A Gender Perspective. International Journal of Sociology and Social Policy 33: 613–635.

Hofmann, B. & K. Hohmeyer, 2013: Perceived Economic Uncertainty and Fertility: Evidence from a Labor Market Reform. Journal of Marriage and Family 75: 503–521.

Huang, G.-H., C. Lee, S. Ashford, Z. Chen & X. Ren, 2010: Affective Job Insecurity. International Studies of Management and Organization 40: 20–39.

Hurrelmann, K., 2006: Einführung in die Sozialisationstheorie. Weinheim und Basel: Beltz.

Hurrelmann, K., 2003: Der entstrukturierte Lebenslauf. Die Auswirkungen der Expansion der Jugendphase. Zeitschrift für Soziologie der Erziehung und Sozialisation 23: 115–126.

Hurrelmann, K. & U. Bauer, 2015: Einführung in die Sozialisationstheorie: Das Modell der produktiven Realitätsverarbeitung. Weinheim und Basel: Beltz.

Hurrelmann, K., M. Grundmann & S. Walper, 2008: Zum Stand der Sozialisationsforschung. S. 13–31 in: K. Hurrelmann, M. Grundmann & S. Walper (Hrsg.), Handbuch Sozialisationsforschung. Weinheim und Basel: Beltz.

Hurrelmann, K. & G. Quenzel, 2012: Lebensphase Jugend: Eine Einführung in die sozialwissenschaftliche Jugendforschung. Weinheim und Basel: Beltz Juventa.

Jacobson, D. & J. Hartley, 1991: Mapping the Context. S. 1–22 in: J. Hartley, D. Jacobson, B. Klandermans & T. Van Vuuren (Hrsg.), Job Insecurity. Coping with Jobs at Risk. London u. a.: Sage Publications.

Jahoda, M., P.F. Lazarsfeld & H. Zeisel, 1960: Die Arbeitslosen von Marienthal: Ein soziographischer Versuch mit einem Anhang zur Geschichte der Soziographie. Allensbach u. a.: Verlag für Demoskopie.

Jansen, M., 2011: Employment Insecurity and Its Repercussions on Family Formation: A Theoretical Framework. S. 39–65 in: H.-P. Blossfeld, D. Hofäcker & S. Bertolini (Hrsg.), Youth on Globalised Labour Markets: Rising Uncertainty and Its Effects on Early Employment and Family Lives in Europe. Leverkusen: Budrich.

Johnson, A.M., P.A. Vernon & A.R. Feiler, 2008: Behavioral Genetic Studies of Personality: An Introduction and Review of the Results of 50+ Years of Research. Bd. 1, S. 145–173 in: G.J. Boyle, G. Matthews & D.H. Saklofske (Hrsg.), The SAGE Handbook of Personality Theory and Assessment: Volume 1 — Personality Theories and Models. Los Angeles u. a.: SAGE Publications.

Johnson, M.K. & J.T. Mortimer, 2011: Origins and Outcomes of Judgments about Work. Social Forces 89: 1239–1260.

Johnson, M.K. & J.T. Mortimer, 2015: Reinforcement or Compensation? The Effects of Parents' Work and Financial Conditions on Adolescents' Work Values during the Great Recession. Journal of Vocational Behavior 87: 89–100.

Jussim, L. & K.D. Harber, 2005: Teacher Expectations and Self-Fulfilling Prophecies: Knowns and Unknowns, Resolved and Unresolved Controversies. Personality and Social Psychology Review 9: 131–155.

Kaiser, T. & M. Diewald, 2014: Ordentliche Arbeiterkinder, konzentrierte Mittelschichtkinder? KZfSS Kölner Zeitschrift für Soziologie und Sozialpsychologie 66: 243–265.

Kalleberg, A.L., 1977: Work Values and Job Rewards: A Theory of Job Satisfaction. American Sociological Review 42: 124–143.

Kaufmann, F.-X., 1970: Sicherheit als soziologisches und sozialpolitisches Problem: Untersuchungen zu einer Wertidee hochdifferenzierter Gesellschaften. Stuttgart: Enke.

Kelle, N., 2011: Wandel von Erwerbsbeteiligung westdeutscher Frauen nach der Erstgeburt – Ein Vergleich der zwischen 1936 und 1965 geborenen Kohorten. SOEPpapers on Multidisciplinary Panel Data Research 406: 1–69.

Keller, B. & H. Seifert, 2002: Flexicurity – Wie lassen sich Flexibilität und soziale Sicherheit vereinbaren. Mitteilungen aus der Arbeitsmarkt- und Berufsforschung 35: 90–106.

Kelloway, E.K. & S. Harvey, 1999: Learning to Work: The Development of Work Beliefs. S. 37–57 in: J. Barling & E.K. Kelloway (Hrsg.), Young Workers: Varieties of Experience. Washington: American Psychological Association.

Kinnunen, U., S. Mauno, J. Natti & M. Happonen, 1999: Perceived Job Insecurity: A Longitudinal Study among Finnish Employees. European Journal of Work and Organizational Psychology 8: 243–260.

Klandermans, B., J.K. Hesselink & T. Van Vuuren, 2010: Employment Status and Job Insecurity: On the Subjective Appraisal of an Objective Status. Economic and Industrial Democracy 31: 557–577.

Kohn, M.L., 1959: Social Class and Parental Values. American Journal of Sociology 64: 337–351.

Kohn, M.L., 1973: Class and Conformity: A Study in Values. Homewood, Illinois: The Dorsey Press.

Kohn, M.L., K.M. Slomczynski & C. Schoenbach, 1986: Social Stratification and the Transmission of Values in the Family: A Cross-National Assessment. Sociological Forum 1: 73–102.

Krappmann, L., U. Oevermann & K. Kreppner, 1976: Was kommt nach der schichtspezifischen Sozialisationsforschung? S. 258–264 in: M.R. Lepsius & Deutsche Gesellschaft für Soziologie (Hrsg.), Zwischenbilanz der Soziologie: Verhandlungen des 17. Deutschen Soziologentages, [Kassel, 31. 10.-2. 11. 1974]. Stuttgart: Enke.

Krause, A., I. Krause, T. Schröder & O. Struck, 2008: Flexibilisierung am deutschen Arbeitsmarkt: Subjektive Kosten und Anpassungsschwierigkeiten. S. 5226–5238 in: K.-S. Rehberg, D. Giesecke & Deutsche Gesellschaft für Soziologie (Hrsg.), Die Natur der Gesellschaft: Verhandlungen des 33. Kongresses der Deutschen Gesellschaft für Soziologie in Kassel 2006. Frankfurt am Main: Campus-Verlag.

Kreyenfeld, M., 2010: Uncertainties in Female Employment Careers and the Postponement of Parenthood in Germany. European Sociological Review 26: 351–366.

Kreyenfeld, M., 2015: Economic Uncertainty and Fertility. KZfSS Kölner Zeitschrift für Soziologie und Sozialpsychologie 67: 59–80.

Kristen, C., 1999: Bildungsentscheidungen und Bildungsungleichheit: Ein Überblick über den Forschungsstand (Arbeitspapier No. 5). Mannheimer Zentrum für Europäische Sozialforschung.

Lam, J., M. O'Flaherty & J. Baxter, 2016: Dynamics of Parental Work Hours, Job Insecurity, and Child Wellbeing during Middle Childhood in Australian Dual-Income Families (Life Course Centre Working Paper No. 2016–11). ARC Centre of Excellence for Children and Families over the Life Course.

Lambert, S.J., 1990: Processes Linking Work and Family: A Critical Review and Research Agenda. Human Relations 43: 239–257.

Lareau, A., 2002: Invisible Inequality: Social Class and Childrearing in Black Families and White Families. American Sociological Review 67: 747–776.

Lareau, A., 2011: Unequal Childhoods: Class, Race, and Family Life. Berkeley u. a.: University of California Press.

Larson, J.H., S.M. Wilson & R. Beley, 1994: The Impact of Job Insecurity on Marital and Family Relationships. Family Relations 43: 138–143.

Lazarus, R.S. & S. Folkman, 1984: Stress, Appraisal and Coping. New York, NY: Springer.

Lee, S., G.A. Colditz, L.F. Berkman & I. Kawachi, 2004: Prospective Study of Job Insecurity and Coronary Heart Disease in US Women. Annals of Epidemiology 14: 24–30.

Lengfeld, H. & J. Hirschle, 2009: Die Angst der Mittelschicht vor dem sozialen Abstieg. Eine Längsschnittanalyse 1984-2007. Zeitschrift für Soziologie 38: 379–398.

Lengfeld, H. & T.-M. Kleiner, 2007: Arbeitsmarktflexibilisierung und soziale Ungleichheit in Deutschland. Hagener Arbeitsberichte zur Soziologischen Gegenwartsdiagnose 1: 1–33.

Leven, I., G. Quenzel & K. Hurrelmann, 2011: Familie, Schule, Freizeit: Kontinuitäten im Wandel. S. 53–128 in: Shell Deutschland Holding GmbH (Hrsg.), Jugend 2010: Eine pragmatische Generation behauptet sich. Frankfurt am Main: Fischer-Taschenbuch-Verlag.

Leven, I., G. Quenzel & K. Hurrelmann, 2015: Familie, Bildung, Beruf, Zukunft: Am liebsten alles. S. 47–110 in: Shell Deutschland Holding GmbH (Hrsg.), Jugend 2015: Eine pragmatische Generation im Aufbruch. Frankfurt am Main: Fischer-Taschenbuch-Verlag.

Levenstein, S., M.W. Smith & G.A. Kaplan, 2001: Psychosocial Predictors of Hypertension in Men and Women. Archives of Internal Medicine 161: 1341–1346.

Levine, K.J. & C.A. Hoffner, 2006: Adolescents' Conceptions of Work: What Is Learned from Different Sources during Anticipatory Socialization? Journal of Adolescent Research 21: 647–669.

Lim, V.K.G. & G.L. Loo, 2003: Effects of Parental Job Insecurity and Parenting Behaviors on Youth's Self-Efficacy and Work Attitudes. Journal of Vocational Behavior 63: 86–98.

Lohmann, H., C.K. Spieß, O. Groh-Samberg & J. Schupp, 2009: Analysepotenziale des Sozio-oekonomischen Panels (SOEP) für die empirische Bildungsforschung. Zeitschrift für Erziehungswissenschaft 12: 252–280.

Lois, D., 2015: Forschungsmethoden und Designs in der Familiensoziologie. S. 239–267 in: P.B. Hill & J. Kopp (Hrsg.), Handbuch Familiensoziologie. Wiesbaden: Springer Fachmedien.

Long, J.S. & J. Freese, 2006: Regression Models for Categorical Dependent Variables Using Stata. College Station, Tex: StataCorp LP.

Lübke, C. & M. Erlinghagen, 2014: Self-Perceived Job Insecurity Across Europe over Time: Does Changing Context Matter? Journal of European Social Policy 24: 319–336.

Mannheim, K., 1928: Das Problem der Generationen. Kölner Vierteljahrshefte für Soziologie 7: 157–185, 309–330.

Martin-Matthews, A. & K.M. Kobayashi, 2002: Intergenerational Transmission. S. 922–927 in: J.J. Ponzetti (Hrsg.), International Encyclopedia of Marriage and Family. New York: MacMillan.

Marx, P., 2014: The Effect of Job Insecurity and Employability on Preferences for Redistribution in Western Europe. Journal of European Social Policy 24: 351–366.

Mauno, S. & U. Kinnunen, 1999: The Effects of Job Stressors on Marital Satisfaction in Finnish Dual-Earner Couples. Journal of Organizational Behavior 20: 879–895.

Mauno, S. & U. Kinnunen, 2002: Perceived Job Insecurity among Dual-Earner Couples: Do Its Antecedents Vary According to Gender, Economic Sector and the Measure Used? Journal of Occupational and Organizational Psychology 75: 295–314.

Mayer, K.U., 1990: Lebensverläufe und sozialer Wandel. Anmerkungen zu einem Forschungsprogramm. S. 7–21 in: K.U. Mayer (Hrsg.), Lebensverläufe und sozialer Wandel. Opladen: Westdeutscher Verlag.

Mayer, K.U., D. Grunow & N. Nitsche, 2010: Mythos Flexibilisierung? Wie instabil sind Berufsbiografien wirklich und als wie instabil werden sie wahrgenommen? KZfSS Kölner Zeitschrift für Soziologie und Sozialpsychologie 62: 369–402.

Mills, M., R.R. Rindfuss, P. McDonald & E. te Velde, 2011: Why Do People Postpone Parenthood? Reasons and Social Policy Incentives. Human Reproduction Update 17: 848–860.

Min, J., M. Silverstein & J.P. Lendon, 2012: Intergenerational Transmission of Values over the Family Life Course. Advances in Life Course Research 17: 112–120.

Mood, C., 2010: Logistic Regression: Why We Cannot Do What We Think We Can Do, And What We Can Do About It. European Sociological Review 26: 67–82.

Mortimer, J., F. Zhang, J. Hussemann & C.-Y. Wu, 2014: Parental Economic Hardship and Children's Achievement Orientations. Longitudinal and Life Course Studies 5: 105–128.

Muenster, E., H. Rueger, E. Ochsmann, S. Letzel & A.M. Toschke, 2011: Association between Overweight, Obesity and Self-Perceived Job Insecurity in German Employees. BMC Public Health 11: 1–7.

Mühler, K., 2008: Sozialisation: Eine soziologische Einführung. Paderborn: Fink.

Müller, W. & R. Pollak, 2007: Weshalb gibt es so wenige Arbeiterkinder in Deutschlands Universitäten? S. 303–342 in: R. Becker & W. Lauterbach (Hrsg.), Bildung als Privileg. Erklärungen und Befunde zu den Ursachen der Bildungsungleichheit. Wiesbaden: VS Verlag für Sozialwissenschaften.

Myers, D.G., 2014: Lernen. S. 289–326 in: Psychologie. Berlin und Heidelberg: Springer.

Näswall, K. & H. De Witte, 2003: Who Feels Insecure in Europe? Predicting Job Insecurity from Background Variables. Economic and Industrial Democracy 24: 189–215.

Neblett, N.G. & K.S. Cortina, 2006: Adolescents' Thoughts About Parents' Jobs and Their Importance for Adolescents' Future Orientation. Journal of Adolescence 29: 795–811.

Nolan, J.P., 2009: 'Working to Live, Not Living to Work': An Exploratory Study of the Relationship between Men's Work Orientation and Job Insecurity in the UK. Gender, Work & Organization 16: 179–197.

Nolan, J.P., I.C. Wichert & B.J. Burchell, 2000: Job Insecurity, Psychological Well-Being and Family Life. S. 181–209 in: The Insecure Workforce. London und New York: Routledge.

Nurmi, J.-E., 1991: How Do Adolescents See Their Future? A Review of the Development of Future Orientation and Planning. Developmental Review 11: 1–59.

OECD, 2004: Employment Protection Legislation and Labour Market Performance. S. 61–125 in: OECD Employment Outlook, 2004 Edition. Washington: OECD Publishers.

Paskov, M. & F. Koster, 2014: Institutions, Employment Insecurity and Polarization in Support for Unemployment Benefits. Journal of European Social Policy 24: 367–382.

Peter, F.H., 2013: Trick or Treat? – Maternal Involuntary Job Loss and Children's Non-Cognitive Skills (Discussion Papers No. 1297). Berlin: DIW/SOEP.

Pfau-Effinger, B., 2001: Wandel wohlfahrtsstaatlicher Geschlechterpolitiken im soziokulturellen Kontext. S. 487–511 in: B. Heintz (Hrsg.), Geschlechtersoziologie. Wiesbaden: Westdeutscher Verlag.

Pinquart, M. & R.K. Silbereisen, 2004: Transmission of Values from Adolescents to Their Parents: The Role of Value Content and Authoritative Parenting. Adolescence 39: 83–100.

Piotrkowski, C.S. & E. Stark, 1987: Children and Adolescents Look at Their Parents' Jobs. New Directions for Child and Adolescent Development 35: 3–19.

Plomin, R., J.C. DeFries, G.R. McClean & M. Rutter, 1999: Gene, Umwelt und Verhalten: Einführung in die Verhaltensgenetik. Bern u. a.: Huber.

Rolff, H.-G., 1967: Sozialisation und Auslese durch die Schule. Heidelberg: Quelle & Mayer.

Rook, K., D. Dooley & R. Catalano, 1991: Stress Transmission: The Effects of Husbands' Job Stressors on the Emotional Health of Their Wives. Journal of Marriage and the Family 53: 165–177.

Rosenblatt, Z., I. Talmud & A. Ruvio, 1999: A Gender-Based Framework of the Experience of Job Insecurity and Its Effects on Work Attitudes. European Journal of Work and Organizational Psychology 8: 197–217.

Rosenthal, R. & L. Jacobson, 1968: Pygmalion in the Classroom: Teacher Expectation and Pupils' Intellectual Development. New York: Holt, Rinehart & Winston.

Rowe, D.C., 1997: Genetik und Sozialisation: Die Grenzen der Erziehung. Weinheim und Basel: Beltz, Psychologie Verlags Union.

Sackmann, R. & M. Wingens, 1996: Berufsverläufe im Transformationsprozeß. S. 11–31 in: M. Diewald & K.U. Mayer (Hrsg.), Zwischenbilanz der Wiedervereinigung. Strukturwandel und Mobilität im Transformationsprozeß. Wiesbaden: VS Verlag für Sozialwissenschaften.

Şaka, B., 2016: Transmission ehrenamtlichen Engagements im Elternhaus – Ergebnis von Sozialisation oder Statustransmission? KZfSS Kölner Zeitschrift für Soziologie und Sozialpsychologie 68: 258–307.

Schaufeli, W.B., 2016: Job Insecurity Research Is Still Alive and Kicking Twenty Years Later: A Commentary. Australian Psychologist 51: 32–35.

Schmidt, S.R., 1999: Long-Run Trends in Workers' Beliefs about Their Own Job Security: Evidence from the General Social Survey. Journal of Labor Economics 17: 127–141.

Schneider, T., 2004: Der Einfluss des Einkommens der Eltern auf die Schulwahl. Zeitschrift für Soziologie 33: 471–492.

Schnell, R., 2009: Biologische Variablen in sozialwissenschaftlichen Surveys (Working Paper No. 107). Berlin: Rat für Sozial- und Wirtschaftsdaten (RatSWD).

Schnitzlein, D.D., 2008: Verbunden über Generationen: Struktur und Ausmaß der intergenerationalen Einkommensmobilität in Deutschland. IAB-Discussion Paper 1/2008: 1–25.

Schönpflug, U., 2001: Intergenerational Transmission of Values the Role of Transmission Belts. Journal of Cross-Cultural Psychology 32: 174–185.

Schoon, I., P. Martin & A. Ross, 2007: Career Transitions in Times of Social Change. His and Her Story. Journal of Vocational Behavior 70: 78–96.

Schoon, I. & E. Polek, 2011: Teenage Career Aspirations and Adult Career Attainment: The Role of Gender, Social Background and General Cognitive Ability. International Journal of Behavioral Development 35: 210–217.

Schulz, F. & H.-P. Blossfeld, 2006: Wie verändert sich die häusliche Arbeitsteilung im Eheverlauf? Eine Längsschnittstudie der ersten 14 Ehejahre in Westdeutschland. KZfSS Kölner Zeitschrift für Soziologie und Sozialpsychologie 58: 23–49.

Schupp, J. & G.G. Wagner, 2010: Zum „Warum" und „Wie" der Erhebung von (genetischen) „Biomarkern" in sozialwissenschaftlichen Surveys. SOEPpapers on Multidisciplinary Panel Data Research 260: 1–10.

Sesselmeier, W., 2004: Deregulierung und Reregulierung der Arbeitsmärkte im Lichte der Insider-Outsider-Theorie. WSI-Mitteilungen 57: 125–131.

Shavit, Y. & H.-P. Blossfeld, 1993: Persistent Inequality: Changing Educational Attainment in Thirteen Countries. Boulder, Colo. u. a.: Westview Press.

SOEP Group, 2014: SOEP 2013 – Documentation of Person-related Status and Generated Variables in PGEN for SOEP v30 (SOEP Survey Paper No. 250: Series D – Variable Descriptions and Coding). Berlin: DIW/SOEP.

Solga, H. & R. Becker, 2012: Soziologische Bildungsforschung – eine kritische Bestandsaufnahme. S. 7–43 in: R. Becker & H. Solga (Hrsg.), Soziologische Bildungsforschung. Wiesbaden: VS Verlag für Sozialwissenschaften.

Solga, H., M. Diewald & A. Goedicke, 2000: Arbeitsmarktmobilität und die Umstrukturierung des ostdeutschen Beschäftigungssystems. Mitteilungen aus der Arbeitsmarkt- und Berufsforschung 33: 242–260.

Stecher, L. & J. Zinnecker, 2007: Kulturelle Transferbeziehungen. S. 389–405 in: J. Ecarius (Hrsg.), Handbuch Familie. Wiesbaden: VS Verlag für Sozialwissenschaften.

Steinbach, A., 2001: Intergenerational Transmission and Integration of Repatriate Families from the Former Soviet Union in Germany. Journal of Comparative Family Studies 32: 505–515.

Steinbach, A., 2012: Intergenerational Relations Across the Life Course. Advances in Life Course Research 17: 93–99.

Steinkamp, G., 1980: Klassen- und schichtspezifische Ansätze in der Sozialisationsforschung. S. 253–285 in: K. Hurrelmann & D. Ulich (Hrsg.), Handbuch der Sozialisationsforschung. Weinheim und Basel: Beltz Verlag.

Steinkamp, G., 2002: Sozialstruktur und Sozialisation. S. 251–277 in: K. Hurrelmann & D. Ulich (Hrsg.), Neues Handbuch der Sozialisationsforschung. Weinheim und Basel: Beltz Verlag.

Stephens, M.J., 2004: Job Loss Expectations, Realizations, and Household Consumption Behavior. Review of Economics and Statistics 86: 253–269.

Stevens, A.H. & J. Schaller, 2011: Short-Run Effects of Parental Job Loss on Children's Academic Achievement. Economics of Education Review 30: 289–299.

Stewart, W. & J. Barling, 1996: Fathers' Work Experiences Effect Children's Behaviors via Job-Related Affect and Parenting Behaviors. Journal of Organizational Behavior 17: 221–232.

Struck, O., 2006: Flexibilität und Sicherheit: Empirische Befunde, theoretische Konzepte und institutionelle Gestaltung von Beschäftigungsstabilität. Wiesbaden: VS Verlag für Sozialwissenschaften.

Studer, R. & R. Winkelmann, 2011: Specification and Estimation of Rating Scale Models – With an Application to the Determinants of Life Satisfaction (Working Paper No. 3). Department of Economics. University of Zurich.

Sverke, M. & J. Hellgren, 2002: The Nature of Job Insecurity: Understanding Employment Uncertainty on the Brink of a New Millennium. Applied Psychology 51: 23–42.

Sverke, M., J. Hellgren & K. Näswall, 2002: No Security: A Meta-Analysis and Review of Job Insecurity and Its Consequences. Journal of Occupational Health Psychology 7: 242–264.

Sverke, M., J. Hellgren & K. Näswall, 2006: Arbeitsplatzunsicherheit: Überblick über den Forschungsstand. S. 59–92 in: B. Badura, A. Ducki, H. Schröder, J. Klose (Hrsg.), Fehlzeiten-Report 2005. Berlin und Heidelberg: Springer.

Treml, A.K., 2006: Lernen. S. 288–292 in: H.-H. Krüger & C. Grunert (Hrsg.), Wörterbuch Erziehungswissenschaft. Opladen, Farmington Hills: Barbara Budrich, UTB.

Trommsdorff, G., 1983: Future Orientation and Socialization. International Journal of Psychology 18: 381–406.

Urban, D. & J. Mayerl, 2011: Regressionsanalyse: Theorie, Technik und Anwendung. Wiesbaden: VS Verlag für Sozialwissenschaften.

Veith, H., 2008: Zum Stand der Sozialisationsforschung. S. 32–55 in: K. Hurrelmann, M. Grundmann & S. Walper (Hrsg.), Handbuch Sozialisationsforschung. Weinheim und Basel: Beltz.

Volland, B., 2013: On the Intergenerational Transmission of Preferences. Journal of Bioeconomics 15: 217–249.

Vollebergh, W.A.M., 1999: The Intergenerational Transmission of Cultural and Economic Conservatism. S. 51–68 in: H. De Witte & P. Scheepers (Hrsg.), Ideology in the Low Countries: Trends, Models and Lacunae. Assen: Van Gorcum.

Vollebergh, W.A.M., J. Iedema & Q.A. Raaijmakers, 2001: Intergenerational Transmission and the Formation of Cultural Orientations in Adolescence and Young Adulthood. Journal of Marriage and Family 63: 1185–1198.

Voydanoff, P., 2004: The Effects of Work Demands and Resources on Work-to-Family Conflict and Facilitation. Journal of Marriage and Family 66: 398–412.

Wagner, G., J. Frick & J. Schupp, 2007: The German Socio-Economic Panel Study (SOEP): Evolution, Scope and Enhancements. Schmollers Jahrbuch 127: 139–169.

Walper, S., A. Langmeyer & E.-V. Wendt, 2015: Sozialisation in der Familie. S. 364–392 in: K. Hurrelmann, U. Bauer, M. Grundmann & S. Walper (Hrsg.), Handbuch Sozialisationsforschung. Weinheim und Basel: Beltz.

Walper, S. & R. Schröder, 2002: Kinder und ihre Zukunft. S. 99–125 in: Initiative Junge Familie (Hrsg.), Kindheit 2001 – Das LBS-Kinderbarometer: Was Kinder wünschen, hoffen und befürchten. Opladen: Leske + Budrich.

Watson, M. & M. McMahon, 2005: Children's Career Development: A Research Review from a Learning Perspective. Journal of Vocational Behavior 67: 119–132.

Weber, M., 1972: Wirtschaft und Gesellschaft. Grundriss der verstehenden Soziologie. Tübingen: J. C. B. Mohr.

Weinhardt, M. & J. Schupp, 2011: Multi-Itemskalen im SOEP Jugendfragebogen (Data Documentation). Berlin: DIW/SOEP.

Westman, M., D. Etzion & E. Danon, 2001: Job Insecurity and Crossover of Burnout in Married Couples. Journal of Organizational Behavior 22: 467–481.

Wichert, I.C., J.P. Nolan & B.J. Burchell, 2000: Workers on the Edge: Job Insecurity, Psychological Well-Being, and Family Life. Washington, DC: Economic Policy Institute.

Williams, R., 2006: Generalized Ordered Logit/Partial Proportional Odds Models for Ordinal Dependent Variables. Stata Journal 6: 58–82.

Wilthagen, T. & F. Tros, 2004: The Concept of „Flexicurity": A New Approach to Regulating Employment and Labour Markets. Transfer: European Review of Labour and Research 10: 166–186.

Windzio, M., 2013: Regressionsmodelle für Zustände und Ereignisse: Eine Einführung. Wiesbaden: Springer Fachmedien.

Zhao, X., V.K. Lim & T.S. Teo, 2012: The Long Arm of Job Insecurity: Its Impact on Career-Specific Parenting Behaviors and Youths' Career Self-efficacy. Journal of Vocational Behavior 80: 619–628.

Zinnecker, J., 2000: Selbstsozialisation – Essay über ein aktuelles Konzept. Zeitschrift für Soziologie der Erziehung und Sozialisation 20: 272–290.

Zumbuehl, M., T. Dohmen & G. Pfann, 2013: Parental Investment and the Intergenerational Transmission of Economic Preferences and Attitudes. SOEPpapers on Multidisciplinary Panel Data Research 570: 1–27.